企业知识产权

运用导引与实践

北京市科学技术协会 编

科学普及出版社

·北 京·

图书在版编目（CIP）数据

企业知识产权运用导引与实践／北京市科学技术协会编．—北京：科学普及出版社，2016.4
ISBN 978-7-110-08958-3

Ⅰ．①企…　Ⅱ．①北…　Ⅲ．①企业－知识产权－研究－中国　Ⅳ．①D923.404

中国版本图书馆CIP数据核字(2016)第038364号

策划编辑	郑洪炜
责任编辑	郑洪炜　陈潇潇
责任校对	何士如
责任印制	张建农
图文设计	逸水翔天

出版发行	科学普及出版社
地　　址	北京市海淀区中关村南大街16号
邮　　编	100081
发行电话	010-62103130
传　　真	010-62179148
投稿电话	010-62103165
网　　址	http://www.cspbooks.com.cn

开　　本	787mm×1092mm　1/16
字　　数	296千字
插　　页	2
印　　张	20.5
印　　数	1—11000册
版　　次	2016年4月第1版
印　　次	2016年4月第1次印刷
印　　刷	北京凯鑫彩色印刷有限公司

书　　号	ISBN 978-7-110-08958-3/D·74
定　　价	45.00元

编 委 会

前　言

在新一轮技术创新和产业变革浪潮的推动下，全球经济格局正在发生深刻变化，以知识产权核心资产及其战略运用为支撑和保障的知识经济深入发展，知识产权已经成为国家经济发展的战略性资源和增强国际竞争力的核心要素，成为企业创新驱动发展并取得市场竞争优势的关键。

在这一新的经济发展格局和国际竞争环境下，全球各主要跨国企业都在有效运用知识产权国际规则和竞争战略占据关键领域的技术制高点，借以巩固和扩大其技术领先优势，增强国际市场控制力，不断拓展发展空间。与主要发达国家相比，我国的知识产权制度起步较晚，国内企业在知识产权创造、运用、保护和管理等方面还需要学习和借鉴国外企业的有益经验，需要将知识产权管理纳入现代企业管理制度之中，切实将知识产权规则和战略运用贯穿于创新驱动发展的全过程，贯穿于企业市场运营特别是"走出去"参与国际竞争的全过程。

2015年3月13日发布的《中共中央国务院关于深化体制机制改革加快实施创新驱动发展战略的若干意见》指出，让知识产权制度成为激励创新的基本保障，实行严格的知识产权保护制度。2015年5月8日发布的《中国制造2025》明确提出，加强知识产权运用，加强制造业重点领域的关键核心技术知识产权储备，构建产业化导向的专利组合和战略布局，支持组建知识产权联盟，推动市场主体开展知识产权协同运用。这些都将知识产权的地位推向了新的高度，对各产业领域及其企业在更大空间和更高层次推动知识产权战略运用，提升创新驱动力和国际竞争力提出了更高的要求。

国内企业要深化创新驱动发展，要"走出去"拓展海外市场，就需要以知识产权为牵引，在全球视野下通盘考量、整体运筹、长远谋划、顶层设计，就要有适应经济发展新常态和全球竞争格局的知识产权发展规划，就要有着眼于取得持续竞争优势的知识产权风险管控和知识产权组合布局战略以及行之有效的运作方法，就要有从容应对外来知识产权争端的必要准备，就要有攻防兼备、进退有据、支撑有力、运用有效的知识产权竞争策略。

本书以企业在创新驱动发展和市场运营全过程中的知识产权运用为主线，以树立科学的知识产权运用观为引领，以知识产权规则运用、战略运用、资产运用、信息资源运用、政策环境运用等为主要内容，以帮助企业解决现实和潜在的知识产权问题为导向，以实现知识产权战略价值为根本，集纳了有关企业知识产权运用的理论观点和近50个典型实例，采取了知识产权运用理论观点解析和以案说法、实例启示的方式，阐述了知识产权在创新驱动发展和市场竞争全过程中的超前引领、核心支撑和重要保障作用，着重介绍了企业知识产权规则和战略运用的基本思路和主要方法等。这些对于国内企业在创新和参与国际竞争中加强知识产权战略运用具有很好的导引作用。本书通过理论解析与导引以及不同类别的典型实例启示，给出了企业知识产权规则、资产、战略、信息资源等运用的路线图和操作要点等实质内容，是一部具有较高实用价值的指导性图书。希望本书能够给众多国内企业带来较多裨益。

由于时间和人力配置有限，在本书撰写和编制过程中，难免会出现一些疏漏和错误之处，敬请各位读者指正。本书的撰写和编制得到了有关企业、知识产权专业机构等方面的专家和有关人士的大力支持和帮助，在此一并致谢！

编委会

2016年1月12日

目 录

第七章　企业知识产权战略管理实例 129

第八章　企业知识产权信息运用实例 166

第九章　企业知识产权运用服务实例　215

第十章　企业知识产权运用法律依据与政策导向　　249

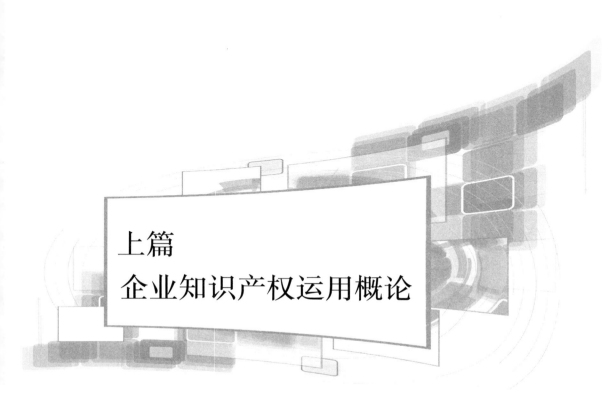

上篇

企业知识产权运用概论

第一章　知识产权运用解析

第一节　知识产权的概念与内涵

随着知识经济的深入发展，产业结构调整和经济转型升级越来越依靠创新驱动和知识产权战略保障。专利、软件著作权、植物新品种权等涉及技术创新内容的重要知识产权，其有效运用和价值溢出就显得极为重要。而树立科学的知识产权运用观，对于最大限度地发挥专利等知识产权效能，加快我国战略性产业持续、长远发展具有重要引领作用。

在我国大力推进战略性新兴产业、支柱产业科学化、高端化、国际化发展，加快实现"中国制造"向"中国创造"根本性转变，着力促进知识及创新驱动和智力支撑型经济演进的重要转型期，作为市场经济产物的知识产权制度，正在成为经济转型和产业优化升级的强力推手和有力保障，专利等知识产权资源也随之成为极具升值力的核心资产和战略性资源。

然而，知识产权这一无形资产，只有通过转化运用和战略运作等途径转变为外在的现实生产力，才能充分显现其巨大经济价值，在国家经济长远持续发展进程中才能真正体现其核心战略引领和支撑保障作用。统合各方力量，加快唤醒"沉睡专利"或"休眠专利"及其他处于闲置状态的知识产权，加紧发掘和激活其内在潜能，促使一大批有价值的知识产权变"少人问津"为"多方竞价"，促进知识产权多层、多向转化和资产价值增益，并且有效运用专利等知识产权协同布局与保护规则和市场博弈策略，实现知识产权运用的多元化、广普化、体系化和持续化，就成为我国创新驱动发展战略、知识产权战略深入实施以及国际竞争力提升的重要内容和手段。

但是，在推动知识产权运用的工作实践中，很容易将专利等涉及技术创新内容的知识产权的运用与科技成果转化等同起来，而将两者等量齐观，同质化地进行实际工作的推动，这样必然会在一定程度上带来工作方向、路径、方式以及取得成效的重心偏离，势必影响知识产权运用工作推动的进程。因此，从更高层面和更广阔视野思考和探析知识产权运用问题，树立正确、科学的知识产权运用观，就成为摆在知识产权运用实践面前的首要基础性任务。

在推动知识产权运用和科技成果转化的工作实践中，必须透过现象看本质，找出专利等涉及技术创新内容的知识产权与科技成果两者之间的异同点，深刻认识知识产权运用的基本内涵、战略定位、核心要素、内在规律、运作模式等实质内容，才能朝着正确的方向、沿着科学的路径、采用有效的方法、按照严谨的步骤有针对性地、差别化地、科学合理地有序推进知识产权运用，以期达到预想效果。

那么专利等涉及技术创新内容的知识产权的运用到底与科技成果转化有什么本质性差别呢？下面就从生产力和生产关系的层面加以论述，并以此为基础，深入思考和探析树立科学的知识产权运用观这一本源性问题。

"科学技术是第一生产力"已经为我国科技界普遍认同，并被全社会广为知晓。生产力是人类认识自然和改造自然的能力，更准确地说就是在生产过程中，人们征服自然、改造自然、获取物质资料的能力。它反映了生产过程中人与自然界的关系。人们掌握的科学技术越多，水平越高，则认识自然、改造自然的能力或本领越强。科学技术是生产力，并且是"第一生产力"。

因此，科学技术成果属于生产力范畴，科技成果转移转化是产品生产制造能力即改造自然的能力和技能的转移或输出，推动科技成果转化实际上就是要增强人类改造自然的能力或本领。科技成果的转移是一种改造自然的能力的转移和传播，是一种能力、本领或技能的扩散问题，科技成果转移转化的过程就是将其转化为外在的现实生产力的过程。

人们通常所说的专利等涉及技术创新内容的知识产权则与科技成果有着本质的差异。专利等涉及技术创新内容的知识产权更多地体现为一种对智力劳动成果即发明创造独自占有、使用、处置并取得收益的专有权利，也可以说是对相应的市场进行垄断和控制的权利，如专利权、软件著作权、植物新品种权等。这种权利需要得到专利法及相应的法律制度强有力的保护，才能保障权利的有效行使。因此，这一语境下的知识产权属于生产关系范畴。生产关系是指劳动者在生产过程中所结成的相互关系，包括生产资料的所有关系、生产过程的组织与分工关系、产品的分配关系三个方面。

包括专利制度在内的与技术创新相关的知识产权制度，是用于调整技术创新与生产经营活动中人与人之间就知识产权的权利归属和利益分配关系的规范。上面所说的人包括自然人和法人。例如，专利权是国家专利主管机关通过科学审查，依法确定的专利权利归属关系。专利即专利权，是涉及无形财产的占有及其利益获取的一种专有权利，是一种市场垄断权或者说是市场控制权。因此，在这种情形下，专利属于生产关系范畴。

而专利保护的客体是发明创造，也就是具有新颖性、创造性和实用性的创新成果即科技成果，专利权利附着在发明创造即上述科技成果这一实体上，专利是权利化的科技成果，也体现出生产制造能力即改造自然的能力或本领，因此，从这个角度看，专利也属于生产力范畴。

综上所述，专利既属于生产关系范畴，又属于生产力范畴，具有双重属性。与专利权相同，植物新品种权和软件著作权等涉及技术创新内

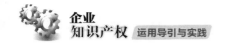

容的知识产权也具有生产力和生产关系双重属性。

专利等涉及技术创新内容的知识产权的运用，实际上是一种改造自然的能力和权利双重运行的行为，而非仅仅是简单的技术能力的输出。在改造自然的能力传播扩散的同时，又赋予了与之相应的权利。上述知识产权更多地体现为产品或服务的市场准入权、市场垄断权或市场控制权。上述知识产权的转移转化则是一种进行生产制造及经营活动的能力和权利的转移与让渡。如专利权转让、专利实施许可、专利股权化等专利运用行为，实际上是权利的再划分、再切割、再确认，市场势力范围的再平衡，是权利再处置的过程。其本质就是权利的转换过程。其他涉及技术创新内容的知识产权亦是如此。

而科技成果转化只是生产制造能力的输出，它并不一定就伴随生产制造权利的让与，有时在科技成果转化中存在专利权属纠纷、专利侵权纠纷等巨大现实风险或潜在风险。这就是专利等知识产权转化运用与科技成果转移转化的本质区别。只有充分地认识两者之间的差异，按照客观规律办事，才能找出更加科学化推动知识产权运用的工作方向和路线。

通过对涉及技术创新内容的知识产权运用与科技成果转化两者区别的分析，可以更加清楚地看到，专利权转让实际上是一种对市场垄断权力和利益的再分配行为，专利实施许可、专利入股等专利运用行为，也是依托专利权利来获取收益的一种方式，也属于一种权力运行方式。其他涉及技术创新内容的知识产权也是如此。

所以说，知识产权运营实际上就是一种权利的运营，而不是技术或科技成果的推广应用。当然，由于专利等涉及技术创新内容的知识产权是附着在技术方案即发明创造这个实体上的，这些知识产权的转化运用有时必然也伴随技术方案的转化利用，有时甚至还需要捆绑配置必要的技术诀窍。因此，知识产权的运用运营包含权利和能力的双重运营，而更加重要的则是权利的运营。

第二节　知识产权的价值及其表现形式

在涉及技术创新内容的知识产权中，以专利为例。专利运用有狭义和广义之分，狭义的专利运用是指通过专利权或专利申请权转让、专利实施许可、专利入股、专利证券化等形式实现专利价值转化的行为。广义的专利运用则是指通过专利制度、战略、规则、规范、资产、信息、环境、政策、技巧等一切与专利相关联的内容或手段的运用，以取得经济收益和社会效益的行为。广义的专利运用必然包含上述狭义的专利运用。

那么，专利运用到底要运用什么呢？应当如何定位？

专利运用更应当是广义的运用，就是要用专利制度、规则、资源、策略、技巧、信息等，实现专利的核心战略价值，而不仅仅是专利权转让、专利实施许可等狭义的专利运用概念。有时一味地追逐通过专利权转让等方式获利，虽然可以获得一时之利，但很可能使作为专利权人的市场主体蒙受巨大的市场损失和潜在经济损失。专利运用的精髓就在于不拘泥于任何一种形式、一种模式、一个方向、一个方法，要始终以市场需求为导向，以解决问题为根本，一切从实际出发，善于采取机动灵活的战略战术，实现经济收益和社会效益最大化。

既然专利运用本质上是配以改造自然的能力跟随的权利转换，是市场准入权、垄断权、控制权的战略运作，亦是"私"权利与"公"权利的再平衡，那么专利的价值实现也就必然体现多样性的特点。如何细化分类、准确定位，就决定了能否更加有效地利用专利权利转换、更迭、重组等结构演化过程，为市场主体创造更大的各种形式的收益。

此处，对专利价值进行了如下划分，以此引导专利价值实现的多样化，以便市场主体树立正确的、科学的知识产权运用观，更好地促进专利价值转换。专利的价值可划分为：直接价值与间接价值；显性价值与隐性价值；本体价值与衍生价值；单项价值与组合价值；现实价值与潜在价值；当前价值与未来价值。

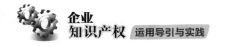

　　当然，专利价值还可以进一步细化分类。下面主要介绍上述几种专利价值分类。

　　专利的直接价值是指通过直接获益形式实现的专利价值，如通过专利权转让、专利实施许可等形式直接获得经济收益。

　　专利的间接价值是指通过间接获益形式实现的专利价值，如通过专利的产业化，生产制造和市场销售产品来间接取得经济收益，又如通过专利投资入股或专利证券化等形式间接获得经济收益，以此实现的专利价值。

　　专利的显性价值是指通过专利转化运用而取得的看得见的经济收益，如通过专利权转让形式获得专利转让费，或者通过专利产业化、销售产品而获得的利润。

　　专利的隐性价值是指通过专利合理布局、专利攻防策略运用、专利权利体系重组与转换、专利拒止等战略的实施、专利风险预先排查与警示、专利障碍定向排除等方式，有力地确保自己的市场主导地位，实现市场份额和运作空间的最大化，由此获得的看不见、摸不着的价值。在很大程度上，专利的隐性价值要高于甚至远远高于显性价值，但有时却不为人知，易于被忽略，从而使专利运用的推动走入只关注或者过于关注直接经济收益的误区，这正是树立科学的知识产权运用观，有序推进专利运用实践应当注意的关键点。

　　专利的本体价值是指就专利本身而言的价值，如一项专利被评估的价值一般指的就是专利的本体价值。

　　专利的衍生价值是指除了专利自身的本体价值之外的，基于相应的专利而衍生、延伸获得的其他相关联的价值，如在某种环境条件下，基于一项专利的特别利用与开创性延伸，可能会带来一个特定产业的颠覆性变革与演化，从而衍生和造就一个新的业态或全新的商业模式，这样的专利衍生价值就更加具有里程碑意义。

　　专利的单项价值是指一项专利所具有的或者可能创造出的价值。

专利的组合价值则指包括单项专利在内的专利组合或组合集群所具有的价值。通常情况下，专利的组合价值要明显高于单项专利价值，这一点是显而易见的。由此可见，国外的跨国公司总是将其数百件或数千件专利进行打包出售就不足为奇了。因此，企业等经济实体应当善于构建专利组合，甚至塑造若干个专利组合构成的专利集群，科学合理地进行专利的国内外整体布局，运用专利组合效应，创造更大的价值，实现自身利益最大化。

专利的现实价值是指现有环境下已经或者能够展现出来的实实在在的价值。

而专利的潜在价值则是指潜藏在深层之中的尚未外露的内在的价值，只有进行深度挖掘才会激发出蕴藏的强大潜能，创造出无穷的价值。

专利的当前价值是指当前阶段即可实现的价值，也就是一般所指的眼前利益。

专利的未来价值则是指未来一个时期才能够显现出来的价值。人们既要注重当前价值的实现，及时获取专利收益，更要有长远的战略眼光，注重未来价值的获得。

因此，着力当前，着眼未来，在专利布局上既要注重当前迫切要运用的，更要按照时间梯次，多时段、多地域、多权种、多层阶、多领域、多区位地进行有序、合理的专利组合布局，并且更加注重专利质量，注重专利整体布局，真正实现工作关口前移，这也是树立科学的专利运用观的重点所在。

专利价值划分的多样化，必然引导专利价值实现的多样性，也就是专利运用的方式方法的多样性，但是，无论其再多样再变化，却万变不离其宗，只要真正理解了专利运用的精髓，找到和掌握专利运用的规律，树立科学的专利运用观，专利运用就一定会取得人们所期待的预想成效。

对于涉及技术创新内容的其他知识产权，其价值也可划分为直接价值与间接价值、显性价值与隐性价值、本体价值与衍生价值、单项价值

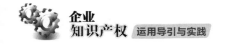

与组合价值、现实价值与潜在价值、当前价值与未来价值等，其组合布局与价值实现的途径和方式也具有多样性的特点。

第三节　树立科学的知识产权运用观

在现代企业管理制度愈加完善，国际市场竞争更加遵循现有规则和国际惯例更加体现依法、规范的总体环境下，在知识经济和经济全球化深入发展的战略格局下，市场主体之间的竞争除了硬实力的彼此比对以外，更重要的体现在无形的软实力的对决和博弈上，尤其表现在链条完整、防护严密的知识产权权利体系的合理布局和攻防策略的灵活运用上。谁具有超强市场控制力的知识产权权利资源，谁就会在日益复杂的现代国际市场竞争中取得优势地位，并借以换取巨大的经济利益；谁优先掌握了有效突破竞争对手知识产权布防前沿和战略纵深的特殊手段，具有较为强劲的突防能力，谁就会在竞争对手的知识产权阻挡中变被动为主动，一举赢得自身发展所必需的市场空间。

市场主体之间的知识产权权利体系的博弈，实际上就是对目标市场的垄断与反垄断、渗透与反渗透、切割与反切割、包围与反包围、控制与反控制的智慧式较量。因此，市场主体必须根据国际市场竞争的风向标、所处环境、发展趋势、竞争对手的优劣势等实际情况，灵活机动地运用知识产权权利体系和攻防策略，不能只注重专利权转移、专利实施许可等知识产权转移转化获得的短期效益、直接收益，过于关注一城一地的得失，否则，必然导致战略方向迷失，而忽视了专利等知识产权的巨大隐性价值或潜在价值。

市场主体要想有效运用知识产权软实力取得国际竞争的主动权，就必须树立科学的知识产权运用观，就必须心系未来，就应当具有放眼国际市场竞争的大局意识、长远意识和战略意识，调动一切知识产权资源，运用一切可运用的正当合理手段，在更大的市场纵深与竞争对手进行战略博弈，如精心设计和有效实施知识产权突防战略、知识产权破袭战略、知识产权拒止战略、知识产权嵌入战略、知识产权交错缠绕战略、知识产权清障战略等，在知识产权战略运用过程中，取得预期收益。只有不墨守成规，运用开放式思维，采取灵活机动的战略战术，合理利用知识产权规则、资源、政策、信息和环境等，才能有效地将知识产权转换为实际价值，这正是科学的知识产权运用观的精髓所在。

在知识经济背景下和市场竞争日趋激烈的国际环境下，在更加注重质量效益和绿色发展的经济发展新常态下，创新驱动和知识产权权利体系构建，必然是企业等市场主体的立身之本，更是其核心竞争力的重要来源和根本保障。而只有将知识产权权利体系有效运转起来，才能真正体现出应有的价值。

因此，树立科学的知识产权运用观，既不视野狭窄，仅注重专利等知识产权的转移转化，也不毫无边际，实施看似宏大却不能落地的知识产权战略规划，而是注重知识产权的生产关系属性和生产力属性，一切从市场需求出发，从市场主体的发展实际出发，灵活机动地运用知识产权权利体系和知识产权攻防策略，实现利益最大化，这才是推动知识产权运用的根本。

第二章 企业知识产权运用基本导向

第一节 企业知识产权战略与创新驱动

在全新的开放式思维模式、新一轮高技术密集阵式的突破以及产业优化升级浪潮的推动下，全球经济发展态势和国际竞争格局正在发生前所未有的变化，以新思维、新知识、新理论、新技术为核心支撑力，以知识资产及其支配权为强有力保障的知识经济发展形态成为当今世界经济发展的主流，高技术多层级掘进式叠合创新、知识资产优化组合配置以及战略资源集成统合运筹，势必成为知识密集型产业初创、成长与衍生发展的有力依托和长效手段，关键领域的基础科学理论里程碑式的演进必然带来一系列应用技术的重大突破，这就越发需要居于核心支配地位的一系列基础专利的集群组合布局和国际化的战略运作，正是这些智慧要素主导全球经济结构的全新构架和产业层级的设定，牵引全球经济竞争新格局的形成。

在这样的经济发展新格局下，全球关键产业领域的高技术竞争日益加剧，而且越来越体现在对相应的核心专利组群的获取、支配与战略运筹上，以此实现对关键产业领域技术制高点的占据和掌控。由此可见，关键产业领域高技术的创新与技术制高点的巩固越加重要，对专利等知识产权核心资产的国际化全盘战略布局与高效能运筹就越加显示超乎寻常的重要，知识产权制度成为激发创新活力、实现创新成效不可替代的制度保障，以知识产权为保障的自主创新、协同创新或联合创新，则将成为塑造以集约发展、协调发展、精细发展、优质发展、持续发展、绿色发展为主要特征的经济发展新形态的原动力。

以激活创新动力、集聚创新资源、保护创新成果、实现创新价值为目的的知识产权制度，将在促进经济发展方式由低端制造向高端创造转变，由资源驱动向创新驱动转变，由粗放经济向智慧经济转变，由低效产业向高能产业转变的进程中，发挥牵动发展全局的战略性支撑和保障作用。坚持正确的导向，将专利等知识产权资源整体布局、知识产权综合价值有效转化、知识产权国际规则和攻防策略合理运用等直接嵌入、融入企业创新和产业提质增效升级全过程，融入国家和区域经济深化发展的主战场和最前沿就显得尤为重要和紧迫。

在国家经济转型升级需要知识产权战略性跟进的新阶段，我们必须善于在全球视野下思考问题，具有在基底层面解决源头问题、实现长远发展的战略眼光，必须更加注重将创新驱动和知识产权挖掘布局、协同保护及战略运用转化为经济发展的新动力，使创新和知识产权效能得以充分释放，以保持企业等创新主体的创新驱动更加持续有力，更加顺应经济发展新常态的实际要求和客观规律。

企业创新和知识产权战略运用是推动"中国制造"向"中国创造"转变的必然需要。随着政府部门、社会组织、服务机构和经济实体的共同努力，作为创新主体和市场竞争主体的企业，其创新和知识产权保护意识不断增强，与创新和知识产权相关的举措逐步实施，新一轮的创新和知识产权战略运用成为企业市场运营的重要选项和大趋势。

与创新不同的是，对于知识产权这样一个素来被人们称之为新生事物的概念和竞争工具，企业和产业界正在从缺乏了解到逐渐了解，从无所作为到开始投入，从不受重视到逐步重视，有些先知先行的国际化运营企业已在全球知识产权战略布局与运作上做出了鲜有的深入实践。

但不容乐观的是，国内不少企业在开创性的创新和知识产权战略运

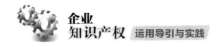

筹上准备仍显不足，仍然不知做什么和怎么做。相当一部分企业的知识产权管理和运用仍然停留在具体的点或战术层面上，缺乏战略设计和总体谋划，做短线而缺乏长线考量，缺少综合性的较为明确的分层运筹和战略导向。

其不足具体表现在创新主体贯穿技术创新与市场竞争全过程的知识产权资源管理及战略运作的整体设计还有欠缺；创新与知识产权战略指向、意图及发展路径不够明确、清晰；全球视野下的知识产权超前布局理念仍显缺失，整体实力相对较弱；知识产权获权、维权、用权以及风险防范等工作流程的精细化程度尚且不够等。

在产业层面，专利等知识产权嵌入经济领域的广度、深度、力度和频度还不够，一些工作的推动尚停滞在浅表层面，专利等知识产权核心战略在创新驱动和产业提质增效升级中的运用相对离散，系统性、全局性、综合性、专业性的集成化运筹显得不足。

在经济发展新常态下，就要求企业创新和知识产权战略运筹发挥出更大作用，实现创新和知识产权潜存的隐性价值的外在化和最大化，为经济转型升级挖掘出更多的智慧源泉，激发出巨大的创造力，在竞争激烈的全球市场打造出我国支柱型产业及企业国际化、高端化发展的新优势和核心竞争力。要做到这一点，就需要有着眼于长远发展和全球竞争格局的知识产权战略思维和行之有效的方法，就需要有应对各种挑战尤其是外来知识产权挑战的必要准备，就需要有一整套进可攻、退可守的市场运营和知识产权攻防策略。归根结底，就需要有适应国际竞争新环境、新规律、新情况的战略导向。

第二节　企业知识产权战略运用基本导向

"坚持正确的舆论导向"，对于大多数人是耳熟能详。导向就是引导的方向。要想谋划好、运筹好、推动好一个事业和一项工作，管理和运营好一个企业，坚持正确的导向至关重要。只有按照预先规划、确定和引导的方向前行，才能避免南辕北辙、偏离主线，以顺利到达预定目的地，实现预期目标。

无论做什么事，都应当事先想明白，都应当有正确的导向。唯有如此，才能真正把事情做到位，取得理想的效果。

在实施创新驱动发展战略和推动企业知识产权创造、运用、保护、管理和战略运筹这样的重要工作领域尤其如此。坚持正确的导向，对于最大限度地发挥创新驱动和知识产权战略效能，促进企业核心竞争力提升和产业提质增效升级，支撑和服务好健康向上的经济发展新常态具有重要现实意义。

前沿导向，就是要实时关注、跟踪、了解、掌握、解析世界各国在技术创新、产业发展和知识产权战略运作方面的最前沿、最领先的做法和动向，以此为重要参照和方向引导，推动自身基于知识产权制度有效运用的技术创新、产业变革与演化、新业态的初创与成长以及国际竞争优势的形成等。

更具体地说，就是要时刻跟踪世界前沿技术最新研究动向和产业更迭与最新发展动向，知道最先进者所处方位、领先位置及其下一步可能采取的战略性举动，由此引导自己的跟随方向以及努力超越的方向和目标；就是要跟踪、掌握全球范围内主要竞争对手的关键技术产品最前沿的专利布局动态，由此了解其国际市场主要走向、产品或产业上下游专利分布的密集度，做到知己知彼，为自己规避相应的专利风险以及进行自身的专利部署做好必要准备；就是要全面深入了解国际、国内知识产权保护最新发展趋势，以顺应新形势，做好新准备，破解新问题，寻求新发展；就是要解析跨国公司知识产权战略运作的最新理念、最新模式、最新方法和最新成效，并在去粗取精、去伪存真的基础上加以借鉴，为提升企业自身的创新及知识产权战略运作层级和水平打好基础，真正实现借他山之石，攻自家之玉。

对于世界最前沿的高技术领域创新和专利等知识产权战略运用，只有进行实时性的前沿跟踪，才能看准最先进者的位置，给自己以准确定位，才能实现由跟随式创新和知识产权战略布局向超越式创新思维和知识产权战略运作转变，才能在国际化、前沿性的创新、产业变革和知识产权超前布局的进程中，把握关键技术、重点产业和国际市场瞬息万变的脉动，跟上其变迁的步伐，而不被全球创新发展大浪淘沙的大势所淘汰。

所谓安全导向，是指企业在创新和市场运营的全过程中，要时刻注意安全创新与安全发展问题。确保安全运行，是企业等市场主体生存与发展的第一要务，失去了安全意识和安全保障就难以安身立命，一旦失去了立足之地，实现后续发展便如空中楼阁而无从谈起。因此，在创新和知识产权领域，注意防范、控制和规避各种各样的外来风险和内生风险不是企业可以犹豫要不要做的工作，而是不容回避、必须直面的紧要工作。

纵观创新驱动与市场运营的全过程，作为创新主体和市场主体的企业，首先要注重创新产品或项目的立项安全性，确保创新项目立项决策的稳妥合理，防止低起点重复研发和投入，避免与在先专利等知识产权的冲突导致的侵权行为发生，以免创新投入付诸东流；再者要特别注意国际市场扩展的安全性，在产品投放市场特别是走向海外市场之前，要对市场目标国家的相关专利等知识产权的布局情况进行全面、深入、精确的分析，做好高关联性专利及其他知识产权的风险排查与预警，制定必要的风险防范与应对预案，做到未雨绸缪，防患于未然。

此外，应当注意技术合作中的安全性问题，加强对其中知识产权隐患的预前发现和合作规则的把控，避免在后续的技术合作中出现创新成果的知识产权权属纠纷或其他对己方制约性的不利局面出现。同时，作为市场竞争主体的企业还要注意海外企业并购的安全性问题，以知识产权战略视角综合分析问题，看看处于核心或重点层面的知识产权是否完全掌控得住，或者是否完全可以自由使用而不附加任何不合理的约束条件等。

除此之外，企业还要注意技术引进、技术转移、技术入股、投融资、创意创业、海外参展、海外投资等其他创新与经济活动中的知识产权安全性问题。

科学导向，就是指运用科学的思想、科学的理论、科学的方法推动产业和企业依靠创新驱动和知识产权制度、资源、政策、环境、战略的运用实现科学化、持续化、国际化稳健、有序发展。

首先，要以专利等知识产权信息资源为依托，进行科学化的技术创新、产品品质提升和产业升级的路径设计，借助专利文献中载入的众多人类最新创新成果，以最优化的创新路线和创新方法，以最少的时间和最小的投入实现预期创新目标。

其次，要科学化地进行知识产权的权利空间布局，具体说，就是要注重知识产权的多权种、多地域、多时段、多层级、多区位、多用向、多成员、多形式等协同布局。

知识产权主要包括专利权、商标权、著作权、集成电路布图设计专有权和植物新品种权等。知识产权多权种布局可以使关联度较高的专利权、软件著作权、集成电路布图设计专有权等不同种类知识产权之间实现相互协同和交叉保护，以此形成协同布防较为严密的立体保护体系。

知识产权多地域布局可以形成以市场目标国家为重点范围的多地域覆盖防护体系，为后续海外市场拓展进行专利等知识产权布局先行准备，做到"兵马未动，粮草先行"。

知识产权多时段布局是指根据专利等知识产权的保护期限进行分时间段的梯次布局，达到依时间需要的知识产权长线逐次跟进、效能分段释放的持续性效果，以此延长对产品或产业的知识产权保护时间。

知识产权多区位布局是指根据实际需求，在产业上下游的不同区位进行知识产权合理布局，以此实现对整个产业链的有效保护。

知识产权的多用向是指知识产权具有多种不同用途或者多种不同使用方向，其主要使用方向包括以下几种情形，即最为关键的核心知识产权一定要自行掌控，可用于自身产业化应用，进行产品的规模化生产与营销；有些知识产权则用于转让或许可他人使用，直接获取经济收益；有的知识产权专门用作抑制或牵制竞争对手，将竞争对手拒之于市场大门之外，确保自己的市场份额和战略利益最大化；有的知识产权就是要用来迷惑竞争对手，起到"明修栈道，暗度陈仓"的作用，为自己的市场突破赢得时间和空间；而有些专利等知识产权则可用于与他人进行利益交换，如以权利换市场，或以权利换权利等。

知识产权多用向布局是指以知识产权的不同使用方向为基点，进行的多种用途的差别化布局，实现知识产权"各尽所能，各尽其用"。

知识产权多成员布局是指就特定产业知识产权联盟而言，联盟成员之间知识产权布局相互协同，以此形成多成员各尽其力，合力构建利益共享的知识产权组合集群，以扩大知识产权集成效应，实现利益最大化。

知识产权多形式协同布局，是指根据各方协商意见和约定，以一方、两方、甚至多方名义进行知识产权布局，形成基于利益分配意见认同的知识产权权利独有、共有等形式，以此形成力量集聚、利益依约有序共享的知识产权集合保护形态。

再则，构架企业科学化的创新驱动和知识产权管理体系，推动程序清晰、方法合理、制度完善、管理有序、把控严格的企业内外部知识产权管理规程，建立职责明确、分工精细、协同运作、专业高效、保障有力的知识产权管理队伍，实现知识产权管理的科学化、规范化、系统化和专业化，着力将知识产权科学化管理贯穿于企业创新和市场运营的全过程，融入到现代企业管理体系之中，使企业在创新和市场运营中，少出纰漏，不受或少受损失，成为知识产权创造活跃、管理规范、保护有力、运用有效、抵御知识产权风险等综合能力较强的高水准企业。

尤其值得一提的是，在国际竞争日趋激烈的今天，作为创新主体和市场竞争主体的企业需要特别注重科学化地利用知识产权国际规则和政策环境，因地制宜，因势利导，结合实际，超前谋划，科学化地制定和施行适合自身发展需要的国际化的知识产权战略与规划，利用一切有利因素，摒弃一切障碍因素，使企业自身乃至整个产业在全球视野下真正走上一条依靠创新驱动和知识产权战略资源及国际规则的有效运用，实现国际化、高端化、科学化、可持续发展的健康之路。

此外，坚持科学导向的内容还包括科学化地进行技术交流与合作、科学化地配置创新资源、科学化地进行海外参展、科学化地应对知识产权纷争、科学化地整合利用各种知识产权资源促进企业创新驱动发展等，在此就不一一赘述了。

价值导向，是要以多元化的途径挖掘、聚集、扩大和释放知识产权能量，以实现知识产权的战略价值和经济价值为指针，充分体现创新驱动和知识产权制度在现代经济运行体系中的支撑保障作用。

建立和推行知识产权制度的目的就是要保护智力劳动成果，促进创新和经济社会发展，而只有将专利等知识产权真正利用和运转起来，才能展现其应有的战略价值和经济价值，只有坚持创新和知识产权的价值导向，最大限度地显现其应有价值，建立和施行知识产权制度、实施创新驱动发展战略才具有实际意义。

知识产权是一种基于新的知识或智力成果的财产权，它以知识为内容，以法律为保障，以利益为目的。

坚持价值导向，就要求既注重知识产权转让、许可使用等形式获得经济收益这样的直接价值，也要注重专利等知识产权的产业化、投资入股、证券化等形式获得经济收益的间接价值，既要善于根据实际需要通过专利等知识产权转让形式获得转让费，或者通过标准化、产业化、市场化、销售产品而获得利润的看得见、摸得着的显性价值，又要长于通过专利等知识产权全球合理布局、攻防策略运用、权利体系重组与转换、知识产权拒止战略运用、风险预先排查与警示、障碍定向排除等方式，有力地确保自身产品及相应产业的市场主导地位，实现市场份额和战略空间最大化这样的看不见、摸不着的隐性价值；既要着力于知识产

权当前价值的取得，更要有瞄准未来发展的长远眼光和战略意识，善于发现和挖掘知识产权的未来价值，储备和积聚能量，以此在国际市场竞争格局和全球视野下，将知识产权转换为自身所需要的实际价值，激发出创新和知识产权的强大驱动力，实现企业和战略性产业国际化、高端化、持续化发展，为注重质量效益、强化内生动力、健康协调持续的经济发展新常态提供更加有力的支撑和保障。

在国际竞争日趋激烈的新格局下，在国家经济发展更加注重质量效益的经济发展新常态下，创新和知识产权战略运用已经成为企业和产业提升核心竞争力的重要源泉和有效保障。基于解决实际问题，坚持"前沿导向，安全导向，科学导向，价值导向"这样的企业知识产权管理和战略运用基本导向，更加有利于促使创新驱动和知识产权战略运用在支撑经济发展方式转变的进程中取得更大实效。

只有紧盯关键产业领域世界前沿技术的最新发展动向和新兴业态展露的端倪，实时跟踪全球市场的前沿性专利布局新趋向、新态势、新形式、新格局，准确把握引领型跨国企业创新与知识产权战略运作的最新模式和最新变化，引领企业紧跟其发展步伐，筑基固本，寻求超越；只有时刻注意创新发展中的知识产权等风险的防范和规避，实现企业和产业安全创新、安全运行；只有加快推进创新全过程的知识产权科学化管理，科学构建创新驱动和知识产权战略攻防体系，做到攻防有序，进退有据；只有从国际市场需求和自身发展实际出发，有效运用知识产权国际规则和策略，多元化地促进和聚焦知识产权价值转化，实现创新驱动和知识产权收益的最大化，才能更好地发挥创新驱动发展战略和知识产权战略的作用，更好地顺应、融入和支撑经济发展新常态。

第三章　企业知识产权信息运用与创新力提升

第一节　知识产权信息的战略价值

物质、能量、信息是构成客观世界的三大基本要素，更是人类生息繁衍所必需的三种基本资源。在三者之中，信息以其看不见、摸不着的独特方式存在，但它却起着物质和能量无法替代的特殊作用。"知己知彼，百战不殆"是古人在饱经战争洗礼后总结出来的基于对阵双方布阵情势、整体实力、条件优劣等信息的经典论断，诺曼底登陆战役则是现代战争中情报战、信息战和反信息战巧妙运用的典型战例。通过情报收集或信息的跟踪分析，可以准确预判战局的战略走势，掌控战略全局，把握决胜先机，赢得战略主动。

同样，在运用知识产权规则和资源促进战略性新兴产业和重点区域创新驱动发展以及提升企业核心竞争力的进程中，很大程度上要依赖知识产权信息的实时跟踪、获取和专业化、定向化的深度分析，以有效发挥其预先分析判断和先期引导作用，来确保技术创新、产业布局、重大项目启动、海外市场拓展等重要决策的科学性、安全性和前瞻性。

在知识和信息极大丰富、科学技术日新月异、经济社会发展高度依赖信息资源的当今世界，人类社会已经置身于以信息资源和信息技术为支撑的信息时代。信息成为推动现代经济社会发展和企业创新的新引擎。没有充分、可靠的信息和情况分析，人们就无法掌控社会经济活动

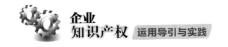

和企业创新与市场竞争的主动权，企业就不能有针对性地做出适合自身创新发展需要的重要决策。信息的整合与利用越来越展现出不可或缺的重要作用和巨大经济价值。

随着知识经济与时俱进的深化发展，作为其核心支撑和有力保障的知识产权制度以及知识产权战略资源，在国际经济、科技、贸易和文化发展中的作用与地位更加凸显，专利等知识产权资源日益成为与材料和能源等有形资源同等重要的战略资源，成为企业的重要生产要素和无形资产。

高度依赖创造者智慧和智力付出的创新活动的顺利展开及其持续推进，在很大程度上取决于知识产权制度和战略的有效运用，取决于对最新专利动态信息的实时跟踪监测和科学利用，取决于对专利等知识产权信息资源的广泛汇集、整合、深度加工处理、深入研究分析、合理配置和有效利用。

知识产权信息资源，尤其是关键技术领域核心专利技术信息资源，已经成为企业确立创新方向、激发创新思维、拓展创新空间、规避创新风险、优化创新路径、提升创新质量、保护创新成果以及实现创新价值的最有效、最重要的战略性资源。没有全面、深入的专利信息检索查询，没有精细、深刻的专利布局态势和层级分析，没有准确、到位的专利侵权判断，任何的创新都有可能做无的放矢的无用功，都可能是具有极大风险的冒险行动，都有可能使企业巨额创新经费投入变成负投入。对于身处创新驱动与市场竞争前沿的企业来说，加强专利等知识产权信息的分析利用尤为重要。

当前，包括我国在内的世界许多国家都把知识产权战略作为本国的国家发展战略，关键技术领域的核心专利等知识产权布局与运用，推动着全球产业分工的深化和经济结构的调整与层级划分，重塑着全球经济发展与市场竞争的新格局。充分整合与有效利用专利等知识产权信息资源，发挥其预先跟踪分析、判断、警示和前期引导的先导作用，加快科学创新进程，服务重点产业、区域和企业创新发展，是知识产权战略构架的重要组成部分。

作为独特生产要素的知识产权信息，在国家、区域创新发展和企业市场运营中发挥着重要的先行引导作用，对于优化产业结构、转变经济发展方式、支撑经济发展新常态产生深刻影响，并且首当其冲地成为引领企业创新驱动发展和产业提质增效升级的关键因素。充分发挥知识产权信息分析利用在各领域、各层面尤其是在企业创新驱动与市场竞争全过程中的先导作用，对于企业实现创新和科学化、安全化的国际市场拓展决策，进而提升企业核心竞争力具有十分重要的现实意义。

第二节　知识产权信息利用与企业创新能力提升

一、知识产权信息是企业确定创新方向的重要参考

随着知识产权信息在技术创新及市场竞争中作用和地位的日益突出，企业对于知识产权信息资源的收集、整合与深度分析就显得格外重要。企业在加紧抢占关键技术制高点和取得知识产权竞争主动权的进程中，更加依赖于专利等知识产权信息的加工分析和深入研究，尤其是把影响关键技术领域和战略性新兴产业长远发展的核心专利信息的研究成果，作为企业决策层就创新主攻方向与国际市场拓展等做出重大决策的参考依据。

从对国内外知识产权信息尤其是专利信息的综合分析中，企业可以了解和判断各国企业或研发机构等创新主体在相关技术领域的创新力量投入、前沿技术突破的最新进展、取得的核心技术成果、创新主攻方向与布局重点，知识产权保护层级以及可以预期的技术发展方向和目标，创新部署相对空缺的领域，更重要的是可以预判国外企业的专利等知识产权布局对自身关键技术领域创新活动的制约程度，以及对本企业创新部署和资源配置的整体影响。

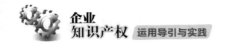

从国内权利人的知识产权分布状况等信息分析中，可以看出国内的创新趋向和整体力量投入，主导产业及产品、空缺产品或企业集群在相关领域的创新能力，从而为本企业有的放矢地推动创新活动和专利等知识产权布局做出科学决策，准确地确立自己的创新突破方向和投入重点、创新的整体运筹方式、资源聚集与布局策略、合理的创新路径和有效的推进方法，为促进企业创新成效的最大化提供最直接、最有效的信息支持。

知识产权信息是判断各关键技术领域创新布局与未来技术发展方向的重要依据，是反映企业创新能力、创新水准和创新潜力的晴雨表，是体现企业综合竞争力的标志，是衡量企业持续创新和后发市场竞争优势的精确标尺。定向研究和深度分析知识产权信息，将为企业确定当前和未来创新方向提供重要参考。

二、知识产权信息是企业实现科学立项的必要依据

对于众多创新型企业和科研机构来说，确立具有长远战略意义的前瞻性科研项目或新型产品研发项目，是其挖潜和延伸自身价值、增强核心竞争力与发展持续力的首要任务。

在科研项目立项之前，进行充分的市场调研，查阅科技期刊中有关科技资料，是创新型企业和科研机构的研发人员通常要做的事情。但是，为此进行专门的专利文献检索和信息分析则更加重要。通过有针对性的专利信息检索分析，可以预判科研项目立项的必要性、安全性和可行性。进行较为全面的专利信息检索，即可确定新技术或新产品研发项目是否有必要立项，如若此前已有相同的技术方案申请了专利并获得授权，那么再予立项，必然导致重复研发和重复投入，浪费大量人力、物力、财力等创新资源和宝贵的时间，而且还会使自己科研投入取得的新技术产品存在侵犯他人专利权的巨大风险，造成受制于人的不利局面。

通过全面深入的专利信息检索分析，充分挖掘专利信息的巨大价

值，可以在预前引导创新型企业及时跟踪和了解本领域世界前沿技术发展动向的同时，能够让科研人员在项目研发时跳出已有专利的保护范围，制定较深层次的创新发展策略，避免科研立项的盲目性，杜绝低水平重复投入和重复研制，并且在规避与在先专利冲突的前提下，确定自己的创新重点和创新高度，引导创新资源的合理配置，有的放矢地部署创新力量，实现科学立项和安全创新。专利等知识产权信息分析是企业实现科研立项科学化，推进科学创新的必要依据。

三、知识产权信息是企业推进创新的有效捷径

专利等知识产权信息是创新的有效捷径，是滋养创新的丰富矿藏，其中蕴含着充足的创新资源，用以点燃创造者智慧的火花，启发和点拨人们的思维灵感，引导创造者科学选择创新的路径。有资料显示，充分利用专利等知识产权信息，不仅可以提高科研立项的起点，还可以在创新活动中可以缩短60%的研发时间，节省40%的研发经费，从而节省大量的创新资源，加快创新进程，提高创新效率，保证创新质量。

他山之石，可以攻玉。站在巨人的肩膀上进行创新不失为创新领域的明智选择，但其方法运用得当与否又是极其重要的决定性因素，方法决定效果。我们的企业只有采用科学的创新借力策略，定向梳理和分析具有参考价值的相关专利信息，合理借鉴国内外相关专利的核心设计理念和技术创新思想，开阔创新思路，明确创新方向，优化创新路径，最终才能按照自己的预期，取得有实质价值的创新突破。专利等知识产权信息的整合与定向分析利用是企业推进创新的有效捷径。

四、知识产权信息是企业市场布局的有益向导

在知识产权成为企业之间竞争焦点的今天，我国战略性新兴产业、文化创意产业、高新技术产业等重点产业的发展尤其是企业市场拓展进程，不同程度地受到国外企业众多核心专利等知识产权的制约和挤压。

在这种情况下，国内企业迫切需要充分了解并准确把握关键技术领域国外知识产权保护与发展的最新动态，从知识产权的视角来高度关注对本企业主导产品乃至整个产业发展产生全局性影响的重量级竞争对手的发展动向和发展模式，密切注视并透彻地分析和研究其预先布设的核心专利集群等知识产权布局状况，由此推断其国际市场布局与竞争态势，实时掌握第一手资料，并且有针对性地加以研究，从专利分布密度的视角准确判断全球哪些区域是市场竞争异常激烈的红海区域，哪些区域是市场竞争相对较弱的蓝海区域，哪些区域是尚未开发的处女地，从而为企业国际市场拓展与整体布局进行有益向导，并在国际市场拓展中有效化解和规避外来知识产权风险。唯有如此，企业才能顺利推动国际市场的有效拓展和掌控，并且在更大的战略纵深上实现持久发展的战略目标。

而关注和瞄准现实竞争对手和潜在竞争对手的专利布局以及其他知识产权的分布状况，就需要实时跟踪和监测其在全球范围内的专利申请总量变化情况、核心技术领域专利布阵的密集度等情况、专利布局的时间段和地域范围，并由此判断其国际市场拓展的主要方向和重点区域，以及对各特定市场的抢占所采取的策略和时机，对本企业形成的市场制约和挤压态势等。

所有这一切，都取决于是否能够掌握充足的专利等知识产权信息资源，取决于对大量专利文献等知识产权信息的深度加工、透彻分析和准确把握。因此，广泛收集、整合和充分运用专利等知识产权信息资源，准确掌握竞争对手在全球范围内的专利布局总体态势，探明虚实，知己知彼，才能正确决策，从容应对，从而把准关键技术领域创新发展和企业市场拓展的主要方向，更加明确以此为基准的企业市场布局与竞争策略。

充分利用专利等知识产权信息资源，对于国内企业采取科学的专利避让策略、专利破解与突防策略、专利购进策略、专利交叉许可策略以及以市场换专利等策略，规避和降低企业在市场拓展中的专利等知识产权风险，合理配置各种资源，科学化、合理化、安全化地进入国际市场，对于引导企业进行有序的知识产权布局和市场布局，进而提升企业市场竞争力具有重要的现实意义。

专利等知识产权信息的分析利用，是引导企业进行国际市场布局无以替代的有益向导。

五、知识产权信息分析是企业实施"走出去"战略的前置准备

随着经济全球化进程的进一步加快，整合优势资源，发动核心创新力量，抢占关键领域的技术制高点，并且通过有效运用专利布局等知识产权攻防策略，争得国际市场竞争的主动权，由此加快向全球市场拓展的步伐，已经成为各国企业的普遍做法和竞争模式。

对于众多国内企业来说，一部分是依托国家"扩大内需"的政策，不断开拓国内市场，追求经营总量的持续增长，借以维持和逐步扩大企业的经营规模。随着"走出去"战略的推进实施，更多的国内企业开始注重国际市场的拓展。但是"有制造，没创造，有投入，没产权"成为一些国内企业拼资源、拼劳动力、拼价格，通过出口低附加值产品换取国际市场的运行惯性。

一些具有一定竞争力的国内企业，也由于对国外的知识产权规则和环境不熟悉，对外国企业的专利布局缺乏全面、准确的了解和深入的分析，导致其不断受涉外专利侵权诉讼的困扰。而支付巨额专利费，必然成为企业增加竞争成本，削弱竞争实力，缩小竞争空间，制约国内企业实施"走出去"战略的主要因素。

要想"走出去"，就要有"走出去"的战略和战术，就要有应对各种外来挑战尤其是知识产权挑战的必要准备，就要有自己的一整套科学有效的市场运行和知识产权攻防策略。而这一切都源于企业对专利等知识产权信息的掌握程度、加工水平、分析研究的深度和能力。归根结底就是要收集大量的知识产权信息资源，深度加工，去粗取精，去伪存

真，根据竞争对手在关键技术领域和产业的专利分布情况、核心专利及其众多从属专利所划定的保护范围，准确预判企业出口产品"走出去"所面临的专利侵权风险，确切地做好专利预警，预先指导企业规避专利侵权风险，做到未雨绸缪。

面对专利侵权问题，企业需要制订专利争端应对预案，早做准备，避免或尽可能减小专利侵权所带来的损失。在现实条件下，实现企业自身利益的最大化，实现企业国际竞争力的最大提升，进一步增强企业参与国际竞争的信心和能力，最终将国内企业引向"有制造、有创造、有知识、有产权"的既"有能力"又"有权利"的良性发展之路。整合利用知识产权信息尤其是专利信息，加强专利风险预警，可以为企业实施"走出去"战略，拓展国际市场，铺就一条安全发展、科学发展和持续发展之路。知识产权信息整合、分析和有效利用是发挥企业自身优势，积极参与国际市场竞争的前置准备。

六、知识产权信息是企业权利布局的预前参照

一个创新型企业或科研机构的专利等知识产权布局是以本领域尤其是主要竞争对手的知识产权布局构架和变化趋势为参照依据的。当得知竞争对手的专利等知识产权布局态势、布控方向、关键环节或侧重点等具体情况后，企业就应当因势利导，根据自己创新发展的现实能力和后续发展预期等综合考量，有针对性地推进自己的知识产权布局，采取分梯次、多层面、有目标的权利屏蔽、渗透、交叉或者超前拦截等知识产权布局策略，通过对竞争对手的专利等知识产权信息分析，发现自己的劣势，弥补自己的漏洞，在竞争对手权利挤压中找出一线生机和战略突破口，在竞争对手疏于防护的薄弱环节，及时申请关键性的专利，以此取得战略先机，不断将微弱的发展可能转变为可以燎原的星星之火，并努力将小的突破扩大为发展优势和胜势。唯有如此，才能始终掌握运用知识产权参与国际竞争和市场博弈的主动权。

因此，在当前的发展形势下，就必须鼓励知识产权专业机构充分发挥其专业优势，帮助和引导创新型企业和科研机构构建完备的创新链，为后续专利创造奠定基础，并且协助企业全程分析和挖掘项目的创新点，以专利信息分析为手段，就其新颖性、创造性、实用性等专利性进行预判，为企业创新成果申请一系列有价值专利，构成合理的专利布局创造前置条件。具体地说，就是可根据项目发展预期、市场拓展计划和他人已有专利申请等情况进行合理的专利布局设计，就申请专利的数量、种类、时间、地域、专利布局层级、梯次等提出相关建议案，进行专利申请文件的撰写、提交专利申请并获得相应专利权，同时确立短期和中长期专利资源储备策略，保障企业可持续发展，增加企业与竞争对手博弈及谈判的筹码。专利等知识产权信息是企业和科研机构进行创新和推进专利等知识产权布局的必要预前参照。

第三节　有效利用知识产权信息的原则与方法

国内企业与国外跨国公司知识产权纷争已经进入了多发期，这就要求知识产权信息检索更加专业，信息分析更加准确到位，提出的对策建议更加有效。知识产权博弈实际上就是一场关于知识产权信息的分析战、知识产权的布局战和知识产权策略的运用战，谁能控制、运用好知识产权及其信息资源，谁就是知识产权竞争和市场博弈的胜者。要想有效发挥知识产权信息的先导作用，促进企业创新和产业发展，就必须在"全、准、深、新、专、强"六个字上下功夫。

一、知识产权信息数据要全

"全"是指需要检索到的相关专利等知识产权信息要全。了解和掌握全面的知识产权信息是知识产权信息分析与利用的首要任务，是下一步深度分析和定向判断的基础。如果获得的专利等知识产权信息不全，出现了一定范围的专利漏检等重大失误，势必影响整个信息分析与情况判断的大局，造成严重的误判或预测偏差。专利等知识产权信息检索必须

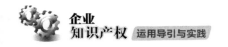

要全，这是不容出现闪失的关键性的基础工作。

二、相关知识产权信息锁定要准

海量的知识产权信息数据分析无疑会给信息分析人员带来巨大工作量和压力，而科学地划分专利等知识产权信息的关联层级，准确锁定所需要的知识产权信息，将极大地减少信息分析人员的工作量，有效提高信息分析的精确度。因此，在全面检索专利等知识产权信息的基础上，要做到准确锁定所需要的关联度高的专利等知识产权信息，在"准"字上下功夫。

三、知识产权信息分析研究要深

对于专利等知识产权信息来说，简单累加或泛泛的浅层面简单分析，很难满足创新型企业和科研机构的实际需要。专利等知识产权信息分析的不深入、不定向、不确切，是信息分析最应避免的问题。没有深度的专业分析与准确判断，任何知识产权信息都将失去其应有的现实价值或潜在价值，只有投入大量智力劳动的深度知识产权信息分析，才有望获得影响决策的有价值结论，提出切实可行的对策建议，否则就与无用功无异。

四、知识产权信息要新

当今世界，创意与创新活动日益活跃，科学技术日新月异，专利等知识产权数量快速增长，不及时更新专利等知识产权信息数据，不实时掌握最新知识产权动态信息，就会漏失许多新增加的知识产权数据，就会使检索分析的知识产权信息缺乏应有的可靠性，势必影响各层面创新决策的准确性、科学性和前瞻性。因此，知识产权信息要新，及时更新知识产权信息数据是准确进行知识产权信息分析与形势判断的关键。

五、知识产权信息分析队伍要专

专利等知识产权信息检索分析是一项专业性极强的特殊工作。尤其是专利信息有其特定的检索途径和分析方法，专利检索式的确定就有其诸多特定难点，专利信息分析只有实战经验较为丰富的资深专业人员才能胜任，一般的技术管理人员和技术研发人员则难以承担。

因此，要想充分发挥专利等知识产权信息的先导作用，就必须在"专"字上下功夫，企业必须拥有一支专门从事专利等知识产权信息检索分析的专业队伍，或者借助外部的知识产权信息检索分析团队，并且要全力投入，只有如此，企业才能更好地通过专利等知识产权信息分析，准确掌握竞争对手在相关技术领域的前沿技术发展动向、专利等知识产权布局情况、技术延伸和衍生路径的封堵情况、对本企业造成威胁的程度等。

六、知识产权信息人员的分析判断能力要强

专利等知识产权信息是否有重要参考价值，取决于信息检索的全面性、准确性以及定向分析的深度和质量，取决于信息分析人员的专业素质和科学分析问题、做出准确判断以及提出解决问题方案的能力和水平，其中，专利等知识产权的侵权判定与规避则是其最为核心的内容。因此，最大限度发挥知识产权信息先导作用的关键是必须有业务能力强、专业功底深厚、实战经验丰富的信息分析领军人物的引领，必须有一支分析判断能力较强的知识产权信息专业分析队伍的强有力跟进，要有催生知识产权信息服务业态形成与发展的良好环境，同时要加强引导企业等创新主体以及行业协会、各类产业联盟扩大对专利等知识产权信息的实际需求。

综上所述，专利等知识产权信息分析与利用在企业创新与增强核心竞争力等方面均可发挥重要的先导作用，注重知识产权信息利用将为企业带来直接和间接经济利益。企业加强知识产权信息利用势在必行。

第四章　企业知识产权资产运用及其价值实现

第一节　知识产权资产的概念与内涵

一、资产的概念与内涵

"资产"的概念属于经济学范畴，其基本含义的法律渊源甚至可以追溯至古代罗马时期。现代社会对于"资产"的定义主要源于对于会计制度和准则的借鉴。

财政部在其发布的《企业会计准则——基本准则》中将"资产"定义为"由企业过去经营交易或各项事项形成的，由企业拥有或控制的，预期会给企业带来经济利益的资源"。

根据这个定义，对于企业中的"资产"，可以这样认识：

（1）"资产"属于"资源"。因此，无论是自然资源还是人力资源、智力资源和信息资源都可以成为企业的"资产"。

（2）"资产"是一种特殊的"资源"。能够被称作"资产"的"资源"必须能给企业带来经济利益，比如增加现金收入或者减少现金流出。

这种经济利益的获得可以是企业通过生产经营行为或其他活动而直接获得的，也可以是间接获得的；既可以是确定能够获得的，也可以是预期能够获得的。但是，不能为企业带来经济利益的资源不能作为企业的资产。

（3）"资产"是企业能够控制的"资源"。这种控制主要表现为企业对于某项资源拥有所有权。如果企业不具有该资源的所有权，那么，企业应当至少拥有该资源的用益权、支配权或者通过某种方式控制该资源的使用和通过利用该资源获得收益的权利。

此外，企业中"资产"的来源应当是企业过去的经营交易活动或者各项事项，比如企业过去的购买、生产和建造行为或者其他交易及事项。尚未发生的交易或者尚未开展的事项不能作为企业的资产。

当然，根据会计准则，计作"资产"的"资源"，其成本或价值应当能够用货币可靠地计量。

二、企业知识产权资产的概念与形成

"知识产权资产"就是由企业的知识产权资源所形成的资产。那么，知识产权能否作为企业中的"资产"而存在呢？

将知识产权与企业"资产"的定义进行比较可以发现：

（1）知识产权属于"资源"。

"资源"是一切可被人类开发和利用的物质、能量和信息的总称。在经济学领域，"资源"被定义为"生产过程中所使用的投入"[1]。

知识产权是人们对其智力劳动成果所依法享有的专有权利，其客体是智力劳动成果或者知识产品。如果从生产过程看，知识产权所包含的技术（及其专有权）和信息早已成为相对独立的生产要素而投入生产过程之中。可见，无论是哪种定义，知识产权所具有的"资源"属性都是毫无疑义的。

《国家知识产权战略纲要》进一步明确指出："当今世界，随着知识经济和经济全球化深入发展，知识产权日益成为国家发展的战略性资源和国际竞争力的核心要素，成为建设创新型国家的重要支撑和掌握发展主动权的关键。"这也将知识产权的资源属性提升到了战略性的新高度。

---

[1] 蒙德尔等著：《经济学解说》，胡代光主译，北京：经济科学出版社，2000年第3版。

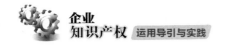

（2）知识产权能够为企业带来经济利益。

以专利权为例，通过实施专利，企业可以改进已有产品或者生产新产品，也可以提高生产效率或者降低生产成本；通过主张专利权，还可以阻止竞争对手实施企业所拥有的专利权，这些都能够为企业的生产和经营活动带来经济利益。

此外，通过转让或许可专利权，企业可以获得专利转让或许可费收入，这可以为企业带来直接的现金收入，如IBM公司每年专利（及相关技术）许可费收入超过10亿美元。

（3）知识产权可以为企业所控制。

知识产权制度和职务发明制度赋予了企业作为知识产权权利人的主体资格。我国《专利法》第六条规定："执行本单位的任务或者主要是利用本单位的物质技术条件所完成的发明创造为职务发明创造。职务发明创造申请专利的权利属于该单位；申请被批准后，该单位为专利权人。"

同时，企业还可以通过购买和许可（独占许可或排他许可）等方式获得对于其他单位或个人所拥有知识产权（财产权利）的所有权或者支配性权利，从而实现对于通过该知识产权获取收益权利的控制。

此外，从形成或者获取过程上看，企业所拥有或可以支配的知识产权主要来源于企业以往的研究、开发、购买和许可等行为。

在计量方面，知识产权可以通过成本法、收益法等方式进行货币价值评估；通常情况下，以知识产权的形成成本作为知识产权资产价值的主要计价方式。

通过上述分析可知，知识产权符合关于企业"资产"的全部定义与特征；因此，由知识产权资源及其所组成或形成的资源组合可以毫无疑义地成为企业的"知识产权资产"。

第二节　企业知识产权资产价值主要实现方式

资产是企业获得经济利益的资源。从广义上看，凡是企业利用知识产权获得经济利益的方式都可以成为企业知识产权资产的价值实现方式，无论直接或是间接。

一、知识产权资产产业化

知识产权资产产业化即企业将知识产权资产直接投入生产、销售等经营过程之中的行为。

以专利为例，企业实施专利行为可以认为是典型的企业对于其知识产权资产的产业化行为。

实施专利（发明、实用新型）的行为即指企业（专利权人等）以生产经营为目的制造、使用、许诺销售、销售、进口其专利产品，或者使用其专利方法以及使用、许诺销售、销售、进口依照该专利方法直接获得的产品的行为。

企业通过实施其专利获得经济效益的主要方式包括：

（1）专利的产品化，即企业将专利技术投入专利产品的生产制造之中，并通过该专利产品的销售获得收益的过程；

（2）专利产品的使用，即企业通过使用专利产品获得收益的过程，如通过使用专利产品提供服务的行为等；

（3）专利权的主张，即企业通过向司法机关或行政机关主张所拥有的专利权，阻止其他企业使用该企业所拥有专利、并获得专利侵权赔偿的行为。

相比企业自行制造并销售专利产品，通过主张权利以阻止其他企业销售本企业所拥有专利权的产品可以有效维护和提升企业专利产品的市场占有率，并最终通过扩大专利产品（服务）的销售规模以获取更多的经济收益。

二、知识产权资产出售

知识产权资产出售主要指企业通过转让知识产权资产获得利益的行为。

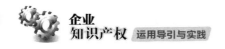
一般情况下，企业知识产权资产的转让多发生于企业进行业务转型、资产对换或者应对破产风险、开展破产清算等过程中，如2011年摩托罗拉公司将其移动业务以125亿美元出售给谷歌公司，其中就包括摩托罗拉移动的2.5万项专利组合（含申请），其价值约为55亿美元。

通过出售有价值的知识产权资产，企业可以获得相应的现金收入，为企业进入新的业务领域或开展业务转型提供资金支持。

三、知识产权资产储备

知识产权资产储备主要指企业受让并重新整合知识产权资产的行为。

一般情况下，企业受让知识产权资产多发生于企业准备进入新的业务领域、增强原有业务实力和应对知识产权诉讼及风险等过程中，如联想公司收购摩托罗拉移动、NEC公司和Unwired Planet公司与移动及无线通信有关的专利组合；通过多次收购，联想公司累积了一定数量的专利资产，为其进军美国智能手机和平板电脑市场增添了砝码，提供了市场准入的"通行证"。

通常，企业知识产权资产的储备行为无法直接为企业带来收益。企业仍需将知识产权资产进行产业化或通过其他方式进行运营。但是，受让并整合知识产权资产可以扩充企业自身的知识产权实力，使企业获得更多安全保障和进入新业务领域的机会，同时，对于其他企业也可起到一定威慑作用。从这一点来说，知识产权资产储备对于其他企业的行为预期可能产生重要影响，其价值即在于此。

四、知识产权资产许可

知识产权资产许可主要指企业通过授权方式获得知识产权资产收益或者购买专利许可以期获得未来收益的行为。

授权主要指企业将其知识产权资产通过独占许可、排他许可或者普通许可的方式授予其他企业使用该企业所拥有知识产权资产的行为。与知识产权资产的出售不同，企业对于知识产权资产的授权许可不涉及知识产权所有权的转移。一般情况下，企业在提供授权许可的同时也以某种方式使用被授权的知识产权，如美国高通公司，在生产并销售其芯片产品的同时收取基于芯片产品专利授权许可费，以此获得额外利润和收益。

购买许可主要指企业购买知识产权资产许可的行为，其基本作用与企业受让知识产权资产相似；区别在于，企业不获得所购买许可知识产权的所有权，一般不需要承担所购买许可知识产权的维持费，也不会被卷入宣告知识产权权利无效的诉讼或纠纷之中。但是，由于知识产权的所有权属于他人，企业有可能面临所购买许可知识产权由于权利人怠于管理或主张权力而导致知识产权权利丧失或企业利益损失的情形。

授权和购买许可是企业知识产权资产许可的基本形式。如果不同企业间相互进行知识产权授权许可，则称为企业知识产权资产的交叉许可行为。

如专利资产的交叉许可，即指参与交易的各企业将其所拥有的全部或部分专利资产相互授权许可使用。一般情况下，参与交易的企业对于所交叉许可的专利资产拥有相同的使用权；许可形式多为普通许可，且参与交易的各企业一般不相互支付使用费。

严格地说，交叉许可的专利资产应当是在技术层面具有紧密关联的专利资产。如果交叉许可的专利资产相互没有技术上的关联，则这种交叉许可也称为专利资产的对换许可。

通过授权，企业可以在销售知识产权产品或服务的同时获得额外的经济收益。通过交叉许可，企业可以减少对于知识产权许可费的支付，减少现金支出；同时，也可以获得更多知识产权资产，以提高生产效率、降低生产成本并提升产品品质。

五、知识产权资产质押

知识产权资产的质押主要指企业以知识产权资产（知识产权中的财

产权）为标的出质，从而获得资金或财产的行为。

企业以知识产权资产出质的目的是获得资金。目前，知识产权资产的质押主要有两种形式：

（1）企业将知识产权资产直接向商业银行出质。商业银行（或委托资产评估机构）对企业的知识产权资产进行价值评估，并根据评估价值向企业发放相应数额的贷款。

（2）企业将知识产权资产向融资担保机构等第三方金融机构出质。融资担保机构（或委托资产评估机构）对企业的知识产权资产进行价值评估，并同意在相应额度（如一定的授信额度）内为企业提供融资担保，企业通过融资担保方式向商业银行申请贷款。

此外，与向融资担保机构出质相似，另一种知识产权资产质押方式正在兴起，即企业将知识产权资产向专门的知识产权运营公司出质。知识产权运营公司（或委托资产评估机构）经评估后向商业银行等金融机构提供担保或保证，企业由此向商业银行申请贷款。

与融资担保机构一般只能通过拍卖质权以处置质押资产不同的是，专门的知识产权运营公司可以采取如反授权等更为多样的知识产权运营模式实现对于所质押知识产权资产的处置，从而实现企业、商业银行和知识产权运营公司之间的风险与利益平衡。

近年来，知识产权资产的质押在我国发展很快。以专利资产的质押为例，2012年，我国专利质押融资金额为140亿元，到2014年，我国专利质押融资金额已达到489亿元，年均增速超过100%。各主要商业银行均开展了专利资产质押业务。

六、知识产权资产出资

知识产权资产的出资主要指企业或其他知识产权权利人以知识产权作价，出资新设立企业或对于原企业进行增资的行为。

企业以知识产权资产出资，作为出资的知识产权资产一般应当经过资产价值评估，并在进行工商登记之前转移至新设立企业或原企业所有。

企业以知识产权资产出资可以在所出资的企业中获得一定份额的股权，成为所出资企业的股东，其投资为对于企业的现金流一般不会造成影响。企业可以通过转让股权或者获得股息和分红的方式获得收益。

很多情况下，知识产权资产的出资往往是企业利用知识产权资产的一种中长期投资行为。其回报更多取决于所出资企业的经营业绩，影响因素较多。

如果所出资企业的经营业绩较好，能够在我国证券市场挂牌上市或者被其他企业以较高溢价收购，那么企业由知识产权资产出资所获得股份的价值往往会有一个很大幅度的增加，可以为企业带来丰厚的经济利益回报。

但是，为此企业往往需要向所出资企业进行持续投资或投入，这在一定程度上可能带来投资回报率的降低。同时，这种投资的投资回报周期可能较长，在所出资企业经营状况不佳的情况下，往往有可能无法获得回报甚至导致出资企业亏损。

七、知识产权资产信托

信托，即信用委托，指委托人基于对受托人的信任，将其财产权委托给受托人，由受托人按委托人的意愿以自己的名义，为受益人的利益或者特定目的，进行管理或者处分的行为。设立信托，必须有合法的信托目的和确定的信托财产，并且该信托财产必须是委托人合法所有的财产。

知识产权资产的信托主要指企业以其所拥有的知识产权资产作为信托财产设立信托以获得融资或其他收益，实现知识产权资产价值的行为。一般来说，拥有知识产权资产的企业是委托人，信托机构为受托人，作为委托人的企业同时也是受益人。

信托是一种特别的财产托管制度。在委托人将信托财产委托于受托人的过程中，其核心在于委托人充分利用了受托人的专业知识和技能，

通过信托财产的投资和运作使其产生价值增值，并用于委托人的指定用途。而受托人一般需要通过信托财产的价值增值才能获得自己的收益。

知识产权资产的信托尤其如此。企业设立知识产权信托的直接目的主要在于获取现金收入（融资），其中，信托机构的知识产权资产运营能力的高低往往成为企业能否实现信托目的的关键。

但是，知识产权资产与土地、房屋等有形财产不同。运营知识产权资产需要信托机构对于该知识产权资产所属技术与行业领域当前及未来的发展与竞争格局具有较为全面、深入的洞察和理解，同时还需要具备技术、经济、法律与管理等知识背景和知识产权资产运营经验的相应人员，这样才能最大限度地提升、发挥和实现知识产权资产的价值，而目前，我国具备这样相应能力的信托机构和人员都比较缺乏，这也是制约知识产权资产信托业务发展的主要原因之一。

此外，与知识产权资产的出资往往需要企业进行持续投资不同，知识产权资产的信托往往要求信托财产能够独立产生现金流，这对于信托机构知识产权资产的运营能力无疑提出了更高的要求和挑战。

与知识产权资产产业化、出售、储备、许可、质押和出资等不同，知识产权资产信托的优点在于，信托财产独立于委托人的其他财产，也就是说，一般情况下，如果委托人不是唯一的信托财产受益人，那么信托财产及其产生的收益不受委托人（企业）解散、撤销、破产等因素的影响，也不会被认定为企业的清算财产而破坏信托财产的完整性及其产生价值的能力。这样，企业设立信托的知识产权资产可以很好规避企业自身的破产风险，成为企业开展知识产权资产运营和规避重大经营风险的一种有效方式。

八、知识产权资产证券化

资产证券化是以特定资产（组合）或现金流为支持，发行可交易有价证券的一种融资形式。

资产是可以产生经济利益的企业资源。但是，不是所有资产都可以通过直接产生现金流的方式为企业带来经济利益。比如房产，如果企业需要使用，就无法通过出租或出售的方式为企业带来直接的现金收益。因此，房产在企业的会计账面上一般就只能在资产负债表中计为固定资产，同时还会产生相应折旧，而不能在企业的利润表和现金流表中有所表现。

资产证券化制度设计的主要目的即是使企业（资产所有人）从其资产负债表中不能直接产生现金流的资产中获得现金流或现金收入。用于开展证券化业务的资产也就是证券化的基础资产。

对于企业来说，资产证券化最主要的优点在于可以在保留资产所有权的前提下大幅增强企业非现金资产的流动性，既可以作为企业融资的一个重要渠道，又可以在很大程度上提高企业资产的整体利用效率。

资产证券化的业务安排比较复杂，参与主体较多。典型的企业资产证券化业务的主要参与人包括：

（1）发起人，也就是企业，证券化基础资产的所有人。

（2）受托人，与信托的受托人相似，一般是为资产证券化业务专门成立的特殊目的实体（Special Purpose Vehicle，SPV），也可以是已有的信托机构，主要目的在于实现对于证券化基础资产的破产隔离保护（相对于发起人）。

（3）承销人，主要负责证券产品的设计、发行和承销工作，一般是证券公司或者投资银行等。

（4）信用机构，包括信用评级机构和增信机构。如果采用在公开市场发行有价债券的方式进行资产证券化，证券化基础资产需要由信用评级机构给出信用评级；如果信用等级较低，则还需要增信机构通过担保或其他方式为基础资产提供额外保障，以使由基础资产支持的债券获得足够信用等级而在公开市场发售。增信方式不仅仅限于第三方担保。

（5）资金托管（存）机构，主要为保证交易资金和基础资产的安全

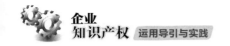

而引入，一般会对交易的资金往来实施一定程度的监控并同时提供资金管理服务，通常是银行或者其他专门机构。

从资产证券化的过程看，一般包括以下步骤：

（1）构建证券化基础资产。企业（发起人）根据资产证券化业务的目的选择用于开展资产证券化业务的资产，组成基础资产组合。一般情况下，基础资产应当具备独立产生一定规模现金流的能力；同时，基础资产的分离应当不会对企业自身的生产和经营产生风险和影响。

（2）设立特殊目的实体（SPV）。特殊目的实体是为资产证券化业务而专门设立的用以进行证券发行的独立实体，一般采用企业法人形式，也可以由企业（发起人）委托信托机构。特殊目的实体（SPV）设立后，证券化基础资产需要转移至特殊目的实体（SPV）所有，以实现破产隔离与保护。

（3）开展信用评级及增信。在公开市场发行债券前，需要对基础资产所支持债券进行信用评级；信用等级较低时，还需要通过第三方担保等方式进行增信。上述行为既为满足法律对于公开发行债券业务的要求，同时，信用等级高的债券其市场认可度也较高，销售较为容易。

（4）债券审批及销售。在满足法律法规对于公开发行债券要求的基础上，债券发行人需要向主管部门提出公开发行债券申请，获得批准后，由承销人予以销售。销售方式可以是包销或代销。债券的投资人根据法律规定可以是投资机构成自然人等。债券销售完成后，承销人按照约定将发行收入支付给企业（发起人）。

（5）上市交易及到期支付。承销人将债券发行收入交付企业（发起人）后，企业融资的目的就已实现。公开发行的债券可以申请在证券市场进行上市交易，投资人可以根据债券价格变化情况将债券进行交易以获得利差收益，也可以在债券发行期内领取年度利息收益并在债券发行期满后等待企业（发起人）赎回。

在债券流通期间，企业（发起人）需要指定资产管理公司对基础资产进行持续管理和经营，一般情况下，基础资产需要独立产生相应现金流，用以支付债券的到期利息。资产管理公司还需要负责资金流的管理和监督。

知识产权资产的证券化主要是指以知识产权资产作为基础资产所进行的资产证券化业务。相比于房产等资产，知识产权资产的运营更难以直接产生持续、稳定、足够的现金流，因此，相比于其他类别的资产，知识产权资产证券化的规模很难扩大。

广义上，根据知识产权基础资产的不同，知识产权资产证券化的典型模式可以包括以下三种：

（1）知识产权资产许可费收益证券化。这也是一般意义上的知识产权资产证券化模式，其特点在于证券化的基础资产是基于知识产权资产组合的许可合同而产生的未来许可费收益，实质则是一种以许可合同应收账款质权为基础的知识产权资产证券化。这种模式在20世纪90年代由美国最先创造，成功案例包括音乐版权收入证券化、药品专利证券化和品牌资产证券化等。

（2）知识产权资产支持的证券化。其特点是所发行的债券主要是以企业为主体直接发行的资产支持债券，如我国的公司债和企业债，其中知识产权资产作为证券化基础资产的一个组成部分，其作用主要在于为基础资产进行增信，一般情况下不会直接产生现金流；如果知识产权资产可以直接产生现金流，那么也可以成为真正的基础资产。

长期以来，我国企业主要依赖银行进行融资。2015年1月，证监会发布《公司债券发行与交易管理办法》，一定程度上降低了企业直接发行债券的门槛。统计显示，2015年1—8月，上交所发行公司债总规模达到2700亿元，同比增长超过200%。

其中，已有部分公司将知识产权资产评估后作为发行债券的基础资产。由于知识产权资产自身较难产生现金流，这种以企业知识产权资产支持进行证券化的模式在未来会有很大的市场空间。

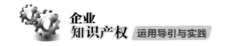

（3）知识产权信贷资产证券化，主要指以金融机构为主体所开展的信贷资产证券化业务，其特点在于，证券化的基础资产是商业银行等金融机构的知识产权信贷资产；其本质是商业银行等金融机构利用基于借款合同所产生的债权和未来收益组成资产组合而开展证券化业务，主要作用在于提高商业银行等金融机构的资产流动性，分散金融风险和提升知识产权信贷资产的周转率（利用效率）。

我国信贷资产证券化业务的开展始于2005年中国人民银行、中国银监会发布《信贷资产证券化试点管理办法》。2015年，银监会批复允许27家商业银行开办信贷资产证券化业务。

目前，对于知识产权质押贷款和以知识产权资产为基础的信用贷款和其他贷款而言，由于知识产权资产流动性较差，导致银行信贷资产风险较高的问题一直无法很好解决，而知识产权信贷资产证券化正可以作为解决这一问题的一个有效手段。

但是，信贷资产证券化业务的风险也较高，如美国次贷危机影响的扩散就在很大程度上是由于美国房产贷款资产的高度证券化。因此，需要在基础资产的选择、证券化业务的主体资格、资产的总规模和对于证券化业务的过程监管等多方面进行有效的风险管理和控制。

在上述三种知识产权资产证券化模式中，只有知识产权资产支持的证券化是基于知识产权资产本身价值的直接证券化，而知识产权资产许可费收益证券化和知识产权信贷资产证券化都是基于知识产权资产衍生业务（价值）的间接证券化。

下篇
企业知识产权运用实践

第五章 企业知识产权战略运用实例

一、专利导航，联合创新

——北京食品安全检测产业知识产权联盟形成重大科技专项创新合力

实例寻踪

北京食品安全检测产业知识产权联盟成立于2013年。该联盟聚集了中粮营养健康研究院有限公司、北京勤邦生物技术有限公司、中国农科院农业质量标准与检测技术研究所、清华大学精密仪器系、北京市理化分析测试中心、北京出入境检验检疫局、中国检验检疫科学院检测技术与装备研究所、北京农学院食品科学与工程学院、北京三元食品股份有限公司等近20家国内食品安全领域主要高等院校、科研院所、食品安全检测企业和食品生产加工企业，初步形成覆盖上中下游的国内食品安全检测产业链。该联盟制定了联盟章程，选举了中粮营养健康研究院为首任联盟理事长单位，北京勤邦生物技术有限公司和北京润平知识产权代理有限公司为联盟秘书单位。

在创新活动日益系统化、高端化、复杂化的今天，由于资本和人才等资源以及成本、风险与回报等多种因素的限制，很多重大技术创新已经很难由单一企业独立完成，而是需要多个创新主体的协同、合作与参与，所以资源整合能力的强弱往往成为创新能否取得成功的关键。北京

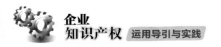

食品安全检测产业知识产权联盟自成立以来即不断探索以知识产权为牵引的产学研协同创新实践，通过联盟成员间的紧密协作，以期形成创新合力，分摊创新风险，降低创新成本，共享创新收益，促进联盟成员和产业的整体发展。

当前，对食品中药物残留、农药残留、非法添加物以及营养成分的测定分析主要依靠大型理化分析仪器进行，但这些大型精密检测设备大部分被国外厂商所垄断。特别对于食源性致病菌的检测，主要依靠传统微生物学的分离培养方法，检测周期长，即使采用进口全自动鉴定系统，对于微生物致病菌的鉴定最快也需要8小时才能得到鉴定结果，时效性差，而且进口仪器设备价格昂贵。市场上仍然缺乏能够同时实现高通量、高灵敏度以及检测项目集成化的测定，并易于推广使用的检测仪器。

在进行广泛市场调查的基础上，北京勤邦生物技术有限公司（下称"勤邦公司"）锁定并启动研发了具备高通量、高灵敏度和快速痕量分析等功能的"全自动化学发光免疫分析仪"，这种分析仪在食品等领域应用广泛，具有很大市场空间。但是，"全自动化学发光免疫分析仪"属于高度精密仪器，技术要求高，研发工作艰难繁复，成本投入高，当时勤邦公司负责仪器开发的专职研发人员只有10余人，仅凭勤邦公司一己之力难以独立完成该分析仪的研发工作。

为此，在汇总以往研究成果的基础上，2013年10月，勤邦公司依托北京食品安全检测产业知识产权联盟，联合清华大学、北京市理化分析测试中心、中国农业科学院农业质量标准与检测技术研究所和北京出入境检验检疫局等联盟成员单位共同启动"全自动化学发光免疫分析仪工程化开发及应用"项目。项目旨在攻克化学发光免疫、纳米免疫磁珠富集分离、开放环境下快速温度精确控制等关键技术，开发富集分离和免疫孵育关键部件，最终研制出拥有知识产权的应用于食品安全检测领域的大型仪器。

针对该项目，北京勤邦生物技术有限公司承担反应控制模块组与整机开发以及全自动化学发光免疫分析仪工程化开发等工作；清华大学承担自动进样与微光检测模块开发工作；北京市理化分析测试中心承担全自动化学发光免疫分析仪在食品营养、兽药残留以及毒素分析中的应用研究；中国农业科学院农业质量标准与检测技术研究所承担全自动化学发光免疫分析仪在农药残留检测中的应用研究；北京出入境检验检疫局主要参与全自动化学发光免疫分析仪及配套试剂在食品品质安全测定分析的应用示范工作。此外，在全自动化学发光免疫分析仪的研发过程中，联盟秘书单位北京润平知识产权代理有限公司负责相关专利检索与专利申请等工作，使各研发单位明晰专利布局动态、避免重复研发。同时，在项目研究期间，联盟各成员单位根据研究需要，在试验仪器设备的使用和研究人员方面实现一定程度的合作与资源共享，有效加快了项目研发进度，提升了研发效率。

联盟成员单位十分注重知识产权工作，努力贯彻专利导航工作理念，将知识产权工作贯穿于研发项目的全过程。在研发立项前，即依据项目研究目标在世界范围内进行专利文献检索与分析，了解并掌握项目相关技术和产品的专利布局情况。在仪器的研发过程中，进一步将科技文献和标准等纳入检索与分析范围，与专利文献一起进行综合利用、综合分析以寻找技术研发方向，获取技术研发思路提示，并有效规避现有专利布局。

如作为全自动化学发光免疫分析仪核心技术之一的微光检测技术，其关键是要制造一个避光暗室，防止外界光对于检测过程的干扰。目前，市场上应用的全自动化学发光仪通常采用设置专门测量暗室的方法对发光物质进行测量。通过对于大量相关专利文献的检索和分析，勤邦公司采取了利用测量用黑色反应杯与光探测头自形成测量暗室的方法用于测光，从而省略了进出暗室机构的情况，简化了内部结构，提高了避光效果和仪器运行效率。该技术方案有别于目前通常的专门测量暗室技术，勤邦公司基于此申请了"一种微光检测系统"发明专利，既跳出了

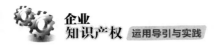

现有相关专利保护范围，规避了专利侵权风险，同时实现了对于自主创新成果的专利保护。

2014年，"全自动化学发光免疫分析仪工程化开发及应用"项目获得"国家重大科学仪器设备开发专项"的立项与资助，专项参与单位达到11家，参与研究人员合计超过160人；专项提供资助经费2000余万元，项目累计投入研发经费近4000万元。

截至目前，上述项目共产生"一种微光检测系统""一种反应杯存储装置"等16件专利。全自动化学发光免疫分析仪的工程化样机已分别在海南和山东的项目合作单位进行试用，实现销售收入170万元。样机在海南企业的试用中，已累计检测样品120批次，检测速度达到150个样本每小时，对单一样本可同时最多检测15个项目，检测灵敏度达到0.01毫克/千克，光学检测重复性CV≤5%，检测效率与准确性大幅提高，为价值800余万元出口水产品的质量与安全提供了有效保障。

联盟成立以来，各联盟成员充分发挥各自优势，通过联合申报项目等多种方式开展协同研发与创新合作，并依托联盟形成知识产权共享平台，加快知识产权转移转化与产业化应用。

仅以勤邦公司为例，目前，其与联盟相关成员单位已共同开展"全自动化学发光免疫分析仪工程化开发及应用""高通量细胞分选多模式检测分析仪器及应用研究""现场快速检测仪器与物联网配套技术研发及产业化示范""便携拉曼光谱仪及免疫快检产品研发与乳品安全速测应用""化学发光免疫分析仪关键模块研发与产业应用培育""食品安全微生物用免疫磁珠的国产化研究与应用示范"以及"城市地下水和地表水中PPCPs微污染物新型检测技术、降解工艺及专项设备研发"7个重要项目的协同创新工作，项目也分别获得"国家重大科学仪器设备开发专项""'十二五'国家科技支撑计划"以及"北京市科技计划"等项目的立项与资助。截至目前，各项目共获得研发经费资助总额3300余万元，累计研发经费投入近7000万元，共申请中国专利60余件，向国外申请专利3件，获得国内外专利授权近30件，各项目累计实现经济效益达到1.1亿元。

2015年6月，经北京市知识产权局组织申报和推荐，北京食品安全检测产业知识产权联盟向国家知识产权局提交产业知识产权联盟备案申请，成为全国和北京市首批通过备案审核的产业知识产权联盟之一。

▶ 要点提炼 ◀

众人拾柴火焰高。北京勤邦生物技术有限公司面对市场机遇，以所在的北京食品安全检测产业知识产权联盟为依托，在联盟内部开展联合技术攻关与产品研发，使高等院校和科研院所的科研条件和人才优势得以充分释放和发挥，大幅提高了联盟内产学研协同创新的能力和效率，实现了创新资源的有效整合，并及时对取得的创新成果进行了有效的专利保护。

"全自动化学发光免疫分析仪"项目首次在产业知识产权联盟的协同创新合作中引入专利导航发展理念，注重从研发立项到技术研究再到产品开发全过程中的专利检索、分析及布局等工作，加强了对于项目创新成果的知识产权保护。同时，借助产业知识产权联盟这一载体，打通产业上中下游的合作渠道，有效加快了专利创研与产业化应用的步伐。

▶ 主要启示 ◀

在我国，对于绝大多数企业，产业知识产权联盟在我国还是一个新生事物。早在2009年，北京市知识产权局就率先推动和指导构建细分产业知识产权联盟，提出知识产权"联合创研，协同保护，对接运用，合力对外"的联盟建设与发展路径，创出了工作前置、产业上下游衔接和全程联合的联盟发展北京模式，着力将知识产权联盟打造成为产业创新推动发展的承载体和多方合作共赢的平台。2015年4月，国家知识产权局办公室印发《产业知识产权联盟建设指南》，在全国范围内加快推动产

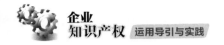

业知识产权联盟的建设与发展。

这里所说的产业知识产权联盟是以共同利益为纽带，以知识产权为牵引，以全产业链专利组合布局与协同运用为重点，以形成创新及知识产权保护与运用合力为基础，以提升核心竞争力、促进整个产业提质增效升级为目标的工作联合体是基于知识产权资源整合与战略运用的新型产业协同发展组织。

产业知识产权联盟推动协同创新，知识产权资源累积是基础，知识产权资源整合是手段，知识产权资源运用是过程，产业升级发展是最终目标。北京食品安全检测产业知识产权联盟以联盟成员共同利益为导向，以研发项目为载体，整合创新与知识产权资源，初步形成了优势互补、成果共享、风险共担的开放式创新及知识产权协同布局的合作模式。

本实例对于产业知识产权联盟如何在产业创新推动发展以及知识产权协同布局合作方面发挥作用进行了很好的探索与实践，值得企业及其他产业创新组织学习和借鉴。

二、专利入股，市场争先

——航天长征化学工程股份有限公司推动粉煤气化专利产业化

实例寻踪

航天长征化学工程股份有限公司（下称"航天工程"），成立于2007年，是专业从事煤气化技术及关键设备的研发、工程设计、技术服务、设备成套供应及工程总承包的高新技术企业。

中国是世界第一的产煤大国，但是煤气化技术一直处于落后状态。20世纪国内的煤气化技术几乎被壳牌、通用电气等国外大公司所垄断。但国外技术存在投资成本高，煤种适应范围小等问题，使许多中小企业难以应用。

2005年，中国航天科技集团公司启动航天煤气化技术研发。研发团队依托多年积累的技术优势，将燃烧与控制等领域取得的技术成果应用于煤炭洁净高效利用领域，成功研发出拥有核心知识产权的粉煤加压气化技术，形成粉煤气化项目首件核心专利。

随着研发工作的持续开展，上述粉煤气化技术逐步成熟。中航科技自主研发的粉煤加压气化技术装置操作简便、维护方便、故障率低、煤种适应性广，并可广泛应用于煤制合成氨、煤制天然气、煤制油、煤制氢以及IGCC发电等领域；同时，项目投资费用和运行成本低、开工率高；技术总体达到国际领先水平。

2007年，中航科技以20余件专利技术及技术秘密作价入股，成立了煤气化公司，也就是航天工程公司的前身，开始了煤气化项目专利产业化工作。航天工程公司借鉴国外大型企业专利产业化与技术转移模式，通过专利许可方式逐步推动粉煤气化项目专利产业化。

由于是新技术，航天工程公司以中小化肥企业为突破口，与安徽及河南两家企业签订了专利实施许可合同，实施煤气化示范项目。2008年10月，航天煤气化示范工程在河南濮阳与安徽临泉先后成功运行。示范项目首次建成25万吨级原煤处理与气化工业装置，一次性投资较国外某同类工程节省人民币近3亿元，年均运营费用降低近2500万元，同时，全套装置的专利许可费仅为国外同类产品的1/3，这使该煤气化设备一经投入生产，便受到广大用户的青睐。安徽航天煤气化示范项目2008年11月投产后，该公司的生产能力提升近25%，煤气化示范项目首战告捷。

在推动专利产业化的过程中，航天工程公司研究并借鉴本领域内跨国公司的知识产权国际运作经验，逐步形成以专利许可为核心并实现配套产品销售的商业模式，最大化地促进知识产权价值的实现。同时，该公司对煤气化技术进行持续开发，以延长专利技术寿命，扩展并完善项目专利布局，为航天煤气化项目持续性的产业化运作提供专利基础和支撑。

截至2014年年底，航天工程公司累计售出粉煤加压气化炉75台，在粉煤气化装置领域的市场占有率排名第一。其粉煤气化项目的专利组合已

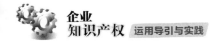

达20件，专利实施许可收入占历年年度营业收入的5%以上。而目前，航天工程公司累计获得专利许可收入超过7亿元。

专利产业化进程的加快同时带动了拥有专利的专有设备的销售。航天工程公司历年专有设备的销售收入均占年度营业收入的50%以上。目前，航天工程公司粉煤气化在建项目遍布河南、河北、山东、内蒙古、安徽、吉林、贵州和新疆等地，累计合同金额已超过百亿元。

截至目前，航天工程公司拥有国内授权专利80余件。其中气化方法及相关设备等核心专利通过专利合作条约途径（PCT）向欧、美和亚洲的多个国家提出申请，并已在韩国、日本、美国、澳大利亚和越南等国获得专利授权，为拥有核心自主知识产权的航天粉煤气化炉"走出去"拓展海外市场奠定了坚实基础。航天煤气化技术核心专利也于2010年、2012年分别获得中国专利优秀奖和北京市发明专利奖三等奖。

航天工程公司成立以来，在知识产权战略指导下，国内外专利申请量保持年均10%~20%的增长率，核心专利布局逐步完善。公司依托自主创新和知识产权保护，形成了"专利许可"与"产品销售"紧密结合、相互支撑的商业模式，使专利资产的价值得以充分发挥，有效提高了企业的盈利能力，加快了航天粉煤气化项目专利产业化。2015年1月，航天工程公司在上交所成功上市，从而开启了企业规模化发展的新阶段。

要点提炼

航天长征化学工程股份有限公司粉煤加压气化专利技术以相关技术积累为基础，解决了我国粉煤质量差异的问题，实现了煤制气设备国产化，大幅降低了设备建造与运维成本，提高了设备运行效率和可靠性，为我国粉煤能源的清洁利用做出了贡献。该实例也成为我国"军转民"专利产业化工作的一个典型代表。

本实例中专利运用的亮点主要包括两个方面：①航天长征化学工程股份有限公司是由中航科技集团利用专利和技术秘密等知识产权出资设

立，这种注入知识产权资产设立专门企业，并采取市场化方式推动专利产业化的做法将知识产权和企业目标与利益在起始环节就予以绑定，为企业充分发掘利用知识产权价值提供了很好的基础和动力；②航天长征化学工程股份有限公司借鉴国外企业专利运营模式，在承揽工程之外，收取专利实施许可费，并以此带动配套产品的销售，实现知识产权与商业模式的有机结合，有效提升了企业的盈利能力。

主要启示

"创新驱动发展模式"是从创新到实现商业价值全过程的发展模式，也是知识产权从权利产生到权益实现的过程循环。

本实例中，航天工程公司以粉煤气化专利技术起家，从企业设立到技术成熟，从示范应用到规模生产，知识产权的创造、布局与许可等工作贯穿始终。知识产权为企业提供了源源不断的发展动力，已成为企业最为重要的战略资源。

现代企业经营中，商业模式是核心。航天工程公司将知识产权很好地嵌入企业的商业模式之中，逐步探索并形成了与美国高通公司相类似的"专利许可+产品销售"的商业模式。尽管其目前专利许可收入相对于营业收入占比尚远不及高通公司，但鉴于其所属产业属性和技术特征的不同，此实例仍不失为依靠创新和知识产权提升产品附加值，提高企业盈利能力与国际竞争力的范例之一，值得我国装备制造企业研究参考。

三、全面保护，产业升级

——中国纺织科学研究院超仿棉专利引领产业转型升级

实例寻踪

中国纺织科学研究院（下称"中纺院"）组建于1956年，是我国纺织行业最大的综合性科研院所，也是国家合成纤维工程技术研究中心、

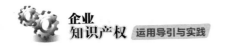

纤维基复合材料国家工程中心、生物源纤维制造技术国家重点实验室依托单位。

近年来，我国纺织行业面临聚酯纤维产能过剩而棉花等天然纤维资源供不应求的局面。一方面，棉织物服装性能优异，穿着舒适，但我国棉花资源十分紧缺，每年需要进口300万~400万吨；另一方面，我国聚酯纤维产业产能过剩，年生产能力超过4000万吨，特别是常规聚酯纤维产品市场竞争激烈，企业利润较低，且常规聚酯纤维织物在视觉、触觉和穿着舒适感等方面都不如棉织物，使用效果不佳，聚酯纤维产业亟待转型升级。

为缓解棉花这一战略资源供给不足，同时满足聚酯纤维产业转型升级的内在需求，以聚酯为原料研制仿棉纤维，开发天然棉花纤维的替代品成为产业界的关注重点。为此，中国纺织科学院依托其在聚酯涤纶方面的研究基础和科研实力，启动了超仿棉聚酯纤维项目的研究。

聚酯纤维是化学纤维的第一大类产品，其常规产品和普通差别化产品的生产技术相对均比较成熟，日本东丽公司、美国杜邦公司、日本帝人公司在该领域研发起步较早，全球性的专利布局比较完善。但是，常规聚酯纤维产品往往只能在某一单一性能指标上实现仿棉特性，此前尚未出现综合性能指标较好的聚酯仿棉织物。如何突破以往化纤仿真的思维定式，开发新的工艺路线，成为摆在纺织行业科研人员面前的课题。

研究过程中，中纺院科研人员发现通过对聚酯纤维进行结构改性可以得到具有高度仿棉特性的超仿棉聚酯纤维，其兼具棉纤维易染、柔软、吸湿性优和聚酯纤维高强度、高伸缩性、尺寸稳定性好的优良特性。随着超仿棉聚酯纤维项目技术研发工作取得突破，如何对于该发明创造进行全面的知识产权保护马上提上日程。为此，中纺院知识产权部门与研发部门相互协作，对超仿棉聚酯纤维项目进行了全方位的知识产权保护设计与策划，并付诸实施。

与技术研发工作同步，中纺院知识产权管理部门会同项目科研人员，利用中纺院知识产权信息系统就聚酯纤维结构改性相关技术在全球范围内进行了全面的专利查新检索，确认国内外专利和技术文献均没有公开过相似技术，聚酯纤维结构改性技术具备新颖性，可以采用专利形式进行保护。

在此基础上，中纺院迅速研究制定了超仿棉项目的专利布局策略。通过与院研发中心和专利代理机构多次交流与讨论，中纺院知识产权管理部门确定了对于超仿棉聚酯聚合、纤维纺丝、纺纱织造、染整及面料产品等进行全过程的专利布局和保护策略。预备申请的专利包括"共聚物及其合成制备方法""共聚物纤维及其制造方法""改性聚酯和羊毛混纺织物及其制备方法""改性聚酯和棉混纺织物及其染色方法""改性聚酯和羊毛混纺织物一浴染色的方法""改性聚酯复合纤维及其制备方法"和"改性聚酯的染色方法"等，全面覆盖超仿棉纤维生产和应用产品开发的全过程。所申请的专利互为依托、互相支持，既扩大了超仿棉纤维技术及相关产品的专利保护范围，也为未来可能继续产出新专利的技术方向留出了一定空间，最大限度地实现对于超仿棉项目研发成果的专利保护。

对于申请专利的时机问题，中纺院知识产权管理部门确定了"早申请"原则，也就是在保证专利保护范围的前提下，超仿棉项目产生所有专利原则上根据其最早可能提出申请的日期进行申请，以抢占专利布局先机。在撰写专利申请文件的同时，还应注意各专利申请的权利要求之间的内在联系，并仔细审核说明书的全部内容，以避免各专利申请之间由于所公开内容和申请时间顺序在新颖性、创造性方面产生相互影响。

根据上述专利布局策略，中纺院于2010年8月首次同时提交7篇与超仿棉聚酯纤维相关的专利申请，从完成发明到提交专利申请用时不到两个月，由此形成超仿棉聚酯纤维专利技术的初步布局。根据研发进展，2010年12月至2014年，中纺院陆续对"超仿棉聚酯纤维连续聚合工艺及其共聚物"等后续研究成果提交了专利申请。2014年，中纺院对超仿棉技术向国

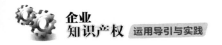

外提交了专利申请，为超仿棉产品进军海外市场提供专利保护和支持。

在专利保护之外，中纺院还专门为超仿棉聚酯纤维、纱线和面料注册"逸棉"商标，制定"逸棉"产品认证办法，并与纺织行业主要产品生产企业共同编制超仿棉聚酯纤维相关技术标准11项，其中行业协会标准6项、企业标准5项，确保超仿棉聚酯纤维及相关产品的质量标准，打造超仿棉聚酯纤维产品品牌。

在构建起较为完善的知识产权布局和保护体系的同时，中纺院积极加快超仿棉聚酯纤维专利的产业化步伐。

中纺院根据产品的用途和特点，选用不同新型聚酯超仿棉聚酯纤维原料，优化纺纱和织造加工工艺，综合运用织物染整加工技术，分别开发高支衬衫机织面料、休闲针织面料和家用纺织品等新产品。同时，中纺院在天津武清建设起千吨级连续聚合纺丝产业化技术试验线，成功生产出新型超仿棉聚酯纤维产品。产品一经推出即迅速引起市场的高度关注。由于看好该成果的市场前景，某大型央企集团下属企业主动与中纺院协商签订超仿棉聚酯纤维技术合作协议，并向中纺院支付专利许可费，为中纺院带来了良好的经济效益。

超仿棉纤维作为纺织行业共同关注的焦点，仅靠中纺院自身的力量还不足以推动聚酯涤纶产业的升级换代，必须联合行业内的高校、企业、科研院所，各取所长，群策群力，才能推动我国超仿棉聚酯技术的整体发展。为突破阻碍行业进步的技术瓶颈，引入更多研发资金，从而开发出高品质、多功能、低能耗为特征的新一代聚酯产业化技术，中纺院会同"化纤产业技术创新战略联盟"部分成员单位向科技部申报了"超仿棉合成纤维及其纺织品产业化技术开发"项目，由于以产学研用的方式集结了各方的优势，获得了国家"十二五"科技支撑计划项目的支持。

在中纺院的组织带动下，联盟内成员单位均非常重视知识产权保护。目前，围绕超仿棉技术，联盟成员已提交专利申请近60件，其中发明专利申请近50件；获得专利授权20件，其中获得发明专利授权近10

件。中纺院也在原有基础专利的基础上又进行系列专利申请，实现对于超仿棉创新成果的持续保护。

通过该科技支撑项目的实施，超仿棉聚酯纤维技术已在"化纤产业技术创新战略联盟"的成员单位中获得应用。包括中纺院武清千吨纺丝生产线在内，联盟内企业共建立起产业化示范基地8个，生产线12条。项目新增产值超过12亿元，新增利税超过2亿元。

要点提炼

该实例很好诠释了专利产品化和产业化的全过程。在超仿棉项目取得技术突破的情况下，中纺院以专利和商标为核心，快速、有效地开展全方位的知识产权布局，为超仿棉技术的应用和超仿棉纤维产品的推广提供了有效保护和保障。

而在超仿棉专利成功产品化和产业化的过程中，中纺院抓住了以下三个重要方面。

（1）以需求为导向。超仿棉项目不是随意启动，而是抓住了市场对于高性能、低成本仿棉纤维及纺织产品的基本需求。项目的目标顺应了传统聚酯纤维行业内企业及产业转型和技术升级的内在需要，因此无论是产品的技术研发还是市场推广都得到了同行企业和政府主管部门的大力支持。

（2）以产品为核心。对于绝大多数的制造业企业，专利发挥价值的主要途径就是将其应用于产品，即专利的产品化。中纺院以产品为核心，对超仿棉纤维材料、制造工艺和产品等进行了全面的知识产权布局，并以此为基础建立超仿棉纤维产业化技术试验线，同时开展超仿棉专利许可，更加验证了超仿棉专利产业化的可行性。

（3）促进产业合作共赢。超仿棉项目专利产品化的成功为其专利产业化奠定了很好基础，但是，产业的转型升级需要全产业链企业的共同努力。中纺院联合化纤产业技术创新战略联盟成员，通过共同实施"超仿棉合成纤维及其纺织品产业化技术开发"项目，大幅加快了超仿棉专

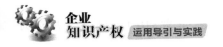
利产业化进程，也使传统聚酯纤维行业内企业通过技术升级实现了合作共赢与共同发展。

主要启示

"技术专利化、专利产品化、产品标准化、标准产业化"是制造业企业专利产业化的典型路径。专利产业化是复杂而漫长的过程，企业能否根据专利产业化各阶段的不同特点，将知识产权战略的制定与实施和知识产权创造、运用、保护与管理工作贯穿于专利产业化的全过程，往往是影响专利产业化能否取得成功的关键因素之一。

在此实例中，中纺院很好地把握了超仿棉项目立项之前知识产权战略的制定和研发过程中专利与商标的布局，通过专利许可方式将专利、技术、产品有效结合，为成功实现超仿棉专利产业化，促进传统聚酯纤维产业转型升级提供了有力保障。超仿棉项目知识产权布局策略设计合理、执行到位，以产业（知识产权）联盟为依托有效加快了专利产业化进程，降低了企业独立开展专利产业化活动的成本和风险，这些经验值得借鉴。

四、赢得诉讼，开拓市场

——飞天诚信科技股份有限公司有效应对海外专利纠纷

实例寻踪

飞天诚信科技股份有限公司（下称"飞天诚信"）成立于1998年，是集研发、生产、销售为一体的高科技企业，全球领先的信息安全产品供应商，总部位于北京。飞天诚信秉承创新发展理念，历经10余年发展，已在软件版权保护、网络身份认证、智能卡操作系统三大领域逐步形成行业领先地位和知识产权优势，成为中国数字安全领域的领导品牌。

飞天诚信的知识产权故事源于一场跨国知识产权诉讼纠纷。

2005年，飞天诚信正处于国内市场快速发展时期。与此同时，2005年3月，飞天诚信赴美国参与美国一著名公司总标的千万美元的项目投标，正式开启进军美国市场的征程。就在飞天诚信即将顺利获得该项目时，一家来自海外的竞争对手在美国特拉华州用两件美国专利起诉飞天诚信及其海外七家英语国家产品代理商专利侵权，迫使飞天诚信在该投标中出局。

对于飞天诚信来说，专利侵权诉讼的影响不仅仅是一个千万美元项目的损失，它同时导致了飞天诚信北美市场产品销售的基本停滞。如果处理不当，更会使飞天诚信刚刚开拓的北美市场全部丧失。这一诉讼对当时正在信心十足地开拓海外市场的飞天诚信无疑是"当头一棒"。

与很多国内企业采取的"避而不战"策略不同，在综合考虑公司产品自主研发特点及未来市场的发展战略后，飞天诚信选择了积极应战。

首先，飞天诚信高度重视这场在美国遭遇的知识产权纠纷，在得知诉讼消息伊始，即向国内外知识产权专家进行咨询，探讨这场海外专利诉讼的前景，同时向富有海外专利诉讼经验的律师积极征求意见、建议及应对措施。

其次，及时开展知识产权分析工作。飞天诚信对该竞争对手的涉诉专利、相关市场产品和专利进行了仔细分析，确认飞天诚信的产品和技术并未侵犯涉诉专利权。

得出未侵犯竞争对手专利权的结论大大增加了飞天诚信获得专利诉讼胜利的信心，同时也为飞天诚信进一步采取灵活的应对策略和措施提供了充分空间。尽管如此，相比于国内，美国专利纠纷的直接诉讼成本和时间成本仍然较高，诉讼失败的风险也同样存在。飞天诚信在当时并未在美国进行专利布局和拥有授权专利，这使得飞天诚信在与国外竞争对手的纠纷中处于明显弱势。要想赢得这场专利诉讼的胜利，飞天诚信必须在短时间内提升自身的知识产权实力。

为此，飞天诚信在国内、国外分别进行两线作战。在国外，委托国外律师团队开展应诉工作，充分利用美国司法制度争取时间；在国内，马上着手提交大量专利申请，扩充知识产权储备，完善专利布局。

飞天诚信将原知识产权团队予以扩充，成立了由公司最高层直接领导的独立知识产权工作部门，并将公司对于知识产权工作的要求传达至全体部门和员工知晓，使全员形成应对专利诉讼和开展知识产权工作的合力。

在专利策略上，飞天诚信撰写和提交的专利申请在注重数量的基础上，更加注重专利质量、产品与专利相结合，做好专利技术的前瞻性布局。特别是在申请国内专利的同时，飞天诚信还在美国、日本、欧洲等国家和地区大量申请专利，历经3年左右的时间，基本完成了面向其核心产品和相应前瞻性技术的在国内外基础性专利布局。知识产权实力的提升也为飞天诚信打赢海外专利诉讼奠定了坚实的基础。

与此同时，飞天诚信在积极应诉的每个步骤中，对双方知识产权状况进行实时分析，及时了解和掌握双方知识产权实力的变化，以便把握时机确定应对措施。

经过3年的努力，2008年，美国特拉华州法庭驳回了竞争对手对飞天诚信的专利侵权诉讼请求。但时隔1个月，竞争对手又发起第二轮专利诉讼，企图通过大量人力、财力的耗费迫使飞天诚信放弃应诉，退出美国市场。尽管面临人才短缺和资金不足的困境，飞天诚信对双方知识产权实力进行了再次的详细分析与评估，随着飞天诚信专利储备的不断增加和国内外专利布局的逐步完善，此时双方知识产权力量对比已经发生极大变化，反击的时机日渐成熟，飞天诚信即将应诉策略从单纯的"被动防御"转变为适时的"防御反击"。

2009年，飞天诚信以竞争对手产品侵犯飞天诚信多件发明专利为由在中国对其提起诉讼，以此牵制竞争对手在中国市场的销售，增加飞天诚信在美国应对专利诉讼的谈判筹码。2010年年初，双方签署全球范围内的全面和解协议，结束了长达近5年的美国专利诉讼。至此，飞天诚信以直接支付国外费用百余万美元、5年北美销售市场停滞的代价赢得了海外专利诉讼的胜利，飞天诚信的产品重新进入美国及北美市场。

截至目前，飞天诚信已累计提交国内专利申请1000余件，其中发明专利申请占比达到70%以上，获得授权的专利多达800余件，其中在已获得授权专利中，60%以上为发明专利。同时，飞天诚信在美国、日本、欧洲等国家和地区提交了100余件专利申请，在海外获得了一定数量的授权专利，基本形成了以产品为核心的全球性专利布局。

知识产权战略的实施和知识产权实力的提升为飞天诚信的创新发展注入了新的活力。2014年，飞天诚信成功地在深交所实现上市，当年公司营业收入首次超过人民币10亿元，过去3年间公司主营业务年均复合增长率超过30%。在2015年中国专利技术开发公司发布的创业板上市公司"创业板专利记分牌"中，飞天诚信有效发明专利拥有量居首位，同时也是前十名中唯一一家信息技术产业的上榜企业。

▶ 要点提炼 ◀

2005年，对于飞天诚信这样一个刚刚起步的小型民营企业来说，以自己有限的力量应对一个国际上市企业在美国的专利诉讼，特别是与竞争对手的专利数量相差悬殊的局面，面临的压力和困难可想而知。

要想打出一片天下，就必须勇于面对强大的对手。飞天诚信公司面对竞争对手并没有退缩，在全面、准确分析对手知识产权实力和判断双方竞争与发展形势的基础上，通过积极完善专利布局，构筑起强大的知识产权优势，形成较为雄厚的竞争资本，并充分利用专利制度的地域性特征和我国庞大的市场规模，将竞争对手拖入更为复杂的连环专利诉讼之中，不但进一步增加了竞争对手的成本和商业风险，还起到了以空间换时间的作用，实现了全球市场竞争环境下企业知识产权战略与竞争战略的相互支撑与制衡，最终获得专利诉讼以和解收场的满意结果。

此案曾被称为"中国信息安全维权第一案",但其重大意义绝不仅仅在于使飞天诚信成功度过了一次发展中的危机,而是在于将企业的目光转移到了被忽视已久的知识产权战略上。事实告诉我们,知识产权与企业的生存与发展息息相关。如何有效运用知识产权应对商业危机、走向海外市场、获取竞争与发展优势,飞天诚信的知识产权故事为我国中小企业提供了现实范例。

▶ 主要启示 ◀

当前,知识产权越来越多作为国际企业确立竞争优势、打压竞争对手的有力武器。在商业领域,知识产权诉讼和纠纷是正常现象,并不可怕,可怕的是企业在走向海外的过程中完全不了解知识产权风险的存在,没有应对知识产权风险的办法,更不知道知识产权诉讼和纠纷可能导致的后果,如此,知识产权侵权诉讼等一旦发生,企业必将十分被动,无从有效应对,这将会对企业的成长和发展造成致命影响。

有效化解专利诉讼等知识产权风险,必须打有准备之仗。这就要求我国企业清楚认识知识产权对于企业创新发展的重要作用,充分了解并掌握知识产权国际规则,以制定实施与企业发展战略相匹配的知识产权战略为主线,加强知识产权储备,提升知识产权实力,建立稳固的知识产权基础,增强参与国际竞争的知识产权竞争力。

五、市场竞争,专利护航

——北京同益中特种纤维技术开发有限公司打赢海外市场保卫战

▶ 实例寻踪 ◀

诞生于1979年的超高分子量聚乙烯纤维具有高强度、高模量、耐腐蚀、密度低等特性,与碳纤维、芳纶纤维并称世界三大高性能纤维。它"轻薄如纸、坚硬如钢",是目前工业化生产的合成纤维中比强度最高的纤维，也是增强我国国防科技实力的战略性新兴材料。从保卫士兵生命安全的防弹衣，到驰骋沙场的装甲坦克；从手术台上抚平创伤的医用缝合线，到钻井平台千钧一发的系泊缆，超高分子量聚乙烯纤维在国民经济中扮演着越来越重要的角色。

北京同益中特种纤维技术开发有限公司（下称"北京同益中"）1999年注册于北京经济技术开发区，是专业从事超高分子量聚乙烯纤维及其下游产品研发、生产与销售的国家级高新技术企业，公司隶属国家开发投资公司，建有院士专家工作站。

2000年，北京同益中创造性地采用干喷湿法纺丝技术，建立起我国第一条超高分子量聚乙烯纤维试验线，结束了我国不能生产高性能纤维的历史，并率先实现了超高分子量聚乙烯纤维的量产。经过近20年的创新与发展，北京同益中已成为国内超高分子量聚乙烯纤维行业的领军企业。其70%的产品用于出口，销售网络和客户遍布欧美、中东、南非等世界主要地区，产品性能处于国内领先、国际先进水平。

A集团是一家国际性的营养保健品、化工原料和医药集团，总部位于荷兰，在欧洲、亚洲、南北美洲等设有200多个机构。1979年，A集团申请了凝胶纺丝法（Gel Spinning）制备超高分子量聚乙烯纤维的专利，最早开始超高分子量聚乙烯纤维产业化的进程，是全球研发实力最强、生产规模最大的一家企业。

随着中国企业在该行业的迅速崛起，进入该领域较早的A集团、美国B公司和日本C公司开始拿起知识产权等武器阻止我国企业的国际化发展，阻止竞争。近年A集团为打压国内企业去欧美参加展会，经常在法国和德国的展会上查抄中国企业，并曾发起多项专利和商标诉讼。很多早期走出国门的本行业企业均遭到过A集团的查抄和起诉。

A集团公司与北京同益中的往来最早可追溯至10余年前。2003年，北京同益中首次在欧洲提出专利申请，准备开拓国际市场。2004年，A集团公司从北京同益中购买了不同型号的产品进行了详细的物理性能评估，

并由此与北京同益中签订了保密协议。2007年，A集团公司从意大利购买了相关专利，并向北京同益中提出由该公司负责研发和市场销售、北京同益中负责产品生产的要求，遭到北京同益中拒绝。

2009年，A集团向意大利米兰法庭提交诉前证据搜查申请，并对北京同益中公司在意大利的客户公司进行了搜查。同时，A集团还在意大利米兰法庭对北京同益中及其意大利客户提起正式起诉，要求禁止在意大利销售和宣传北京同益中公司产品，销毁现有销售产品并支付经济赔偿。A集团还在其官方网站刊发起诉通告，并向北京同益中所有客户群进行了转发。北京同益中的营业收入以及在欧洲的市场占有率因此受到较大影响。专利诉讼对北京同益中造成了极大压力，也对北京同益中在欧洲市场的经营提出了严峻挑战。

为打赢这场海外市场保卫战，北京同益中在第一时间委托国内外知名律所，对涉诉专利进行了全面的查新检索和侵权分析，发现了足以认定涉诉专利主要权利要求不具新颖性的重要证据，并在此基础上制定了以"不侵权抗辩"结合"专利无效"的双保险策略，对A集团公司的专利诉讼给予有力回击。

2010年1月，北京同益中委托意大利的律师事务所递交报告，正式应诉。

首先，提出专利不侵权抗辩。北京同益中产品的技术方案与A集团公司所主张侵权的涉诉专利两个独立权利要求所要求保护的技术方案不同，因此北京同益中的产品不构成专利侵权。

其次，对涉诉专利提起无效宣告请求。在之前检索和分析过程中发现的一份在先日本专利文献足以认定涉诉专利的独立权利要求不具备新颖性，由此，北京同益中提起涉诉专利无效请求。此外，北京同益中还针对诉讼主体条件认定和诉讼时效等问题提出了综合抗辩理由。

历经五次辩护、四次技术抗辩，2013年1月，意大利法庭初步裁定涉案专利全部无效。

随着专利诉讼案件向有利于北京同益中的方向发展，北京同益中的海外市场也快速回暖，很多A集团的客户开始转向北京同益中进行采购，2014年北京同益中超高分子量聚乙烯纤维及其复合材料产品销量和营业收入同比均大幅回升，北京同益中的国际市场影响力也进一步扩大。

在打赢这场海外市场保卫战的过程中，北京同益中的知识产权工作也在实战中实现了质的飞越。从2009年的被动挨打到2013年的积极抗辩再到2015年的全面专利布局以及未来的主动出击，北京同益中不但实现了知识产权战略的根本性转变，其知识产权管理水平和应对知识产权风险的能力均得到了很大提升。

专利诉讼结束后，北京同益中基于超高分子量聚乙烯纤维耐磨性这一关键技术特征，在分析研究涉诉专利和相关日本专利基础上，自主设计并申请了"超高分子量聚乙烯纤维耐磨性能测试机"专利并获得授权。与此同时，北京同益中还主持起草了《超高分子量聚乙烯长丝耐磨性试验方法》，被纳入工信部重点制定的技术标准。

北京同益中于2014年通过第六批北京市专利示范单位认定，相关核心专利分别获得第三届北京市发明专利二等奖和第十六届中国专利优秀奖。

▶ 要点提炼 ◀

该案是中国高性能纤维领域跨国专利诉讼第一案。面对超高分子量聚乙烯纤维国际巨头、世界五百强之一的A集团，北京同益中公司凭借自身高水平的技术创新和高质量的专利，灵活运用知识产权制度，历时多年，积极应对，赢得了这场市场保卫战的胜利。经过此役，北京同益中的海外市场占有率和销售业绩连创历史新高，成为该领域我国最具国际竞争力的企业之一。

纵观案件的发展过程，北京同益中的胜利得益于以下两个方面。

（1）选择专业律师事务所。对于复杂的海外专利诉讼，企业往往需要借助专业律师的知识和经验才能很好应对。北京同益中选择了国内知名的律师事务所开展专利检索和专利侵权分析工作，同时选择了熟知意

大利专利诉讼并在当地具有良好声誉的外国知名律师事务所开展在意大利的专利诉讼工作，使其充分发挥各自优势，降低了专利应诉成本，提高了诉讼的成功率。

（2）充分利用知识产权制度。北京同益中采取"不侵权抗辩"结合"专利无效"的策略。本案中，北京同益中检索到日本的在先专利从而破坏涉诉专利新颖性导致其无效，从根本上扭转了专利诉讼态势。

▶ 主要启示 ◀

专利诉讼是一把双刃剑，对于诉讼双方都可能产生无法预期的诉讼后果。A集团提起专利诉讼的主要目的是打击北京同益中的欧美市场，但是，诉讼并未以通常双方达成和解为结果，而是以A集团的专利被宣告无效而告终。专利诉讼不但没能达到预期的目的，反而使A集团丧失了一部分原有客户和市场，这个结果可能是A集团自己也始料未及的。

尽管如此，该案也可谓为知识产权护航企业市场发展的典型。通过无效对手专利，北京同益中不但化解了专利诉讼危机，同时也在世界范围内改变了超高分子量聚乙烯纤维产业的发展环境。

本实例告诉我们，知识产权具有高投入、高风险、高收益的特点和企业级乃至产业级的战略性地位，需要企业给予高度重视和科学对待。而注重自主创新、掌握核心专利、加强知识产权管理和充分有效运用知识产权制度则是北京同益中成功的关键。此案所包含的丰富内容和结果值得深入思考和探究。

六、整合资源，共谋发展
——北京市音视频产业知识产权联盟促进专利合作与共享

▶ 实例寻踪 ◀

北京是全国音视频产业发展的重要地区，汇聚了产业链不同环节的科研机构与优秀企业。近年来，随着音视频产品的广泛推广和应用，音视频领域的知识产权问题逐渐显现：①北京市音视频产业的知识产权积累仍需增强；②北京市音视频产业发展面临技术标准中的知识产权问题；特别是在MPEG、杜比、MP3等标准中，国外企业已经做好了专利部署，并通过MPEG-LA、Via Licensing、Sisvel等公司组建专利池，收取专利许可费。

为凝聚北京市音视频企业、科研院所等机构的力量，进一步提升北京市音视频产业的专利竞争力，2009年，在北京市知识产权局的推动和指导下中国科学院计算技术研究所、北京华旗资讯数码科技有限公司、北京中星微电子有限公司与新奥特(北京)视频技术有限公司四家单位共同发起成立了北京市音视频产业知识产权联盟（下称"联盟"）。联盟秘书处设在工业和信息化部电子知识产权中心。

经过一段时间的发展，联盟已积极吸纳多家优秀企业加入，目前核心成员包括：华为、腾讯、中星微、百度、乐视和中科院计算所六家单位。同时，联盟成立专家工作组，主要由联盟成员单位选派资深知识产权专家，目的吸纳业内领军企业知识产权专家，开展信息交流、热点问题研讨、重要事务商议等工作。联盟专家组成员包括：黄晶（360）、窦鑫磊（北大方正）、龙瑾湘（中星微）、李小娟（中科院计算所）、张雪红（大唐电信）、王春光（腾讯）、李海青（华为）、张德志（新奥科技）等。联盟的成立被视为一次"攻防转换"，标志着北京市音视频领域的创新力量凝聚到一起，开始了从被动防卫到攻防兼备、协作共赢的努力和转变。联盟成员单位分别在音视频基础研究、芯片、终端产品、网络乃至广播应用领域处于领先地位，均拥有可观的专利积累。联盟旨在解决行业共性知识产权问题，共同应对知识产权纠纷，增加北京市音视频领域的知识产权竞争筹码。

联盟成立以来，前后分为三个阶段开展工作。

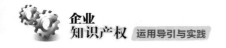
第一阶段，做好国内外音视频相关标准知识产权状况及许可政策的调查分析，梳理共性知识产权问题，发挥专利风险预警功能，建立沟通机制。

在建立之初，联盟根据企业需求确定启动"音视频技术领域专利池状况分析"项目，围绕音视频产业的发展状况，调查梳理专利池构建的情况，重点对MPEG-2、MPEG-4、H.264等技术标准中的专利池组建情况及专利部署情况进行分析。联盟建立了音视频行业知识产权诉讼数据库，搜集整理了国内外音视频领域典型知识产权纠纷案例共百余件，并根据纠纷类型、涉案专利、技术关键词等信息进行了标引整理。

此外，联盟组织成员单位面向音视频领域内知识产权共性问题进行合作研究。联盟秘书处对国内外音视频相关标准进行知识产权状况及许可政策的调查分析，并定期制作行业动态报告，向联盟成员及时提供业界资讯等信息，提出音视频产业发展的相关建议。

第二阶段，引导企业制定实施知识产权战略规划，通过联盟成员内部的专利交叉许可等方式，加强知识产权资源共享。

联盟尝试统筹规划利用现有专利资源，在部分技术领域构建小规模专利池，对重点领域开展专利风险预警，建立共同防御机制，支持联盟成员进行国内外专利维权及风险防范工作，提高联盟成员专利风险应对能力。同时，通过联盟成员之间进行交叉许可，探索建立联盟内部专利共享机制，避免重复研发，降低创新与交易成本。

联盟以专利的共享和运用为主线，实现联盟内产学研用的有机结合。

（1）联盟内部科研院所与企业间的专利共享。联盟成员中科院计算所主要承担专利技术的研发与供给职能，为联盟企业成员提供专利与技术支撑，如中科院计算所与新奥特公司开展专利技术合作，并为华旗资讯公司在全景相机、3D数码相框等方面提供专利技术支持，以加快科研院所专利的转移转化，有效降低了企业的研发成本和专利风险。

（2）联盟内部企业间的专利合作。联盟为行业内企业合作搭建了良好的平台。联盟企业中星微电子有限公司与北京华旗随身数码股份有限公司联手，开展在高端MP5领域的战略合作，中星微高清多媒体处理芯片VC0831被华旗数码知名的MP5品牌月光宝盒采用，实现双赢。

（3）联盟对外的专利许可及融资。除联盟内部的专利共享，联盟积极探索对外进行专利许可及交易。

2010年12月16日，联盟成员单位中国科学院计算技术研究所（以下简称"中科院计算所"）首届专利拍卖会成功举行。中科院计算所共70件标的在会上公开拍卖，其中有底价单项专利38件、无底价单项专利24件、专利包8项（含28件专利）。最终有28件标的被国内8家企业成功竞得，总成交率达40%，成交总金额近300万元。

此外，在联盟专家的共同努力下，促成联盟成员通过知识产权质押融资2000万元，通过知识产权许可收益2000万元，通过资产并购组合获得1个亿的知识产权收益。

第三阶段，探索组建专利池，形成具有核心知识产权的技术与产品等标准，提升音视频产业核心竞争力。联盟组织联盟成员共同参与音视频领域国家与行业标准的制定与修订工作，促进AVS等相关标准的推广、应用和知识产权处置工作的落实。支持联盟成员开展基础技术的联合研发与共同经营，提升联盟及其成员整体竞争力。

2015年6月，在北京市知识产权局组织申报和推荐下北京市音视频产业知识产权联盟向国家知识产权局提交产业知识产权联盟备案申请，成为北京市首批正式通过备案的产业知识产权联盟之一。

▶ 要点提炼 ◀

国家知识产权局《产业知识产权联盟建设指南》提出，产业知识产权联盟的主要任务包括加强产业关键领域知识产权运营、支撑成员单位创新发展和服务知识产权创新创业。

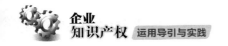

本实例中，北京市音视频产业知识产权联盟在促进内部成员的知识产权资源共享方面开展了很多富有成效的探索工作。

（1）梳理了音视频产业专利的基本状况，通过摸清家底，为联盟推动后续知识产权共享工作奠定了良好基础。

（2）以企业需求为导向，有效盘活科研院所的专利资源，为企业经营发展提供技术与专利支撑。

（3）探索专利交易机制，联盟成员中科院计算所试水专利拍卖工作，为科研院所专利交易机制的形成积累了宝贵经验。此外，联盟在推动成员单位参与相关标准制定工作方面的做法也值得肯定。

主要启示

北京市音视频产业知识产权联盟是北京成立较早、运行时间较长的产业知识产权联盟之一。联盟很多工作颇具特色与开创性，为产业知识产权联盟的建设与发展积累了很好的经验。北京市音视频产业知识产权联盟成员分居音视频产业上中下游，各自均具备较强的专利实力，这也是联盟成员单位之间能够有效开展互补性专利合作的重要基础。此外，联盟不拘泥于形式，邀请业内专家以个人身份加入联盟，使各位受邀专家为联盟提供有针对性的专业咨询和建议。

此外，与本章中另一产业知识产权联盟的实例不同，北京市音视频产业知识产权联盟更多侧重于联盟成员之间的专利共享与合作以及知识产权风险的共同防御工作。联盟通过定期收集知识产权信息和召开会议等方式，及时了解并掌握联盟成员的共同及个性需求，并通过整合联盟内部知识产权资源的方式帮助联盟成员解决技术与知识产权问题。

由此可见，产业知识产权联盟内涵丰富，形式多样，其在实施创新驱动发展战略和知识产权战略过程中能够发挥很大效用，发展潜力有待产业界共同探寻。

七、市场导向，专利布局

——北京矿冶研究总院浮选机项目依托专利挺进南美

▶ 实例寻踪 ◀

北京矿冶研究总院（下称"北京矿冶总院"）是我国规模最大的以矿冶科学与工程技术为主的综合性研究与设计机构，拥有2个国家重点实验室、3个国家级工程技术研究中心和1个国家重有色金属质量监督检测中心，是隶属于国务院国资委管理的中央企业和国家首批创新型企业。北京矿冶总院立足技术创新，带动浮选装备改革优化，推进矿物加工行业发展，促进矿业资源可持续的高效开发应用。

近年来，随着矿业的高速发展和企业对于知识产权保护的重视，国内浮选装备相关专利的数量明显增多。特别是2005年以来，北京矿冶研究总院自主研发的BGRIMM系列浮选机已在国内成功实现大范围产业化应用，市场反馈良好。同时，北京矿冶研究总院作为国内浮选装备领域主要的专利申请者，已初步形成浮选设备核心专利的国内布局。

但在国际市场的开拓方面，北京矿冶总院的系列浮选装备却面临很多困难。一方面，由于国际市场推广力度不够，没有取得广泛的市场影响力，缺乏国外业主的信任；另一方面，国外浮选装备企业构建了较为完善的专利保护体系，试图以此建立知识产权壁垒，阻碍北京矿冶总院浮选装备的国际市场开发。

北京矿冶总院在市场调研中获知，秘鲁特罗莫克铜矿项目定于2009年采购一批浮选装备。特罗莫克铜矿项目是世界最大的单体选矿厂之一，日处理能力达到15万吨。此前，北京矿冶总院320立方米超大型浮选机设备开发成功，该设备在当时具有国际先进水平，与国外竞争对手处于同一起跑线，正可借助秘鲁特罗莫克铜矿项目实现我国浮选装备走出

国门，参与国际重大矿山项目的竞争。

然而，南美洲矿业市场浮选装备竞争激烈。奥托昆普（OUTOKUMPU）、美卓（Mesto）和艾法史密斯（FLSmidth）等大型矿业企业已占据智利、秘鲁等国的绝大部分市场份额，其影响力及推广力度给北京矿冶总院进入南美市场均带来极大挑战。且南美国家法律普遍重视知识产权保护，没有知识产权保护的产品极易受到相关纠纷干扰难以推广。

同时，在浮选装备领域，国外的专利申请主要集中在上述公司手中。其中，奥托昆普公司一家企业在该领域申请的专利就达到140余件，占该领域申请专利总数的10%以上，已形成较为广泛的全球性专利战略布局。相比之下，北京矿冶总院在2005年之前尚未在南美进行过专利布局，与奥图泰等国际先进浮选装备公司在专利累积和布局方面均有不小差距，急需予以加强。

为了走好进军南美市场的这步棋，北京矿冶总院针对南美洲市场需求，迅速启动专利布局工作。在对各大企业的专利布局进行深入检索分析的基础上，北京矿冶总院通过专利合作条约（PCT）渠道先后申请了"浮选机叶轮""直悬式浮选机定子"和"用于浮选机的空气分配器"三项浮选机核心专利。

其中，"浮选机叶轮"创新性地采用后倾式结构，形成高比转速离心叶轮，实现大流量、低压头与低功耗，满足浮选机大型化的要求；"直悬式浮选机定子"的叶片采用周向布置，结构简单稳定，与叶轮叶片相互配合，结构紧凑，增加了矿浆的稳流程度；"用于浮选机的空气分配器"有利于提高大型浮选机内的空气分散效果，增加浮选机内的矿化效率。此三项技术形成了北京矿冶总院浮选装备的核心专利，成为与国际矿业企业进行竞争的重要知识产权优势。

2009年，秘鲁特罗莫克铜矿针对浮选设备开始了面向全球范围内的招标。2010年，北京矿冶研究总院自主研发的浮选机以优良的性能一举中标，项目共采购浮选机近40台，项目总金额1500万美元。

秘鲁特罗莫克铜矿项目使北京矿冶总院浮选机首次成功进入南美市场。继该项目之后，北京矿冶总院又为首钢秘鲁铁矿股份有限公司提供浮选机50余台，以满足其工艺改造和扩大产能需求。2009—2015年，北京矿冶总院已向南美洲矿业企业提供浮选机200余台。各项目使用的浮选机运行稳定、质量可靠且达到工艺设计要求，未出现任何知识产权纠纷，赢得了国际市场的认可。

截至目前，北京矿冶总院累计申请专利近千件，获得专利授权近800件，通过专利合作条约（PCT）渠道申请专利5件，初步形成较为完善的专利布局。

要点提炼

北京矿冶研究总院浮选机项目走进南美市场是我国自主装备"走出去"的又一实例。

北京矿冶研究总院在产品品牌与市场渠道等方面均不具备竞争优势的情况下，以技术创新为依托，提高产品的品质与竞争力，并在目标市场进行核心专利布局，获取市场准入资格，最终在浮选装备领域实现了与国际企业的同台竞争，确立了其在南美市场的一席之地。

本实例中，北京矿冶研究总院在已经对浮选机进行了有效的国内专利布局的基础上，深刻分析了主要竞争对手在目标市场国的专利布局情况，立足自身技术特色，选择了最具创新性的三项核心专利进行海外专利布局，很好地考虑可能产生的专利侵权诉讼风险以及专利申请成本等方面的因素，并为专利侵权诉讼发生时采用专利交叉许可等方式进行和解留下了余地，体现了其具有战略性的专利布局与思考。该实例可谓我国企业依靠自主创新和运用知识产权战略实现"走出去"的一个典型。

企业"走出去"参与国际竞争，没有科学的知识产权战略和较为完善的知识产权布局几乎寸步难行。

知识产权规则是国际通行规则。本实例告诉我们，我国企业要想成为所在领域的全球赢家，就必须遵守知识产权规则，而且更要使知识产权规则为我所用，实现创新驱动模式下的可持续发展。作为率先"走出去"的代表，北京矿冶研究总院依靠专利先行的策略开疆辟土，彰显了中国企业在"走出去"参与国际竞争中的知识产权战略运用能力和智慧。

八、产品未动，专利先行

——博奥生物集团有限公司深耕知识产权布局

实例寻踪

博奥生物集团有限公司暨生物芯片北京国家工程研究中心（下称"博奥生物"）致力于为生命科学与集成医疗领域开发并提供创新性的技术、产品和服务。公司以清华大学为依托，联合华中科技大学、中国医学科学院与军事医学科学院，于2000年9月在北京注册成立。公司自成立之初，一直注重知识产权保护，积极推动专利商用化与产业化。

随着社会经济的发展与物质生活条件的提高，代谢综合征高危人群持续增加，血糖异常、高甘油三酯血症、胆固醇异常同时也是引发心血管疾病的危险因素，代谢综合征的病发也从过去的中老年向年轻化转变。近年来，随着医学发展与保健知识的普及以及自我保健意识的不断提高，血糖仪市场十分活跃，国内外很多产品相继面世，市场竞争激烈。

在国内市场中，美国强生、德国罗氏等进口品牌占据垄断地位，价格较高；国内同类产品虽然价格低廉但功能简单。为此，博奥生物立项研发一种小型便携式检测仪，可以随时随地对血糖、血脂及总胆固醇进行检测记录，对检测数据进行统计分析、评估与长期跟踪，并可将检测结果反馈给患者，为医生对于患者病情的诊断起到辅助作用。

博奥生物研发的便携式检测仪及其配套检测芯片和检测试剂可以对血糖、血脂和总胆固醇三个生理指标进行检测，检测数据可通过公司自主设计的应用程序客户端（APP）进行分析和跟踪。为了更好地保护这一创新产品，博奥生物制定了面向研发过程的知识产权布局策略，即在研发中期针对基础技术及方法进行保护，研发后期对具体产品进行保护，研发末期对产品外观进行保护，同时根据不同阶段的需要开展专利分析与挖掘布局工作。

便携式检测仪装置本身结构并不复杂，产品上市后被仿制的可能性较大，因此，必须及时对产品进行知识产权保护。但是，血糖检测仪产品更新换代周期较短，如何平衡产品全生命周期的收益与知识产权保护成本是博奥生物面临的问题之一。

此外，资料显示，全世界血糖检测市场规模约为50亿美元，其中美国市场规模可达20亿美元，而国内血糖检测市场增长迅速，市场潜力很大，由此，博奥生物将主要目标市场确定为中国及部分海外国家。目标市场决定了专利等知识产权的布局与保护方向，但在国外申请专利的成本较高，因此，如何平衡产品的海外市场收益与专利等知识产权的海外布局成本也是博奥生物需要考虑的问题。

在制定并实施知识产权布局策略的过程中，首先需要对项目技术进行全面解析。便携式检测仪及其配套的检测芯片和检测试剂项目共可分为检测仪器、应用程序（APP）、配套流体芯片以及相应检测试剂四个技术主题。

在知识产权保护方式的选择上，考虑到技术本身的特性及其对于产品知识产权保护的重要程度，对于检测仪的检测方法、检测仪与应用程序（APP）之间的信息交换技术以及检测仪结构设计均采取发明专利的形式予以保护；对于与便携检测设备相匹配的检测芯片，考虑其作为产品耗材的主要特点，以及为满足将来可能更为丰富的检测内容及产品的结构样式，而采用实用新型专利的形式进行保护；对于与便携检测设备相匹配的检测试剂，由于创新点主要在于配方中具体成分的配比，因此将其采用商业秘密形式进行保护；此外，为全面的保护项目产出的技术成果，对检测仪器的外观和应用程序（APP）应用界面均采取外观设计专利进行保护。

对于项目涉及的配套设备，研发人员认为其也有重要的技术创新，应该申请发明专利予以保护。但是，考虑到便携式检测仪的配套设备结构简单，产品生命周期也较短，且设备之间结构差异较大，各类相应结构均需要申请专利进行保护，因此，对于配套设备最终采取实用新型专利形式进行保护。如此，既可以快速获得专利授权，又能为产品正式上市时的宣传增加砝码。

在保护时机上，根据研发进展，检测仪与应用程序（APP）之间的信息交换技术在研发中期进行保护，检测方法和检测仪结构在研发后期进行保护，应用程序（APP）端口及检测仪外观设计在研发末期进行保护。

在保护区域上，由于专利保护具有地域性，如果产品需要进入不同的国家则需要在产品进入之前在当地申请专利。除国内市场外，便携式检测仪项目的主要目标市场还包括部分海外国家，因此在进行国内专利布局的同时，博奥生物依据公司市场规划和国外具体目标国的知识产权发展水平，制定了海外专利布局的策略规划，并通过专利合作条约（PCT）渠道进行了专利申请，以节约获得专利授权的时间和成本。

开展面向新产品研发过程的知识产权布局与保护工作，组建一个合理、高效的团队至关重要。该团队既要熟知本公司的产品和技术，又要了解行业的发展现状，并对行业技术和产品未来的发展趋势和走向较为清楚，其战略思考和实际工作需要具有一定的前瞻性和预见性，同时，更需要知识产权部门与研发人员的密切配合。

知识产权专业人员熟悉专利布局的策略和手段，掌握专利挖掘的方法和技巧。在研发前针对现有技术资料进行调研；在研发过程中就研发难点进行专利文献检索与分析，指导研发进程；在研发成果生成后，开展专利查新检索，与研发人员共同研讨成果的保护方案，并根据研讨结果合理规划知识产权保护方式和范围，最大限度保护创新成果。

截至目前，便携式检测仪项目已初步形成由5件国内发明专利、1件实用新型专利和2件外观专利以及3件海外专利构成的专利布局，全面覆盖产品四个技术主题，为便携式检测产品未来的市场开拓奠定了坚实基础。

要点提炼

"产品未动，专利先行"。对于专利密集型产品，单一专利往往不能形成对于产品整体的有效保护，而是需要合理、严密的专利布局。

博奥生物研发的便携式检测仪，产品本身并不复杂，技术难度也并不是很高，但是，对于如何进行专利布局策划和实施，却可作为一个典型。

本实例中，博奥生物在进行全面技术分解的基础上，根据技术特点、产品销售、市场开拓和企业发展等因素制定知识产权布局策略并贯彻执行。如在知识产权保护方式的选择上，方法类技术特征需要采取发明专利保护方式，而结构类技术特征还应根据产品使用和销售的特点选择相应保护方式。特别容易被模仿或者难以在诉讼中举证的技术特征则需要考虑采取技术秘密方式进行保护。同时，知识产权布局还要考虑时间和区域等因素，这在本实例中也均有体现。

此外，本实例中博奥生物公司知识产权部门所进行的部门工作协调和在专利布局设计与挖掘中所贡献的专业知识，也均是知识产权布局工作得以顺利开展的重要保障。

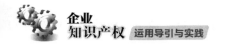

专利等知识产权布局说来易，做来难。一方面，知识产权布局策略是企业知识产权战略的具体实现，既要对企业发展规划和市场策略提供支撑，但又受到法律和技术等因素的影响和限制；另一方面，知识产权布局策略的实现需要企业知识产权、研发、法务、规划和市场销售等部门和人员的有效协作，才能达到预期目标。

企业知识产权部门工作能力的强弱往往是能否做好知识产权布局工作的关键。知识产权部门承担知识产权布局工作的主体责任，要协调各相关部门、考虑各类因素、提出知识产权布局策划方案并组织实施，还要确保知识产权布局策略与知识产权战略的一致性，以满足产品知识产权保护和市场销售等目标，这就需要知识产权部门具有充分的战略意识、丰富的专业知识和较强的协调管理能力，才能很好完成相应的任务。

本实例在知识产权布局具体工作之外反映的问题，需要其他企业认真思考。

九、专利整合，提速发展

——北京搜狗科技发展有限公司整合搜索及输入法专利资产

北京搜狗科技发展有限公司（下称"搜狗科技"）成立于2006年，是中国互联网领域内领先的搜索、客户端和移动产品服务提供商。搜狗科技源于搜狐公司研发中心，以输入法及搜索产品为主营业务，2010年自搜狐公司分拆进行独立运营。

腾讯公司成立于1998年，是目前中国最大的互联网综合服务提供商之一，拥有十分广泛的产品线。腾讯公司自2006年开始经营搜索品牌"搜搜（SOSO）"以及QQ拼音输入法，但效果不甚理想。搜狗科技高度关注腾讯公司的输入法与搜索业务，对其进行了深入研究，发现腾讯公司"搜搜"搜索引擎及QQ拼音输入法与搜狗的业务具有高度的近似性，但是两家公司在专利布局上却并不交叉，在知识产权方面具有开展互补合作的需求与可能性。

历经长时间谈判，2013年9月，搜狗科技与腾讯公司达成战略合作协议，腾讯公司将其搜索与输入法等业务注入搜狗科技，同时投资4.48亿美元现金。交易达成后，腾讯公司在新搜狗科技中占股比例为36.5%，双方在技术、产品、流量和数据等方面开展深度合作。

搜狗科技与腾讯公司的战略性合作内容庞大，互补性强。合作后，腾讯公司放弃了旗下经营了7年的搜索和输入法等业务，将其交由搜狗科技运营。对于腾讯公司来说，该合作可以使其很好地利用搜狗科技在搜索和输入法方面的产品优势和业务运营经验，增强了腾讯公司提供桌面端搜索及输入法产品和服务的能力。对于搜狗科技来说，可以为腾讯公司庞大的个人电脑（PC）和移动用户群提供搜狗搜索与输入法等产品，大幅扩张了用户规模，增加了服务渠道。

除业务整合外，合作中的知识产权资产整合更是重中之重。搜狗科技在与腾讯公司的早期合作和谈判中就有共建专利池的构想，但因市场情况和公司战略等多种因素而未能达成。通过该战略性合作，搜狗科技在整合腾讯公司搜索与输入法业务的同时将与这两个产品线相关的300余件专利和专利申请尽数收购，并就部分专利的使用达成授权协议，有效扩充了自身的专利储备。此外，搜狗科技还就相关商标和域名等知识产权与腾讯公司达成收购协议。

收购后，如何将300余件专利与专利申请与搜狗科技现有的专利进行有效组合，强化专利布局，扩展公司专利布局版图是搜狗科技面临的主要问题之一。搜狗科技从公司法律部、专利部、业务部和市场部抽调专门人员组建项目组，专职跟进专利的评估和转让工作。由于两家公司不在同一个城市，这给双方人员在专利转让过程中的工作交流甚至文件传

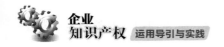

递都造成了客观障碍。搜狗科技项目组与腾讯知识产权团队充分协商，共同讨论转让方案，制作项目工作时间表并严格按照项目时间节点执行。双方仅用时1个月便完成了工作交接以及与不同专利代理机构之间的过渡融合。

在理顺工作机制与衔接的基础上，搜狗科技同时开展专利资产的整合与专利布局的重构工作。要顺利完成该项工作，就要求每名工作人员不仅要对专利本身进行透彻研究，对既有产品的功能和实现方式了然于胸，更要对未来的产品线具有深入研究和洞见。搜狗科技项目组对从腾讯公司受让的300件专利及专利申请与自身专利及专利申请进行了逐一对比分析，并根据公司发展方向与知识产权战略重新进行了专利布局规划和构建工作。经过与腾讯公司的共同论证，双方在2014年达成了进一步的知识产权转让协议，腾讯公司将其所拥有的其他相关专利进行了转让，从而使搜狗科技完成了对于腾讯公司搜索及输入法产品专利的完全受让。

搜狗科技与腾讯公司的战略合作已初见成效。在实现大规模的专利转让和知识产权资产整合后，搜狗科技有效融合了腾讯公司的数据平台及数据分析能力，搜索业务迅速扩张。截至2015年9月，搜狗科技用户规模已超过5.21亿，成为仅次于腾讯公司的中国互联网用户规模第二大的企业，在个人电脑（PC）端搜索领域内形成三分天下的格局。在无线搜索和社会化搜索方面，搜狗科技也逐步成为行业内重要的新兴力量。

2014年，搜狗科技实现全年持续性盈利，业务收入达20亿元人民币，2015年第三季度单季营收超过10亿元人民币，成为中国互联网领域成长速度最快的企业之一。

▶ 要点提炼 ◀

从对手到兄弟，搜狗与腾讯的故事对现代商业活动中的竞争与合作进行了充分的演绎。从结果看，双方战略性合作取得了很好的效果，而其成功的关键主要在于以下三点。

（1）业务上的互补性。更确切说，是业务能力的互补性。腾讯公司产品线众多，无法对每个产品都进行专业的开发与运营，与其如此，不如与该领域的专业公司合作；而搜狗科技在搜索和输入法领域具有长期运营的专业经验，双方具有很好的合作基础。

（2）知识产权的互补性。如果产品线相同，知识产权布局也相同，那么业务的收购就往往只能在规模上有所建树，无法从技术、品牌和服务等角度实质上提升产品线的竞争力。搜狗与腾讯的专利布局并不相同，这就为搜狗通过整合腾讯专利从而提升搜索和输入法产品及相关服务的质量和水平提供了机会和可能性。

（3）知识产权的整合能力。在业务和资产整合中，如何将偏"软"的知识产权进行整合与重构往往更加复杂。搜狗科技以企业发展规划和知识产权战略为导向，对所收购的专利进行了逐一、深入的分析研究，并与自有专利重新组合，形成了围绕搜索和输入法产品的新的专利组合与布局。这个过程需要大量专业人员投入大量时间，搜狗科技集合了公司知识产权及各相关部门的力量，发挥各自优势，很好消化了从腾讯收购的知识产权，为其搜索和输入法业务的快速发展提供了坚实的支撑和保障。

主要启示

业务的调整和整合是现代商业活动中的常见现象，但可能很少有人会关心其中知识产权资产的整合。

企业之间的战略合作，尤其是在行业中大公司间的每一次合作决定都必定要经过双方的深思熟虑和多方论证。如果没有充分的相互了解和对于对方知识产权实力的深入研究，双方就无法客观、准确地判断合作的必要性、可行性以及未来的发展潜力。本实例中，双方在业务和知识产权等方面巨大的合作潜力，可以说是搜狗与腾讯最终决定开展战略性合作的重要原因之一。

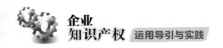

本实例告诉我们，知识产权资产是企业的核心竞争力，需要得到企业的充分重视。特别对于业务整合，知识产权资产的整合绝不仅仅是知识产权权利的简单转移，而是应与商业模式等因素进行整体考量的重要组成部分之一。知识产权资产整合的顺利与否往往是业务整合能否取得成功的关键。

十、协同创新，加速转化

——北京智谷睿拓技术服务有限公司构建产学研用知识产权运营新模式

实例寻踪

北京智谷睿拓技术服务有限公司（下称"智谷睿拓"）成立于2012年8月，是致力于通过促进创新与发明创造推动中国原创技术的发展，最大化挖掘原创专利技术经济价值的知识产权运营公司。智谷睿拓将发明创造视为核心竞争力，围绕移动互联网、云计算、智能终端、智能家居等技术领域，通过自主创新、投资发明项目和专利收购等形式累积强大的专利资产，培育并营造将发明高效转化为产品的市场环境，有效开展市场化的专利资产运营。

长期以来，我国高等院校和科研院所一直在科研领域扮演着重要的基础性角色，但是作为科研成果的重要体现，高等院校和科研院在专利转移转化和专利运营方面普遍薄弱，无法满足产业界的需求。

智谷睿拓在成立之初就非常重视与高等院校、科研院所和企业界的多边合作，与国内外众多高校院所共同探索创新管理和技术转移的新模式，以专利运营为纽带推动高校院所与产业界的横向沟通与合作，并以专利密集度较高的移动互联网领域为切入点，探索推动集产学研用为一体的协同创新模式与专利运营模式。

高等院校、科研院所作为技术创新的重要引擎和高层次创新人才的集聚地，是国家科技创新最为重要的组成部分。但是近年来，我国高校院所的科技成果仍存在转化率和产业化率"两低"的局面，大量科研成果的"市场价值"未能得到充分释放。

其中一个重要原因在于，我国高校院所的专利管理和科技成果转化能力偏低，主要体现在以下几个方面：

（1）虽然我国高校科研的技术含量很高，但是高校的科研人员专利意识偏弱，还是习惯将科研成果以论文形式公开。即使申请专利，科研人员只是把论文内容直接变为交底书，给专利代理人的专利挖掘造成一定困难。

（2）近年来高校的专利申请数量显著增加，但是所申请的专利质量偏低，从而影响其专利价值转化。

（3）即使存在部分质量较高的专利，由于国内缺乏专业的专利运营机制，无法使这些专利充分实现其成果转化的市场价值。

（4）我国高校的一些科研方向与产业界需求不完全一致，缺乏对前沿技术发展趋势的把控，较难在重要的技术领域发挥产业影响力。

来自产业界的研究显示，发明创造从最初的产生到最终转化为产品并投向市场，其在产业链中的最终转化率较低。如果仅从最终是否成功转化成产品来衡量高校所产生的创新发明的价值，那么不仅等待周期长，而且由于转化率较低，导致高校院所的创新工作得不到及时的回报和投入，这样将影响其可持续创新体系的有效运转。与此同时，企业为顺应瞬息万变的市场环境，在开展重大战略调整和产品更新换代的过程中，对创新性的技术储备又有着显著的需求。

针对以上现状，智谷睿拓尝试以产业需求为切入点，通过跨领域碰撞合作来激发高校科研人员的创新能力，与高校、企业共同创立了协同创新模式，提高高校的专利运营能力。智谷睿拓、高校院所与企业通力合作，将企业的市场需求与高校院所的科研成果进行高效对接，形成了全新的产学研用一体的合作模式。

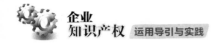

在该协同创新模式中，企业根据其发展战略，提出未来3~5年的技术需求；智谷睿拓根据企业的技术需求分析技术难点，确定研究方向，规划专利布局，寻找并对接可合作的高校院所，搭建合作平台；高校院所的科研团队与智谷睿拓合作研究，并在智谷睿拓的支持下完成专利等科研成果的转化。

智谷睿拓高度重视创新和发明本身的应有价值，在初始的发明创新阶段就给予发明人一定的回报和鼓励，以促使其投身于后续不间断的创新活动中去。智谷睿拓的合作研究和专利转化主要分为以下几个阶段：

（1）创意捕获阶段。在这个阶段，智谷睿拓资助高校院所的研究团队开展创新发明，并将此过程中产生的优质发明通过专利这一载体加以保护。高校院所的科研人员是这些专利真正的发明人，智谷睿拓公司可拥有这些专利，而企业则享有这些专利的许可实施权利。在这一阶段，智谷睿拓牵头将企业的技术需求与高校院所的创新主体开展直接对接，制定创新课题，携手高校院所协同创新。

（2）原型实现阶段。在这一阶段，参与协同创新的企业，如果觉得这些发明的产品化前景广阔，则可以与高校开展立项合作，资助高校将其所掌握的技术秘诀和一系列成果做成产品原型，为企业做进一步的技术分析和市场预测提供判断依据。在这一阶段，智谷睿拓的角色逐渐隐退，以高校院所与企业之间的合作为主。

（3）产品化阶段。如果原型测试中对产品化的信心较充分，那么企业则可以考虑进入大规模生产和运营阶段。这时候，高校院所与企业之间则是更为紧密的合作关系，可以分享利润。

在上述三个阶段中，高校院所、智谷睿拓和企业共同推动并完成全过程，形成良性的持续创新的循环。虽然智谷睿拓的角色逐渐淡化，但是高校院所在这个合作过程中提升了其专利质量和科技成果的转化效率。

在上述新模式的探索过程中不乏困难，高校院所研究人员有限的专利意识、高校研究方向与产业需求有所脱节的现状、高校现行的专利政策和传统专利管理思维等均不同程度地影响着高校协同创新模式的快速发展。但是可喜的是，在我国知识产权事业迅速发展和大力推动专利运营的新形势下，科技部促进高校科技成果转移的政策、"京校十条"等新政策从体制为上述新模式的发展创造了条件。

根据产学研用一体的上述协同创新模式，智谷睿拓在与高校院所共同创建发明网络的同时，与产业界的优秀企业开展广泛合作，共同创造了一些成功案例。在联合开展创新发明和技术转移中，围绕研发、专利、产品、市场这一创新生态链，依托智谷睿拓与高校院所共同搭建了创新网络平台。截至2014年年底，已有多家高校院所通过智谷睿拓建立的协同创新平台，与业界的多家高科技公司实现了对接，并在穿戴式设备、3D打印等技术领域，共同挖掘并申请了数十件高质量发明专利，初步形成高校专利管理和运营的新模式。

▶ 要点提炼 ◀

本实例不同于本章的其他实例。本实例中，智谷睿拓并非运用某一具体专利或专利组合实现自身经营发展等目的，而是将专利运营活动本身作为研究对象，探索如何将专利运营活动与商业模式有效结合，从另一角度诠释知识产权的战略性运用思维。

智谷睿拓抓住我国高等院校、科研院所技术创新能力强，但其创新活动与企业需求结合不紧密且部分专利质量不高等问题，将其自身作为纽带，搭建企业与高等院校、科研院所之间合作共赢的创新活动平台，并利用自身专业优势，将创新成果形成高质量专利，通过市场化方式授权企业使用，智谷睿拓、高等院校、科研院所与企业角色清晰，分工合作，各取所需，较好地实现了高效率的创新和成果转化。

特别是专利在其中扮演了重要角色，专利的创造、运用、保护与管理贯穿创新和产业化活动的全过程，成为产学研用知识产权协同运营模

式的核心。

➡ 主要启示 ◀

创新从需求中来。智谷睿拓商业模式的创新正是抓住了企业对于技术创新的需求，通过引入高等院校、科研院所的创新资源，满足了企业对于新技术的需要。

在此模式下，智谷睿拓将创意专利化的过程作为核心，而这也正是专利运营的基本方式。智谷睿拓通过自身的服务，使创意转变为高质量专利，实现了价值增值，也借此实现了企业的价值。相比于国外专门包装、收购专利并通过诉讼方式收取专利许可费的类似企业，智谷睿拓的商业模式值得我国相关知识产权运营机构思考借鉴。

第六章 企业知识产权资产运用实例

一、专利出资，服务跟进

——北京三博中自科技有限公司电磁感应加热专利助力节能减排

实例寻踪

　　北京三博中自科技有限公司（下称"三博中自"）成立于2001年，是中国科学院自动化研究所参股的高新技术企业。三博中自依托中科院自动化所的技术研发与知识产权优势，与其共建综合自动化技术工程中心，以"节能减排、资源优化"为发展战略，围绕工业节能自动化和信息化关键共性技术开展研究与开发，累计申请专利近百件，在综合自动化、能源管控与资源优化与智能分析决策等方面拥有核心专利，成功实施企业综合自动化项目超过700项。三博中自同时还是西门子公司在我国的首家高级系统集成商及控制系统解决方案全球合作伙伴，在综合自动化系统集成领域具有较高的知名度。

　　物料加热技术广泛应用于塑料与橡胶加工、塑料管道与管材生产、石油管道输送及工业物料干燥等行业。传统的物料加热技术采用电阻片发热传导加热料筒方式，不但消耗大量电能，而且存在加热效率低、成本高、温度控制不精确等缺点。感应加热是利用电磁感应原理将电能转换成热能，可以快速加热筒内物料。感应加热方式使金属料筒自身发

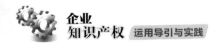

热，与传统电阻片加热方式相比，具有节能、加热速度快以及加热温度可精确控制等特点。但同时，电磁感应加热技术也存在加热控制设备可靠性差、加热温度控制精度差、不同设备节能效果差异大等问题。

为此，三博中自针对电磁感应加热技术在节能改造中的应用开展了有针对性的研究开发，提出了创新性改进技术和方案，申请专利10余件，并在塑料管道加工行业试点实施，实现整机节电率平均达到20%以上，取得了很好的节能效果。在此过程中，三博中自不但得到了国内相关行业协会和部分具有较大影响力的行业领军企业的认可，更获得了产业投资人的青睐。

为在更大范围内推广电磁感应加热技术和产品，三博中自经仔细衡量与评估，决定利用专利出资方式设立专门公司，加快推动电磁感应加热专利产业化。为此，三博中自公司采取了"三步走"策略。

首先，由于塑料加工企业多集中在珠三角与长三角等地区，在考虑市场规模、客户开发成本和公司发展规划等因素的基础上，2013年10月，三博中自公司与亚邦投资控股集团等投资人合作，在江苏省常州市成立江苏亚邦三博节能投资有限公司，新公司注册资本达到人民币2000万元。

考虑三博中自自身属于轻资产型企业，三博中自以其所持有的一件实用新型专利作价进行出资。在委托第三方知识产权评估机构开展专利价值评估工作基础上，同时综合考虑前期成本投入、新公司注册资本、运作模式和投资人意愿，三博中自与投资人协商确定该实用新型专利作价金额人民币400万元，三博中自在新公司中持股比例为20%。

在确定注册资金规模、股份比例、业务模式、公司章程、核心经营团队和经营场所，并依法办理企业注册和专利转让登记等手续后，江苏亚邦三博节能投资有限公司顺利完成注册。

在业务领域方面，新公司以电磁加热节能技术改造为突破口，全面开展工业企业的传统电机的变频和伺服节能改造、节能项目投资和合同能源管理等业务，为企业提供相关专利产品与技术服务。在业务模式上，考虑电磁感应加热专利产业化需要建设生产基地并投入大量流动资金，因此，新公司采取合同能源管理作为主要商业模式，逐步提升新公司盈利能力。在投资人支持下，新公司年融资能力达到5亿元，已具备运作大型合同能源管理项目的资金实力。

其次，为保证新公司业务的快速开展，新公司设立初期，三博中自将电磁加热技术、加工生产工艺和流程、项目施工要求、产品质量保证体系等形成规范的技术文档，并派遣核心技术人员到现场进行讲解培训和指导，协助新公司开展车间布局规划、生产设备采购、生产流程和质量保证体系制定和工程实施指导等工作，使新公司快速形成生产能力和项目实施能力。

同时，三博中自以中科院自动化所和三博中自综合自动化技术工程中心的技术与知识产权优势为后盾，将其所拥有的自动化与信息化工业节能技术及相关创新资源引入新公司，使其能够面向工业企业提供全面节能解决方案，提高新公司研发与知识产权实力和为客户提供技术服务的能力。三博中自协助新公司开发出项目节能计量实时监控系统，帮助企业实时掌握所实施节能项目的节能效果，以便于节能效益的核算与结算。

最后，新公司制定了积极的发展规划和经营目标，力争经过5年左右的时间，发展成为上市公司。

江苏亚邦三博节能投资有限公司成立以来业务得到迅速发展，特别在塑料机械、压铸机、循环水泵、空压机等领域承接并实施多个设备节能改造项目，各项目平均节能率超过5%。新公司2014年实现销售收入达2000万元，成立仅1年即实现盈亏平衡。

▶ 要点提炼 ◀

当前，以知识产权作价出资设立企业已逐步成为知识产权运用的一种新方式。本实例中，北京三博中自科技有限公司以专利作价出资设立

企业，有效推动了电磁感应加热专利技术产业化及其在塑料加工行业节能改造项目中的应用，实现了多方共赢。

以专利作价出资，不但适应了三博中自公司以智力和知识产权资产为主的"轻资产"特点，弥补了其资本实力不足的缺陷并在一定程度上规避了现金出资的财务风险，更通过股份持有方式将三博中自与新设立公司的利益捆绑在一起，以充分发挥三博中自在专利创造和储备等方面的优势，为新设立公司提供持续的知识产权与技术等方面的支持，实现共同利益与目标。

此外，本实例中三博中自公司在以实用新型专利进行出资过程中委托了资产评估公司对该专利进行了价值评估并依法办理了专利权转让登记，有效避免了知识产权出资行为的主要法律风险，为其股东身份与权利的确认提供了法律保障。

➡ 主要启示 ⬅

知识产权是创新型企业的重要资产。但是，知识产权资产由于其"无形性"往往难以受到企业重视并对其进行有效管理。因此，发掘企业知识产权资产的价值首要即是将无形的知识产权资产"有形化"。

三博中自公司以专利作价入股新公司，通过资产评估与协商相结合的方式确定专利资产的货币价格，以直观的数字方式使专利资产价值显性化，较好地反映出专利权人和其他投资人对于专利价值和盈利能力的客观预期。

要使新设立的企业快速、健康发展，知识产权资产的注入只是第一步，往往需要出资人对新设立的企业进行持续的支持和投入。三博中自公司以自身创新资源和知识产权为依托，向新设立的企业提供较为完整的技术解决方案，有效提升了其技术服务能力、知识产权运用与保护能力和市场竞争力。

二、破冰传统，创新合资

——北汽福田汽车股份有限公司无形资产出资强化品牌运营

实例寻踪

北汽福田汽车股份有限公司（下称"福田汽车"）是中国品种最全、规模最大的商用车企业，现有资产300多亿元，员工近4万人，产销量位居世界商用车行业第一。

北京是福田汽车的全球总部所在地，也是福田汽车的创新中心和业务管理与运营中心。福田汽车自成立以来一直注重知识产权工作，知识产权作为公司一级管理业务由法律与知识产权部共同负责。在专利方面，福田汽车国内专利申请总量接近7000件，获得授权专利近5000件，向国外申请专利超过200件，专利布局涉及欧美、日本、澳大利亚等产品销售目的国家和地区。

福田汽车在自主品牌和自主创新方面不断突破，同时积极整合国内外优势资源，先后与美国康明斯发动机、德国戴姆勒汽车成立合资公司，通过合资模式实现市场和产品的拓展。

长期以来，国内商用车企业与外方的合资合作模式可谓多种多样。其中细数下来，主要分为四种：①引进外方技术，合资公司就是外方产品在中国的制造工厂，品牌技术受制于外方，如广汽日野、上汽依维柯红岩等；②中方买断或收购外方技术、生产线等，打造合资产品品牌，如上汽大通等；③出售股权，引进外方技术，如中国重汽与曼的合作；④双方出资，既做中方品牌又做外方品牌，如江淮与纳威司达的合资。

2010年7月，在中德两国总理的共同见证下，福田汽车公司与德国戴姆勒公司签订合资经营合同，双方按50:50股权比例合资成立中重卡合资公司。合资公司总投资超过60亿元人民币，其中福田汽车以与欧曼业务相关的资产进行出资，而戴姆勒股份公司以现金方式出资。合资公司将

生产欧曼品牌现有中重卡产品，装配OM457发动机的欧曼中重卡混合车型产品，以及排放标准可达欧V的戴姆勒OM457重型柴油发动机。

福田汽车与德国戴姆勒公司合资方式不同于传统的"技术换市场"合作模式。

该合作中，福田汽车以欧曼业务相关的资产进行出资，其中是以该业务相关的商标和专利为主的无形资产作价进行出资。同时，福田汽车保留投入到合资公司的"欧曼"商标海外市场的所有权和使用权，福田汽车有偿许可"福田"商标给合资公司使用。

合资公司整车使用"福田""欧曼"，同时配装OM457发动机的混合卡车标注"梅塞德斯–奔驰动力"。福田汽车将"福田"商标、专利、通用技术、IT等欧曼业务不可拆分的无形资产许可给合资公司使用，每年收取4500万元许可费用。其中，仅7件发动机相关专利许可费合同金额就达到4000万元。

根据福田汽车和戴姆勒签订的技术许可协议，合资公司需要向福田汽车支付技术许可使用费共计超过人民币17亿元。该许可使用费分为入门费和分期使用费，待合资公司具备生产该许可产品生产条件，且福田汽车交付第一批许可车型后，合资公司向福田支付入门费7亿元；分期使用费在5年内支付完毕。

➡️ 要点提炼 ⬅️

福田汽车与德国戴姆勒公司合作不同以往的特点是福田汽车公司采用了专利、商标等无形资产出资方式，而戴姆勒公司反而以现金出资。同时，合资公司产品仍以福田自主的"欧曼"品牌运营，通过此次合作，福田汽车借助奔驰体系，由新兴市场国家走向全球，使得自主品牌的全球战略有了更为坚实的载体和土壤。

在合资企业中，福田汽车以专利和商标为主的无形资产作价接近人民币30亿元，充分展现出企业无形资产的巨大价值。此外，福田汽车向合资公司收取专利和技术许可费17亿元也是本实例的一个亮点。

主要启示

　　长期以来，国内企业主要采取"技术换市场"的方式，这虽然在一定程度上提升了我国企业的制造能力，但是由于核心专利和技术掌握在外方手中，往往是开放了市场，我国企业却难以实现技术的真正引进，提高创造能力。此外，商品的品牌价值也往往主要归于国外企业。

　　本实例中，福田汽车以"欧曼"相关无形资产出资与德国戴姆勒公司开展合作，展现出"欧曼"品牌与相关专利资产的巨大价值。要使无形资产展现其价值，对于无形资产的投入、管理和维护是基础，很难想象，一个不注重专利、商标和商誉，不舍得投入的企业会拥有对应价值的无形资产。而福田汽车公司正是由于对于无形资产的长期投资和有效管理，才造就了其无形资产的客观价值，并得到了市场的认可。

　　本实例告诉我们，只有具备强大的知识产权实力，才能发挥以专利、商标等为主要代表的无形资产的潜在价值，而这也必须通过加强创新投入和提高知识产权管理能力才能实现。福田汽车公司以无形资产出资设立合资企业，并仅以中方品牌开拓市场的合资模式，对于国内企业的合资合作，乃至支持国内企业"走出去"均具有借鉴意义。

三、依托专利，创办企业

　　——北京世纪博康医药科技有限公司海带活性成分综合利用项目借助专利出资独立运营

实例寻踪

　　北京世纪博康医药科技有限公司（下称"世纪博康"）成立于2005年9月，是主要从事难溶性药物、不稳定性药物新制剂新工艺、海洋创新药物及相关保健食品研究开发的高新技术企业。

历经多年创新投入，目前，世纪博康已累计申请国内发明专利近百件，通过专利合作条约（PCT）途径向国外申请专利10件，获得国内外发明专利授权近70件。目前，世纪博康拥有成熟创新药项目10余个，其中包括国家一类新药项目3项，在研仿制药项目达30余个，公司于2010年和2013年先后被认定为中关村"瞪羚计划"首批重点培育企业和中关村展翼计划企业。

目前，我国海带的养殖面积约为30万亩，产量约为90万吨，产地主要分布在胶东半岛的威海及福建沿海一带。但是，国内海带加工企业主要以干鲜海带的形式直接加工成拌菜、海带丝、块、条，相关海带面汤类产品或者以直接出售淡干海带、盐渍海带为主，产品附加值低，市场竞争激烈。虽然也有少部分企业通过海带提取碘、褐藻胶和岩藻聚糖，但工艺粗放落后，产品规格单一，且主要用于工业印染等领域，质量及产品附加值均较低，达不到作为食品、保健食品、药用辅料、生物医用材料和化妆品原料的要求。我国海带加工产业亟须进行技术升级和产业结构优化升级。

世纪博康公司高度关注海带综合利用技术，启动自海带提取低分子量褐藻多糖硫酸酯项目，研发创新型海洋药物。历经多年，已完成该项目临床前的研究工作，同时，以该项目为基础的海带综合利用产业化技术及其相关产品也逐步研究开发成熟。

基于拥有核心知识产权的海带活性成分综合利用产业化技术，世纪博康公司以创新海洋药物、独家海洋保健食品和医疗器械为核心，开发了系列海带活性成分终端应用产品，最大限度提高海带附加值，并重点在药品、保健食品、功能食品领域，生物医用材料领域（功能性医药敷料、医用薄膜、水凝胶、海藻酸钙纤维材料等）和精细化工领域研发生产系列产品。

2014年下半年，北京世纪博康医药科技有限公司拟到新三板挂牌。考虑提取自海带的创新海洋药物及其综合利用产业化技术和相关产品比较成熟，且该项目所需要的原带最重要的产地之一在威海，世纪博康决定在威海设立子公司专门从事该项目的专利产业化工作。新设立的子公司将主要从事海带各活性成分终端应用产品的研究开发和生产销售，如创新海洋药物、保健食品、医疗器械、功能性食品和生物医用耗材等。

在设立子公司的过程中，世纪博康公司以提取自海带的创新海洋药物及其综合利用产业化技术和相关产品等无形资产打包，作为注册资本的重要部分注入新设立的子公司。

为完成以专利等无形资产出资，世纪博康委托具有相应资质的资产评估公司对以创新海洋药物低分子量褐藻多糖硫酸酯原料和低分子量褐藻多糖硫酸酯胶囊为核心的海带综合利用技术进行了价值评估。评估内容为以创新海洋药物低分子量褐藻多糖硫酸酯原料和低分子量褐藻多糖硫酸酯胶囊为核心的海带综合利用的2件授权发明专利及相关技术。评估采用重置成本法，确定上述专利及相关技术基于评估基准日的市场价值为1100余万元。

世纪博康遂以该评估价值作为出资额出资设立威海世纪博康海藻有限公司。威海世纪博康海藻有限公司已经于2015年5月注册成立，其中专利等无形资产出资额占注册资本的比例超过95%。公司已完成办公场地及生产车间的租赁，正在准备中试车间设备的招标采购，设备安装调试后即可进行系列原料产品的品类规格及标准确定，预计成立1年后即可逐步开展专利产品的规模生产及销售。

要点提炼

本实例中，北京世纪博康医药科技有限公司将自主研发并掌握核心专利等知识产权的成熟项目，以知识产权出资的方式全部注入新设立的全资子公司，实现成熟业务的分离运营。

其中值得注意的是，2014年3月，我国新修订的《中华人民共和国公司法》正式实施，将对于设立普通有限责任公司注册资本的"实缴制"

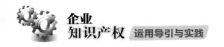

改为"认缴制",并取消了对于货币出资最低比例的限制,在很大程度上为以专利、商标等为代表的无形资产的出资行为铺平了道路。世纪博康公司的专利资产价值评估采用较为保守的成本置换法,基本反映出基于创新投入的专利资产价值。该专利资产作价额在新公司注册资本中的占比高达95%以上,也是专利资产价值的客观体现。

▶ 主要启示 ◀

本实例是企业利用专利和专有技术等无形资产出资设立新企业的又一范例。与本章中其他涉及专利等无形资产出资的实例有所不同,本实例中,北京世纪博康医药科技有限公司以其自有核心专利出资的目的并非合资或强化品牌运营,而是实现成熟业务的分拆运营,其中将最为重要的专利等知识产权资产以出资设立全资子公司的方式进行剥离,非但没有使该业务和知识产权脱离世纪博康公司的掌控,更会在未来为世纪博康带来更高的价值回报。这也可看作世纪博康在登陆新三板之际利用知识产权所进行的资本和业务安排。运用知识产权资产达到支撑企业发展的战略目的,本实例值得其他准备在资本市场开展运作的企业进行更深层次的思考与挖掘。

四、专利质押,助力创新
——普天信息技术有限公司专利组合质押融资

▶ 实例寻踪 ◀

普天信息技术有限公司(下称"普天技术")隶属中国普天信息产业集团,是专业从事信息通信领域新产品开发、生产与销售的高新技术企业。普天技术公司立足信息通信产业,在巩固运营商的主流设备供应商地位的同时,大力拓展物联网、云计算、安全通信等多个专业领域,已逐步形成公网、政务网、企业网、移动互联网和信息安全五大产品线，主要业务涉及3G与4G产品研发、宽带多媒体集群系统、行业专网通信、智慧城市、信息安全等多个领域，努力成为具有国际竞争力的信息化应用解决方案提供商。

普天技术公司前身为普天技术研究院，主要承担中国普天技术产业集团技术发展规划制定和新产品研究开发工作。近年来，普天技术不断加大创新投入力度，目前已累积提交国内专利申请1300余件，获得专利授权近500件，其中发明专利占比达到95%。此外，普天技术还分别在美国、德国、日本、韩国和新加坡等国提交专利申请25件，初步形成核心专利海外布局。与此同时，普天技术公司还向高级国际移动通信技术组（IMT-Advanced）提交标准数百项，参与制定国家标准3项，牵头并参与制定行业标准超过180项。

2012年，普天技术公司启动市场化转型，以期将创新与知识产权资源优势转化为利润优势，提升企业知识产权资产的盈利能力，探索多元化的知识产权资产价值实现方式。2013年年初，普天技术公司以其拥有的千余件专利组合为依托，探索开展专利权质押贷款工作，并将其作为企业专利资产价值的试金石和知识产权资产资本化的有效途径。

近年来，我国专利权质押贷款业务发展很快。国家知识产权局统计显示，2012年全国知识产权质押融资金额突破百亿元，达到141亿元人民币。但从总体上看，通过专利权质押方式直接从银行获取贷款并不容易，主要原因在于：①专利权的评估价值不易确定，特别是评估价格难以同时得到银行和专利权人双方的认可；②专利权变现困难，银行等金融机构普遍缺乏有效处置专利权的能力和渠道；③专利权质押贷款质押率较低、放贷周期长。因此，虽然部分银行和融资担保机构开展了专利权质押贷款业务，但是能够满足贷款条件的企业不是很多。

普天技术公司在综合考虑贷款利率、贷款程序、放贷周期和附加服务等多方面因素的前提下，选择向北京银行申请专利权质押贷款。

北京银行专利权质押贷款业务采取综合授信模式，即银行通过对企

业抵押资产进行价值评估，在此基础上考虑其他相关因素，最终向企业授予一定信用额度；在此信用额度内，企业可以根据需要随时以简便手续获得贷款。

普天技术公司申请贷款的主要资产即专利资产，采取专利权质押方式。由于专利资产的无形性和价值的可变性，银行对于所质押的专利权提出了较高要求：①所质押专利仅限于已获得授权并维持有效的发明专利或实用新型专利，且需具有较强的盈利能力；②所质押专利应当已实质性投入生产或使用，年限不少于2年，且在出质时仍在使用；如所质押专利曾获得省级以上专利奖励的，实施年限应在1年以上；③所质押发明专利有效期不得少于8年，实用新型专利有效期不得少于4年。此外，所质押专利不得涉及国家秘密与安全。

根据银行对于质押财产（专利权）的要求，普天技术对企业专利资产进行了仔细评估和梳理，最终选定涉及TD-LTE和宽带集群等领域的70余件专利组成专利包，提交至北京银行进行资产价值评估。由于此前普天技术公司刚刚使用无形资产进行增资，并对相关专利进行过资产评估，普天技术公司也将该专利资产评估情况提供给银行进行参考。

经过信用调查、内部评估及审批等一系列程序后，北京银行批准贷款申请，并向普天技术公司授予人民币2亿元的信用额度，这也使普天技术成为北京首家通过专利权组合质押方式获得超亿元高信用额度的企业。普天技术从与银行接洽到办理完所有手续并签订合同仅用时两个月，而在借款合同中，普天技术公司完全采取专利权质押方式，不需提供任何其他形式担保。

在签订借款合同和专利权质押合同后，2014年年初，普天技术与北京银行共同向国家知识产权局申请并完成专利权质押登记手续，首笔专利权质押贷款5000万元也于2014年上半年到位。

通过对此次专利权质押贷款工作的尝试，企业与银行建立了合作关系，为今后开展更多渠道融资合作奠定了基础。此举有效盘活了普天技术公司的专利资产，拓宽了企业的融资渠道，直接、快速地补充了项目资金，满足了企业在生产经营等领域的资金需求，充分展现出知识产权资产的变现潜力和对于企业经营发展的重要支撑作用。

普天技术的专利权质押贷款工作得到了各级政府部门的大力支持。公司向北京市和海淀区知识产权工作主管部门以及中关村管委会均申请了专利权质押贷款贴息项目支持，并于2014年获得首笔20万元的专利权质押贷款利息补贴。贴息政策在很大程度上降低了企业的融资成本，对企业进一步深入开展专利权质押贷款工作提供了重要推动力。

要点提炼

专利资产究竟价值几何，往往是一个困扰很多企业知识产权管理者的问题。本实例中，普天信息技术有限公司通过专利权质押贷款方式，借助银行等金融机构在信用评级、资产评估和风险控制等方面专业优势，对其自身重要专利组合的市场价值进行摸底和评价，不失为从另一角度发现企业专利资产价值的合理途径。

本实例中，普天技术公司选择70余件核心专利用于质押，综合授信额度达到人民币2亿元。贷款不仅没有占用企业的其他可抵押资产，也未附加如法人连带责任或第三方担保等其他条件，最大限度上提升了企业知识产权资产的使用效率。企业直接向银行申请专利权质押贷款的方式也在一定程度上降低了企业的综合融资成本。

主要启示

通过质押方式实现专利权价值的前提是专利权需要具有市场认可的价值。

本实例中，银行对于所质押的专利提出了很多条件，可归纳为三个方面：①不存在法律瑕疵，如专利应维持有效，且不得涉及保密事项；②具有较强盈利能力，如专利应已实质性投入生产或使用；③质量较

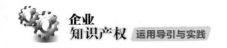

高，如专利应为发明专利或曾获得省级以上专利奖励。

这些条件虽不一定适用于所有银行或金融机构，但对于企业仍具有很高参考价值。要想拥有符合上述条件的有价值的专利及其组合，企业就必须提高技术创新和知识产权管理的能力，并将知识产权工作纳入企业生产经营活动的全过程。只有这样，企业的专利资产才会产生，专利资产的价值才会显现。本实例对于准备开展专利权质押贷款工作的企业均具有重要借鉴意义。

五、创新融资，加快发展

——北京联飞翔科技股份有限公司专利资产证券化

实例寻踪

北京联飞翔科技股份有限公司（下称"联飞翔"）成立于1995年。自2004年起，联飞翔公司一直致力于新材料技术及其衍生产品的研发、生产和销售，技术产品主要应用于汽车节能环保领域和环境健康领域。公司将自主研发的无机非金属陶瓷功能材料技术转化为车用环保节能滤清器、车用长效低碳润滑油等多项专利产品，并实现了规模化生产和销售。

2008年12月，联飞翔公司作为中关村非上市公司股份报价转让系统的第一批试点企业在中关村新三板挂牌上市，直接融资累计数亿元。公司拥有2家全资子公司、3家控股子公司，并在河北固安经济开发区和湖北随州经济开发区建有两大研发生产基地，已实现了自有品牌节能环保滤清器、长效低碳润滑油、环保低张力玻璃清洗剂等车用环保产品的全面自产。历经多年，联飞翔公司已逐步发展成为集研发、生产、销售和服务于一体的高科技集团化企业，公司总资产超过3亿元。

联飞翔公司大力推进企业知识产权战略实施，完善公司管理制度与保障机制。公司于2009年成立归属总经理直接领导的知识产权管理部，并制定发布集专利、商标、著作权、技术合同、技术秘密、知识产权保护与奖励等为一体的《知识产权管理制度》。

联飞翔公司作为一家民营企业，始终坚持技术创新，注重将知识产权运用作为创新性产品的立足点，充分发挥知识产权对于提升企业市场竞争力的支撑和保障作用，促进企业长远发展。截至目前，联飞翔累计申请专利90余件，获得专利授权近70件，通过专利合作条约（PCT）途径向欧洲申请专利1件。

联飞翔公司所拥有的专利涉及车用节能环保型滤清器系列产品、负离子空调滤清器、车用长效低碳润滑油和环保低张力汽车玻璃清洗剂等多个公司核心产品，其中超过2/3的专利已实现产品化与市场化，创造直接经济效益上亿元，间接经济效益数亿元。此外，联飞翔公司还通过将外围专利技术转让和许可等方式累计获取收入近上千万元。

随着业务和生产规模的扩大，联飞翔公司与其他中小企业同样面临着流动资金紧张的困境。为缓解资金压力，2012年年初，联飞翔公司与北京中关村科技担保有限公司签订《最高额反担保合同》，将其拥有的"具有活化流体燃料分子及助燃功能的陶瓷材料及其用途"发明专利进行质押，获得北京银行500万元贷款。这是联飞翔公司首次探索运用专利质押方式进行贷款，缓解公司在市场开拓过程中流动资金的周转压力，也使得联飞翔公司对于专利等知识产权资产所具有的价值有了更加深入的认识和感触。

2012年6月，联飞翔公司在参加中关村自主创新示范区针对中小企业私募债券业务组织的政策宣讲活动时了解到中国证监会推出中小企业私募债这一新业务，随即决定尝试通过此种新融资手段为企业探索新的融资路径。

在此次中小企业私募债券发行过程中，联飞翔公司选择北京海淀科技企业风险担保有限责任公司作为债券发行的担保公司，并请该公司为联飞翔量身订制了综合反担保措施，联飞翔公司名下的固定资产与知识

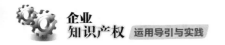

产权资产结合捆绑，通过固定资产与专利资产整体打包方式获取北京海淀科技企业风险担保有限责任公司授信额度4000万元。联飞翔公司根据公司资金需求和使用情况，决定将其中2000万元信用额度用于获得流动资金贷款，另外2000万元信用额度用于发行中小企业私募债券。

而在上述担保方案中，联飞翔公司将"用于通排风系统的过滤器"和"抹面砂浆材料及其制备方法"2件发明专利出质于北京海淀科技企业风险担保有限责任公司。由于此前有专利权质押贷款的经验，上述发明专利的价值也得到北京海淀科技企业风险担保有限责任公司的认可，从而成功提升了联飞翔公司整体的授信额度，也为公司中小企业私募债券的发行起到了助推作用。

要点提炼

本实例中，北京联飞翔科技股份有限公司通过专利权质押和专利权质押反担保发行中小企业私募债券方式分别实现了企业的间接和直接融资，可谓使企业专利资产的价值得到十分充分的发挥与彰显。

专利之所以能够成为企业资产，是因为其能够为企业带来价值。联飞翔公司2/3以上的核心专利均已产品化并实现了可观的销售收入，其本身就已成为企业重要的收入来源，也因此形成了企业的专利资产。以这些优质的专利资产为基础进行资本市场操作，联飞翔公司在运用知识产权资产促进企业创新发展的进程中已走在了前列。

主要启示

2012年，中小企业私募债券业务在上交所与深交所先后启动。这也为探索知识产权证券化工作提供了新的契机。传统上，知识产权证券化是以知识产权资产的未来许可收益为基础而发行债券，这种方式对于知识产权资产的盈利能力和稳定性要求高，不容易大规模推广。

北京联飞翔科技股份有限公司以其自身优质的专利资产为基础，将其作为质押资产并与其他固定资产组合，形成可用于发行中小企业私募债券的合格资产组合，以发行资产支持债券的方式实现专利资产的证券化，为企业知识产权资产证券化探索了新的模式。其中，专利资产既起到增信作用，同时也成为抵押资产的重要组成部分。本实例可作为企业专利资产证券化案例的一个典型。

六、资产评估，实现价值
——北京神雾环境能源科技集团股份有限公司专利组合资产许可

实例寻踪

北京神雾环境能源科技集团股份有限公司（下称"神雾集团"）是针对全球化石能源（煤炭、石油、天然气及衍生燃料）节能环保与大气雾霾治理技术的解决方案提供商，是目前我国专业从事化石能源、矿产资源及可再生资源高效清洁利用、新技术研发及产业化实施的行业领军企业。

神雾集团注册资本3.6亿元人民币，拥有9家全资和控股子公司，总资产86亿元，员工3700余名，是国家发改委首批认证备案的节能服务公司和工信部、财政部认定的国家技术创新示范企业。神雾集团通过多年实践和积累已拥有了系统的研发和科技创新平台，同时大力投入知识产权，已拥有国内外发明专利200余件。

2013年，我国粗钢产量约为7.79亿吨，按照吨钢消耗冷却剂量节约80千克计算，年需要量为6200万吨，市场需求巨大。氧化锌是一种常用的化学添加剂，广泛应用于塑料、硅酸盐制品、合成橡胶、润滑油、油漆涂料、药膏、黏合剂、食品、电池、燃剂等产品的制作过程中。

神雾集团自主开发了利用冶金渣生产还原铁粉块以及氧化锌粉尘技

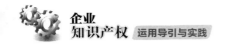

术。还原铁粉块，可作为炼钢部分冷却剂使用或作为含铜钢、不锈钢原料。利用上述工艺生产的氧化锌粉尘，含氧化锌量高且容易浸出，是制备金属锌、活性氧化锌、硫酸锌等锌系列产品的优质原料，市场广阔。

神雾集团以该核心技术为依托，形成"冶炼炉渣资源化利用项目工艺包"，其中包含"转底炉炉底结构"等7件发明专利，"旋转料床设备及其出料机构"等11件实用新型专利以及"工艺流程图"等多项专有技术。

该工艺包解决了含锌粉尘和冶金渣在传统转底炉冶炼中金属化率普遍偏低，综合回收铁、锌较差的技术难题。工艺包创新了劣质含铁资源转底炉直接还原工艺，实现了转底炉内温度分区和还原气氛的精确调控，解决了劣质铁矿石利用难度大、利用水平低的难题，实现了多种劣质含铁资源高效、低成本的大规模处理和综合利用。生产中的粉尘、二氧化硫等污染物排放浓度均低于国家排放标准。

为加快该专利组合产业化进程，神雾集团与金川集团股份有限公司签署战略合作协议，建设金川冶炼炉渣资源化利用项目。

在合作过程中，神雾集团选择连城资产评估有限公司对"冶炼炉渣资源化利用项目工艺包"开展专利资产价值评估工作，以核算上述资产的经济价值，为神雾集团将该工艺包所包含的专利通过普通许可方式授权金川集团股份有限公司使用，进而收取专利许可费提供测算依据。

连城资产评估有限公司创立于1994年。在无形资产价值评估，特别是专利资产价值评估方面具有丰富经验。连城资产评估公司根据国家有关资产评估的规定，按照必要的评估程序，采用收益法对"冶炼炉渣资源化利用项目工艺包"的专利资产进行市场价值评估。经测算，该工艺包专利及相关技术资产在评估基准日的总评估值超过人民币9000万元。神雾集团将该工艺包所包含的专利以普通许可的方式授权金川集团股份有限公司使用，专利许可费总额近2000万元。

神雾集团通过专利资产的价值评估既摸清了公司无形资产的家底，

也促使公司重新审视以专利为代表的知识产权资产的价值及其未来前景，并以从未来收益的角度最大限度地管理、经营其知识产权，使之发挥出更大的效益。

要点提炼

推动专利产业化，专利许可往往是一种有效的方式。

本实例中，神雾集团抓住市场对于氧化锌粉尘的需求，通过自主研发，开发出利用炉渣回收生产氧化锌的工艺与设备，解决了回收率低、成本高以及污染大等问题，取得可观的经济效益并满足了环保要求。

神雾集团利用"研发+许可"模式，将冶炼炉渣资源化利用项目工艺技术包授权金川公司，加快了其专利产业化的步伐。其中有两点值得特别注意：①神雾集团以18件专利和专有技术组成工艺包，形成完整的技术解决方案，构建起较为完善的专利布局，通过组合方式提升了专利和专有技术的整体价值；②神雾集团选择第三方资产评估机构开展专利资产价值评估，为双方的合作以及专利许可合同金额的确定提供了重要参考依据。

主要启示

资产评估是无形资产价值显性化的一种有效方式。很多情况下，资产评估容易，但是，要使资产评估的价值为专利许可的双方所认可和接受却并不容易。

要想使资产评估的结果真正发挥其重要谈判依据的作用，就必须要提升专利资产的价值，使专利资产的价值和其市场价格保持在合理区间。本实例中，神雾集团通过专利组合方式形成技术解决方案，从而提高单件专利的价值。此外，通过提高单件专利质量以及构建专利布局等方式也可以实现专利资产的增值效果，这些技巧值得其他企业借鉴。

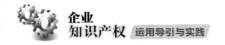

七、实施许可，推广应用

——北京市农林科学院玉米研究中心玉米DNA鉴定技术专利许可与标准化

实例寻踪

北京市农林科学院玉米研究中心（下称"北京农林院玉米中心"）成立于1997年，是专门从事玉米种质创新、新品种选育、示范推广、分子检测、良种良法配套及生产技术指导和咨询的科研机构。

随着我国种业的快速发展，玉米品种数量呈逐年上升态势。与日俱增的品种数量和种类在市场繁荣的同时，也伴随着种子质量良莠不齐、种子"套牌"、品种侵权以及多、乱、杂等问题，对农民选用良种、企业开发、品种管理、监督执法以及品种权保护等方面都带来了很大困扰和挑战。玉米是第一大农作物，蕴藏着巨大经济价值，经营者群体庞杂，如何有效地管理和甄别玉米品种成为品种管理的难题。

常规的田间小区种植鉴定由于周期长、局限性大、工作量大等原因不能满足当前品种鉴定现实需求，DNA指纹鉴定技术为品种管理及种子质量监测提供了快捷高效的手段。国际种子检验协会（ISTA）和国际植物新品种保护联盟（UPOV）也推荐DNA指纹鉴定技术，尤其是简单重复序列鉴定技术（Simple Sequence Repeat，SSR）和单核苷酸多态性鉴定技术（Single Nucleotide Polymorphisms，SNP），两种鉴定技术在各成员国实验室推广使用。DNA指纹鉴定技术已成为欧美等发达国家进行品种测试的标准方法。

北京农林院玉米中心在玉米品种DNA指纹鉴定领域具有近20年的研究基础，研发出我国玉米检测领域首个"玉米真实性检测试剂盒及其检测方法"基础专利和"玉米真实性检测及分子育种SNP芯片-maizeSNP3072及其检测方法"核心专利，对玉米分子鉴定技术进行了全面优化，建立了快速准确、经济简便、稳定可靠的标准实验程序，同时建立了先进的玉米品种鉴定技术体系，在玉米品种区试监测、市场执法检测、品种权保护、司法鉴定等领域具有广泛应用前景，并可有效打击套牌侵权、生产经营假劣种子行为，维护市场秩序。

考虑到我国玉米种植地域广阔且市场庞大，北京农林院玉米中心自身能力无法满足检测产品的生产和推广，北京农林院玉米中心决定采用专利许可模式在业内推广产品应用，有利于跟踪专利的产业化进展，扩大专利的推广使用范围。

在此过程中，北京农林院玉米中心确定专利许可运营的基本原则为"专利许可、价格优惠、技术支持、数据共享"。北京农林院玉米中心与专利技术及产品应用单位签订专利实施许可合同。其中，为基于单核苷酸多态性检测鉴定专利技术专门成立"SNP芯片检测应用联合体"，联合体内单位可享受统一的优惠专利许可费率价格，北京农林院玉米中心同时还向应用单位提供检测技术支持。采用该技术产生的数据输入玉米DAN指纹数据库，实现数据共享。

依托专利技术，北京农林院玉米中心先后与内蒙古自治区种子管理站、辽宁省种子管理局、河北省种子管理站、扬州大学农学院、中国农业大学农学与生物技术学院、宁夏回族自治区种子管理站、吉林省种子管理站和北京市种子管理站等单位签订专利实施许可合同，获得直接经济效益超过人民币1000万元。

为了推动上述专利在农作物品种鉴定领域的应用，基于该专利技术，农业部制定并颁布了3项行业标准，其中2项为玉米DNA指纹鉴定技术，1项为植物DNA指纹鉴定总则。专利的标准化不仅有利于跟踪专利的产业化进展和扩大专利的推广使用范围，而且还推动和带领了其他作物DNA指纹鉴定的标准化进程。而基于该专利技术和相应标准，目前已建成全球入库量最大，约有2万余份玉米品种的标准DNA指纹数据库，该数据库在玉米品种真实性、特异性、一致性、纯度、亲子鉴定等方面均发挥了巨大作用。

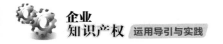

该专利技术的大范围推广应用不但促进了玉米品种鉴定从传统田间种植、同工酶蛋白鉴定向DNA指纹技术的转变，更带动了其他植物DNA指纹鉴定技术研发和标准化的进程。在北京农林院玉米中心制定的总则的框架下，已陆续出台了水稻、高粱、小麦、大豆等10多项物种的DNA指纹鉴定标准。该专利技术已在农业部及全国20多个省级种子管理部门，数十家检测中心和科研单位，工商行政管理部门、法院以及上百家企业等得到广泛应用，为种业健康发展起到保驾护航的作用。

玉米真实性检测技术在玉米品种区试监测、市场执法检测、品种权保护、司法鉴定等领域得到较好的应用，给品种管理部门、种子企业、育种机构等单位提供较强的科技支撑。随着检测数目的急剧增长，各种检测需求的出现对检测技术也提出更高的要求。北京农林院玉米中心在原有检测试剂盒基础上研发了第三代SNP分子比较鉴定技术，并形成相关专利和技术规范。

该专利技术自推广应用以来，已为农业部、省级品种及种子主管部门、检测中心、科研单位、种子企业、司法部门以及农民检测样品4万多批次，受农业部委托培训国际、国内技术人才5000余人次，使玉米成为我国乃至国际上DNA指纹技术应用最成熟、应用案例最多的作物。此外，相应标准的颁布实施，在农业部种子管理、植物新品种权保护、品种审定、企业维权、挽回农民损失等方面也创造了很好的经济效益和社会效益，经济效益累计已达15亿元。

▶ 要点提炼 ◀

本实例中，北京市农林科学院玉米研究中心依托自身技术优势，开发出适宜快速检测的玉米品种检测鉴定产品，并形成核心专利。为加快快检专利产品的推广应用，北京农林院玉米中心与各检测机构、科研单位和企业等主体通过专利授权许可方式开展合作，同时将检测技术纳入农业部相关标准，为在全国范围内推广专利检测技术和产品创造了有利环境。

此外，在专利许可同时，北京市农林科学院玉米研究中心还为被许可人提供技术和数据支持，并不断更新检测技术和产品，为被许可人提供了全方位的配套服务，提升了专利许可的整体价值。

主要启示

知识产权资产在精不在多。本实例中，北京市农林科学院玉米研究中心所研发的玉米真实性检测方法和产品，其核心专利数量并不多，但却能够产生巨大的经济效益和社会效益。

"技术专利化、专利产品化、产品标准化、标准产业化"，北京市农林科学院玉米研究中心正是沿着这一路径逐步实现玉米检测专利技术的真正价值。在此过程中，有一点值得特别注意，就是北京农林院玉米中心发起成立了"SNP芯片检测应用联合体"，联合体内单位可享受统一的优惠专利许可费率价格，同时还可享有检测技术支持和数据共享服务。这已经形成了基于专利技术推广与专利产品应用的玉米检测产业知识产权联盟的雏形。这种依托产业知识产权联盟加快专利产业化的运作模式，值得仔细研究与学习。

八、详细探查，成功收购
——北京凯因科技股份有限公司长效干扰素项目专利并购

实例寻踪

北京凯因科技股份有限公司（下称"凯因科技"）是致力成为肝病领域治疗解决方案提供商的专业化公司、国家高新技术企业。凯因科技建有北京市重组蛋白药物工程技术研究中心及企业技术中心，形成了以抗病毒、提高免疫力、保肝护肝、抗纤维化和肝癌系列产品生产销售为主营业务的发展格局。凯因科技于2010年完成股份制改制，并于2011年先后引进君联资本、海通开元等战略合作伙伴，于2014年入选"北京生

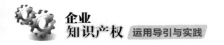

物医药产业跨越发展工程"。

干扰素主要用于乙、丙肝和多发性硬化症治疗。其中"IFN-α"主要用于乙肝和丙肝治疗，"IFN-β"主要用于多发性硬化症的治疗。多发性硬化症在欧美发病率较高，而我国乙肝、丙肝发病率极高，这就造成了国外以"IFN-β"的销售为主，而我国则以"IFN-α"为主。

凯因科技的主导产品——重组人干扰素α2b（商品名为凯因益生）是主要面向乙肝和丙肝的短效治疗药物，年销售额近亿元，在国产干扰素细分领域中市场份额连续4年位居前列，是公司最为重要的收入来源之一。该产品在菌种、发酵、纯化和制剂工艺等方面拥有6件授权发明专利，已进入《北京市自主创新产品目录》和《北京市新技术新产品目录》，并被列入北京市高新技术成果转化产业化项目。

在国内重组人干扰素市场，呈现国产药品和进口药品并存的格局。其中，进口产品主要为长效干扰素，但其价格偏高，平均单价约1200元；国产重组人干扰素主要为普通干扰素，单价最高仅在100元左右。普通干扰素没有在蛋白序列和用途等方面的专利限制，市场竞争主要集中在国内生产企业之间，产品专利布局也主要集中在工艺、菌种和剂型等方面。

普通短效干扰素每周需要注射三次，且存在副反应大、人体长期使用耐受性差和免疫原性强等不足。对此，瑞士罗氏公司和美国先灵葆雅公司（后被默沙东收购）先后研制出"PEG-IFNα2a"（商品名：派罗欣，PEGASYS）和"PEG-IFNα2b"（商品名：佩乐能，PEGINTRON）两种长效干扰素，产品上市后以其疗效好和使用方便等特点迅速占领了我国乙肝及丙肝用干扰素的大部分市场份额，2011年两个产品在国内销售额合计超过了34亿元，同比增长率超过260%。

但在长效干扰素领域，至今没有国产长效干扰素产品上市，所以开发具有核心知识产权的国产长效干扰素非常有意义。

国内从事长效干扰素α新药研发的企业主要包括通化东宝的子公司厦门特宝、安徽安科生物技术有限公司、北京双鹭药业股份有限公司、北京三元基因医药有限公司以及重庆富进生物医药有限公司等。在这些进行长效干扰素研究的企业中，大多为自身需要产业化的项目，因此对这些项目收购难度大，凯因科技将目标定位于重庆富进生物医药有限公司的长效干扰素项目，通过收购项目知识产权方式快速进入该市场。

重庆富进生物医药有限公司是专门从事重组蛋白技术创新药物研究开发的高新技术企业。公司拥有强大的研发团队，涉及多学科多专业。正式研究人员共46人，由海归博士主持，具有渊博的专业知识，并且还在美国重点实验室聘请了三名高级人才作为技术顾问，提供技术指导。公司已掌握了重组蛋白药物的关键技术，建立了七大技术平台，先后开发完成了临床前研究15项（均为重组蛋白药物），其中获临床批文10项，硬件设施达到GMP标准。

重庆富进的长效干扰素为PEG化集成干扰素变异体，经过对集成干扰素的氨基酸进行突变而得到活性更高的干扰素变异体，突变体的氨基酸序列已经申请了专利并获得了授权，另外PEG化的长效集成干扰素也已提交了PCT国际专利申请。在新药研究上，已完成了临床前的药效学及毒理学研究，研究表明新药具有较高的活性及安全性，成药前景被看好，2009年已经取得了临床批件。如果成功收购，将有效延伸凯茵科技的产品线，让其进入长效干扰素领域，进一步保证其在干扰素领域的市场竞争力。

在该项目的收购中，重庆富进公司的知识产权是核心。其中，主要考虑的知识产权问题包括：所收购专利的质量问题，如专利申请文本是否具有较高撰写质量、权利要求保护范围是否足够以及专利申请是否具有较好的授权前景；所收购专利的风险问题，如专利申请是否会落入他人已有专利保护范围以及专利产品规模化生产过程中是否存在技术风险等。这些问题均要在收购前进行综合考量。

为此，凯因科技专门聘请专业事务所和专业代理事务所对重庆富进公司该项目的知识产权进行了详细的调查和评估。

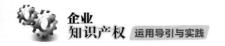

　　详细的专利检索和分析使凯因科技了解到，重庆富进公司已授权的序列专利尽管存在保护范围相对较小的缺陷，但权利稳定性和专利申请文件撰写质量均较高，且序列本身不存在问题，不会影响该产品上市后的市场独占权。

　　关于专利侵权风险，上述两家专业事务所经过专业化深度侵权分析，初步判断所收购的专利不存在明显的侵权情况。同时，凯因科技还通过合同方式与重庆富进公司明确约定专利侵权责任的承担问题，以做到风险可控及风险最小化。

　　此外，凯因科技还与重庆富进公司约定，在该项目完成收购转让后，重庆富进公司还应协助凯因科技解决中试及产业化中出现的相关技术问题，直至能够制备得到合格的产业化产品，以此解决后续专利产业化过程中可能产生的相关技术问题。

　　在综合评估了上述风险并对其采取适当控制的基础上，凯因科技与重庆富进达成最终协议，收购其"聚乙二醇化集成干扰素变异体"项目及该项目下的全部知识产权，收购后所有相关权利均归属凯因科技公司所有。

　　成功的产品收购，需要在企业战略需求的框架下，通过大量的市场及信息研究，并对收集的信息进行分析汇总，从中寻找出符合企业战略发展目标的产品。

　　在决定收购重庆富进"聚乙二醇化集成干扰素变异体"项目之前，凯因科技公司与很多参与长效干扰素研究的企业有过接触，并对它们的技术成熟情况、产品研发进度、研究人员背景、产品所拥有的知识产权情况以及是否存在侵权风险等问题进行详细研究，尤其是在产品知识产权尽职调查方面，做到了细致全面。在初步将目标企业锁定为重庆富进生物技术有限公司之后，再对其干扰素变异体进行技术信息和专利情况分析以及专利侵权风险等级评估，为后期的收购增加谈判砝码，并明确产品上市后可能会遇到的法律问题。

　　项目收购过程中，凯因科技公司也与技术拥有方在专利权的使用方式上有过争议，重庆富进希望将专利许可给凯因科技使用，但凯因科技一直坚持专利权必须转让，经过不断的谈判沟通，最终完成包括知识产权的完整收购。

　　"聚乙二醇化集成干扰素变异体"项目收购完成后，经凯因科技研发技术人员的努力，以及重庆富进公司技术人员的协同配合，现已成功进行了中试工艺放大，并顺利过渡到产业化生产工艺，打通了产品的产业化路线，并且制备得到的产品合格，工艺稳定。

　　聚乙二醇化长效集成干扰素变异体已完成丙肝Ⅲ期临床实验，结果表明治疗效果与阳性对照进口产品派罗欣（Pegasys）相当，但单位给药剂量却相对更低。此外，乙肝罗文期临床试验也正在进行中。目前，凯因科技的长效集成干扰素变异体项目已经完成申报生产工作，为产品上市做最后的冲刺准备。

　　凯因科技在成功引进"聚乙二醇集成干扰素变异体"后，产品线得以进一步优化，弥补了其在干扰素产品线上缺乏长效制剂的不足。同时，由于该产品在临床实验期所表现出的治疗优势（在更低的剂量下达到类似于进口干扰素的治疗效果，而不良反应也更低），该产品上市后将与进口长效干扰素形成直接竞争，由于产品在定价上的价格优势及相应的医保政策支持，该产品的上市有望在国内成功替代进口长效干扰素产品，逆转干扰素市场一直被进口药垄断的格局。

　　凯因科技现有的普通干扰素占全国干扰素市场的约20%。仅以丙肝市场计算，进行现有市场替换，凯因科技的长效干扰素上市后第一年销售额即可达到1.8亿元，净利润超过1亿元。此外，预计还能获得替换进口产品20%的市场份额，凯因科技的长效干扰素年销售额将超过4亿元。再加上其上市后可预期的乙肝治疗药物市场需求，未来预计年销售额可过10亿元，实现预期的战略目标。

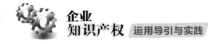

⇒ 要点提炼 ⇐

制药企业的生存和发展，在很大程度上取决于企业能否持续开发出新药，以保持企业竞争的优势，使企业适应不断变化的市场竞争环境，从而获取较多的收益。然而医药研发的特点是周期长和投入大，新产品的研究和开发需要投入大量的资金，而且开发过程中存在较大的不确定因素，通常很难在短期内为企业带来投资回报。与自行研发相比，通过收购其他企业已经开发到一定程度的产品，容易进行产品量产并快速进入市场，并且在后续研发及市场前景上具有可测性，风险相对更低。

本实例中，凯因科技公司以企业战略发展目标为导向，通过收购新药产品及其知识产权快速进入长效干扰素市场。在收购前，对所收购的专利从质量、风险和市场等角度进行了全面分析与评估，为最终顺利完成收购奠定了很好基础。此次收购不但补充了凯因科技的产品线，专利药品上市后，将在未来很长一段时间内成为其主要盈利来源，为凯因科技与国外企业的竞争中赢得了优势。

⇒ 主要启示 ⇐

当前，知识产权并购已成为创新型企业业务并购中最重要的一环。以往，收购了生产线却因为未获得知识产权而不能生产产品的情况也屡有先例。因此，并购前对相关知识产权尽职调查是关键。

此外，凯因科技公司在收购新药的过程中坚持收购全部专利权，而不是仅获得专利许可使用权。这使凯因科技拥有了专利药品的完整所有权和市场独占权，避免了采取专利许可方式可能产生的专利权人懈于管理与维护其专利权所造成的法律风险以及专利权人自行生产销售或许可他人生产销售专利药品可能带来的市场风险，进一步确保了凯因科技公司对于专利药品的市场控制力和份额。本实例可作为专利药品并购方面的经典实例，值得研究与参考。

九、全面调查，规避风险

——合资过程中企业知识产权自由运作风险规避

实例寻踪

20世纪90年代，英国两家公司成功开发出技术X，并申请了50余件专利，但并未在中国进行专利布局。之后，技术X的专利所有权经历多次变更，最终被我国上海A公司买入。在专利技术X的基础上，我国上海A公司进行了进一步研发，并在中国陆续申请了15件后续专利。

2004年，我国B公司曾与A公司签署X技术专利许可协议，约定双方合作进行该技术的中试，中试成功后B公司可在中国进行相关的许可，且中试及后续改进技术的知识产权归B公司所有。在后续几年的中试过程中，B公司陆续研发出新技术，经不断完善后形成了现在的Y技术，并在中国申请了相关专利。B公司认为其对Y技术拥有独立知识产权，并开始独立对外进行相关的技术许可。

2014年，北京某大型国有企业C公司拟与B公司就其掌握的Y技术成立合资公司，约定B公司以专利技术入股。但由于Y技术的发展存在较复杂的历史背景，对于同一技术领域的Y技术是否完全独立于X技术，是否涉嫌侵犯X技术的专利产权，需要聘请独立第三方法律服务机构针对Y技术进行知识产权的自由运作权分析，得出专业结论，为双方的决策提供保证和支持。

在以上背景下，C公司委托北京大成律师事务所派遣专业的专利律师团队就相关的Y技术开展知识产权自由运作权分析工作。通过与双方相关负责人、商务人员、法务人员及技术人员进行多次紧密的技术交流和沟通，大成律师事务所确定本项目的主要分析需求如下。

（1）B公司Y技术包含的相关专利的稳定性和侵权风险分析。

（2）X技术包含的相关专利的稳定性和侵权风险分析。

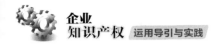

（3）Y技术与X技术相关专利权侵权风险分析。

（4）Y技术的技术秘密分析，包括：①Y技术中包含技术秘密内容的分类梳理，并分析是否构成法律上的技术秘密；②Y技术的技术秘密是否存在专利侵权的风险；③Y技术的技术秘密是否涉嫌侵犯了X技术原有的技术秘密。

（5）与X技术有关的技术许可合同等的法律风险分析。

（6）相关仲裁和诉讼风险分析。

（7）在上述技术及法律分析基础上，提出相应的法律风险规避措施和法律建议方案。

在上述项目需求的基础上，项目团队针对性地制订了如下的工作方案：

（1）组织安排相关技术领域的资深专利律师和专利代理人组成工作团队，并配备相应的辅助人员配合工作。

（2）请核心技术人员对项目工作团队进行Y技术和X技术的专题培训，并进入生产现场实地考察，使项目律师能够更好地理解相关技术的研发背景及重点内容，为后期发现问题、分析问题、解决问题扫除技术障碍。

（3）开展与本项目技术相关的全面的知识产权尽职调查，重点包括Y技术、X技术的技术范围及技术内容，两者之间的技术边界，相关专利权的技术内容及法律状态，相关技术研发流程和技术文档，相关技术引进、许可等协议内容，相关法律纠纷文档等。

（4）将工作团队分成专利权稳定性分析、专利权侵权分析、技术秘密比对分析、技术秘密侵权分析、合同违约风险分析、相关诉讼及仲裁风险分析等若干模块，启动相应的侵权风险分析工作，全面进行相关专利及技术秘密的侵权风险分析判断，并兼顾相关的专利稳定性和合同违约风险等可能对侵权风险产生的影响。

根据规划，项目的执行工作有序开展。

首先，开展知识产权尽职调查。

根据本项目特点，工作团队综合采取核查B公司所提交的相关技术资料文件，访谈公司有关人员，请公司技术专家为团队律师进行有关X技术和Y技术项目的关键装置、专有设备、总体工艺流程、控制流程和重点技术内容的技术培训，以及现场考察调研等形式，最大限度地完成尽职调查工作要求。相关的核查文件包括：

（1）B公司组织架构、股权构成、对外控股等基本情况，B公司知识产权保护及相关制度，相关子公司的知识产权保护、劳动合同、保密协议及相关制度文件。

（2）B公司签署的X技术相关协议、相关技术中试、技术许可，合作期间往来通信/邮件、相关诉讼仲裁情况等。

（3）B公司引进的X技术相关情况，主要包括X技术所使用的国内外专利、X技术中国专利无效情况、B公司通过技术许可协议接收的X技术全部技术文件、X技术在中国推广实施情况等。

（4）B公司研发的Y技术相关情况，主要包括Y技术的中国专利，Y技术的专利无效情况、B公司提供的Y技术相关文件，Y技术的对外合作情况等。

（5）X技术和Y技术的对比情况，主要涉及X技术和Y技术的专利评估对比，X技术与Y技术技术秘密对比、主要工艺流程、控制程序对比，重要专有设备图纸对比等。

（6）与X技术相关的现有技术情况，主要包括B公司提供的有关公开技术信息以及本项目律师通过相关技术文献库、网站等公开渠道检索获得的有关公知技术内容等。

其次，进行侵权对比分析。

依据知识产权尽职调查所获悉相关资料进行相关侵权对比分析，主要针对可能影响Y技术知识产权自由运作权的相关因素，依据法律规定，

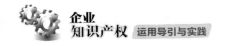
进行相应的侵权分析和评估，揭示可能存在的侵权风险，给出相应的法律建议及规避措施等。主要工作内容包括：

（1）Y专利与X专利之间的侵权对比分析；

（2）Y技术与X专利之间的侵权对比分析；

（3）Y专利是否公开了X技术秘密的分析；

（4）Y专有设备与X技术秘密之间的侵权比对分析；

（5）Y技术工艺流程与X技术秘密之间的侵权对比分析；

（6）Y技术控制程序与X技术秘密之间的侵权对比分析；

（7）相关合同违约及诉讼仲裁法律风险分析；

（8）X专利权稳定性评估分析；

（9）Y专利权稳定性评估分析；

（10）综合分析结论及法律风险提示和建议规避措施等。

律师在工作过程中发现，B公司在最初引进X技术时并未进行相关的专利信息检索，导致所购买技术中实际存在大量公知技术，这一情况不但使B公司支付了本不应支付的费用，也会对后期该公司自主研发技术申请专利时的创造性判断产生影响，从而影响后续专利的稳定性。

项目团队根据前述工作方案进行了详尽的知识产权尽职调查和一系列侵权对比分析，从专利权、技术秘密两大角度，在专利侵权风险、技术秘密侵权风险、合同违约风险、诉讼仲裁风险等多层面进行了相关的技术和法律分析评估，通过几个月的紧张工作，最终圆满完成了客户的委托任务，出具了法律尽职调查报告和Y技术知识产权自由运作权分析评估报告。

最终，双方在对风险有了清晰认识和掌控的情形下，从防侵权角度积极准备了风险防范预案（包括技术规避措施研究，相关专利无效的可行性检索分析等），B公司同时出具了相应的承诺担保函，明确了对潜在法律风险的责任分担，双方在此基础上顺利达成合作协议。

要点提炼

本实例与本章中其他实例不同,并非企业以某种方式运用自有知识产权资产,而是企业在合资过程中针对专利和技术秘密等知识产权资产所进行的调查、分析与评估工作,目的是为企业通过合资方式引入并利用知识产权资产提供决策依据和参考。

本实例中,企业委托具有丰富经验的律师事务所开展知识产权尽职调查和侵权分析等工作。工作团队在对拟投资入股设立合资公司的双方的需求进行准确把握的情况下,制订了针对性的项目工作方案,对项目所涉及的Y技术、X技术及相关情况进行全面调查分析,全面挖掘分析各种侵权、违约风险,尤其重点进行技术秘密侵权对比分析,从法律角度得出专业结论,最后站在投资双方的角度分析其所涉风险,提出了相应的法律防范或应对措施,从法律层面为投资者最终决策提供了专业分析意见,最终促成了合作的达成。

主要启示

随着国内企业自主创新能力的不断提高以及知识产权保护意识的不断增强,专利实施前的自由运作权分析,即通常所说的侵权分析,作为一项判定潜在风险、提早防范以避免侵权可能性的工作,其重要性日益凸显。

本实例即属于典型的专利实施前所进行的知识产权自由运作权的技术与法律分析。当然,本实例同时也存在特殊之处。其所涉背景情况比较复杂,各种事实千头万绪,尤其所涉技术秘密的比重远大于专利,尤其本实例中还需兼顾拟投资设立合资公司的双方立场,使法律尽职调查及侵权对比分析的难度大大增加。

本实例中,律师事务所所进行的尽职调查和侵权分析的内容及过程较为详细,对其他企业开展类似工作具有很好的借鉴意义。

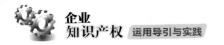
十、科学评估，促成交易

——专利组合综合分析与价格评估

知识产权交易是知识产权运用的重要方式之一。对迅速成长的中国制造企业来说，批量购买国际跨国公司的专利组合是完成国际市场专利风险防范链条的重要一环和捷径。价格评估是知识产权交易的瓶颈，专利交易尤其如此。专利资产的无形性、缺乏成熟的交易市场以及不同专利个体间的差异使得专利价格的不确定性大幅增加，专利价格评估阻力重重，因此价格评估往往成为专利交易的关键。

2012年，A公司拟向日本NEC公司购买"液晶显示器"专利组合。A公司成立于2006年，是主要从事液晶显示器（LCD）和液晶显示模块（LCM）相关材料、设备和产品生产与销售的企业。日本NEC公司成立于1899年，是世界著名的跨国信息技术公司，在超级计算机、光通信、微波、卫星通信、移动通信、纳米技术、半导体芯片、信息存储、生物特征识别以及液晶显示等领域保持多项世界领先技术纪录。

为完成该交易，首先就需要确定该专利组合的市场价值。A公司委托工信联合（北京）知识产权咨询有限公司对该专利组合全部2000余件专利进行资产价格评估，以作为价格谈判的重要参考和依据。

工信联合经过研究确定了本项目的主要工作和流程，具体如下：

（1）确定评估方法。专利价格评估需要评估机构与评估人员依据价值评估的目的，以及可搜集的数据，确定使用哪种或哪些方法进行价值评估，在评估过程中不断调整使用参数，最后得出评估价格。

专利价格评估的方法有10多种，但目前经常使用的主要有3种，即成本法（Cost-based Methodology）、市场法（Market-based Methodology）和收益法（Economic-based Methodology）。这3种方法都是以往沿用于有形资产的价值评估模型，近年来才经过适度的调整而应用于无形资产，尤其是专利资产的价值评估。

成本法是以"成本"为考虑重点的方法，其理论基础在于购置技术或自行研发技术均以成本作为价值评估基础，并认为技术价值不应低于成本。成本法以研发技术过程中所产生的成本代表技术的价值，为一种相对简化的评估方法，但常常有低估技术价值的状况产生。

市场法是以市价为考虑重点的方法，以市场上相同或类似交易作为参考，其理论基础在于经由产品或技术近期之交易或授权记录，来确定专利技术或智慧财产的价值，对比于价值评估标的进行比较。采用此种评价方法，一般会同时对与评价标的具有较高同质性、且以有市价可寻的无形资产进行调查与分析，以评估价值评估标的的价值。由于市价是依据竞争与均衡法则，通过自由市场供需因素的互动而产生，因此较能公平、明确地反映无形资产的价值。

收益法是考虑将专利实施之后，用未来能得到的经济利益的现金流，再加以折算现值的估算方法。由于此法考虑了技术在未来有效年限内所可能达到的经济价值，且在数据上搜集也较易取得，并易于针对各种状况并进行调整，故本实例选用收益法以进行专利价值的评估。

此外，近年来，国际上还出现了诉讼价值评估法。

诉讼价值法是以专利侵权诉讼为基础的价值评估方法（Lawsuit-based Methodology），是以美国联邦地方法院专利侵权诉讼之"判罚金额"为参考依据，并采用了17个可量化统计的专利指标，利用类神经网络建构判罚金额与专利指标之间数学关系的专利价值评估模型。经过误差验证，此专利价值评估模型具有预测能力，可应用于评价专利诉讼所可能产生的判罚金额，协助原告与被告双方进行的谈判；再者利用评价当时的时间点所做出的评估金额，亦能够提供此时间点的专利许可费之参考。

基于委托公司购买该专利组合的目的是防范专利诉讼风险，所以项目工作组决定综合采用诉讼价值法、市场法以及收益法开展价值评估。

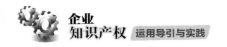

（2）开展尽职调查。即调查相关行业及双方企业，了解专利价值评估的环境和需求。

项目组首先开展了价值评估主题也就是液晶显示器的市场分析。项目组对液晶显示器技术的全球市场现状、中国大陆市场现况、中国台湾、韩国、日本次世代厂进入中国大陆市场趋势，产业发展现况与趋势、主流市场产品类别、产品技术发展动向进行了全面解析。

液晶显示器技术中的液晶最早发现于1888年，由澳大利亚植物学家菲德烈·莱尼泽（F. Reinitzer）发现。他从植物中提炼出一种称为螺旋性甲苯酸盐的化合物，在为这种化合物做加热实验时，意外地发现此种化合物具有两个不同温度的熔点。而它的状态介于我们一般所熟知的液态与固态物质之间，有点类似肥皂水的胶状溶液，但它在某一温度范围内却是具有液体和结晶双方性质的物质。因为这种具有液体般的流动性及结晶般的光学性质神秘特性，后来人们便把它命名为"液晶（Liquid Crystal）"。最近几年由于半导体的发展和集成电路的普遍应用，使电子产品越来越轻巧，故由液晶原理所应用发展的液晶显示器（LCD）广为流行，成为主流显示器。

市场分析显示，全球平面显示器产业从2009年1月开始，面板价格因落底而趋于稳定，甚至有部分小幅调涨。不过由于整体产业严重供过于求，面板价格上涨动能有限。整体而言，面板价格仍落于总成本之下，2009年全球面板厂仍是面临亏损。这导致专利诉讼不断，专利风险不断增加。相关领域专利交易频繁，专利价值有所提升。这也是专利评估项目的大背景。

（3）开展专利组合分析。即对待评估的专利组合进行初步筛选，提出无效、未授权、存在权属缺陷的专利。

根据A公司所提供的专利权人为"NEC LCD"的原始数据，专利申请的国家和地区包括日本、美国、中国台湾、中国大陆、韩国、德国、欧盟、芬兰、法国、英国、意大利、荷兰、挪威、瑞典等。专利及专利申请共计2000余件。

经过尽职调查后，该专利组合中已经授权且仍属于有效状态的专利共有1200余件，早期公开专利共有750余件、已申请并处于审查过程中但仍未早期公开的专利共近50件、已经授权但因未缴费而失效的专利共有30余件、申请过程中被驳回而未取得授权的专利7件，专利权人并非"NEC LCD"的专利约50件。

由此，项目工作组提出，已经授权但因未缴费而失效的30余件专利已经成为公开技术，产业界任何人都可以自由使用；申请过程中被核驳而未取得授权的7件专利不具有实质或潜在的排他权利；专利权人并非"NEC LCD"的约50件专利，并不属于"NEC LCD"的资产。上述约90件专利在专利价值评估的计价过程中应予以剔除。

此外，早期公开但尚未通过实质审查授权的750余件专利以及已申请并处于审查过程中但仍未早期公开的约50件专利，其并不具有实质专利权，仅能认定为具有"潜在"的专利权，因此应对上述合计800件专利的价值予以适量的打折与降低。

再者，"NEC LCD"与其他公司共有的50余件专利，其权利与价值都必须与其共有的公司所分享，因此谈判过程中对此50余件专利的价值也应予以适量的打折与降低。

（4）选择分析样本。

对包含几千件专利的专利组合进行一项项分析，得出单个专利价值再求和的方法既不经济，也很不现实，因此需要选择专利价值分析的样本。

在全球各国的专利诉讼当中，美国专利诉讼的赔偿金额最高、诉讼费用也最高。同时，美国专利一般被认为其价值较其他国家专利的价值高。本次价值评估的专利组合当中，如以授权专利来看，美国授权专利的数量超过300件，较其他国家的授权专利多，本报告因此以价值评估主题当中的美国授权专利作为技术分类的分析样本以及专利强度评估的分析样本。

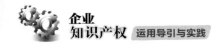

（5）确定价值评估主题的技术分类。

对已经筛选的样本进行技术分类是简化价值评估的另一个重要技术手段。

对专利进行技术分类的方法当中，主要有专家意见法与分类号码法。其中，专家意见法是以技术专家的经验与知识，主观地对专利进行技术分类。其优点是通过技术专家所产生的分类，比较贴近技术人员的思维、容易理解；缺点则在于不同的技术专家对技术分类的看法与表达不同，同一件专利在不同的技术专家眼中，可能会赋予不同的表达名词或表达用语，反而造成理解上的困难。

分类号码法是以专利局的审查员所使用的分类号码对专利进行统一的、一致性的分类，例如国际专利分类号（International Patent Classification，IPC）、美国专利分类号USPC（仅适用于美国专利）、日本的F-Term分类（仅适用于日本专利）等。其优点是每一件专利所具有的分类号是审查员所认定的，一致性较高；其缺点则为分类号所表达的技术用语往往比较不能很好贴近技术人员的习惯与思维，因此在理解上会较为困难。

由于价值评估主题的专利数量极大，为了降低不同的技术专家对专利进行分类可能造成的不一致与误差，本报告采用国际专利分类IPC对专利进行技术分类。国际专利分类IPC在1970年由斯特拉斯堡国际协议所制定，目的是克服各国语言的差异，而借此进行专利的有效检索与管理，全球超过50个国家都使用IPC。IPC的内容设置包括了与发明创造有关的全部知识领域。分类表共有8个分册，每个分册称为一个部，用英文大写字母A~H表示。IPC分类体系是由高至低依次排列的阶梯式结构，设置的顺序是：部（一阶分类）、分部（二阶分类）、大类（三阶分类）、小类（四阶分类）、主组（五阶分类）。

对价值评估主题的300余件美国授权专利进行IPC分析后，将其共区分到21种IPC三阶分类。前4项分类即占了将近90%的专利，后面的17项分类仅占约10%的专利。

（6）开展核心专利分析。

确定核心专利也是简化专利价值评估的重要方法。这一步工作的目的是通过各种指标构成指标体系，经过综合分析，找到待评估专利组合中的20件核心专利。

"核心专利"在专利价值评估的实务领域中并没有明确的定义，有人认为先驱型专利（Pioneering Patent）是核心专利，有人认为权利范围涵盖较大的专利是核心专利，有人认为新颖性与创造性较为显著的专利是核心专利，等等。

综合近10年来在学术上的严谨研究，可以归纳出4种公认指标可以代表专利的重要性、影响力或质量，即引证专利前案数、专利被引证数、引证非专利文献数与专利家族的数量。此4种指标较高的专利，其重要性、影响力或质量都较其他专利高。

因受限于各国专利局所公布的专利信息并不一致，有些国家的专利数据库或专利说明书能够检索或公开上述4项指标，例如美国专利；有些国家的专利数据库或专利说明书则无法检索上述4项指标，因此本报告对价值评估主题当中的美国授权专利进行上述4项指标的分析。

经过分析，项目组确定了引证专利前案数最高的20件专利，引证非专利文献最高的20件专利，被引证数最高的20件专利，全球同族专利数最高的20件专利。

每一种指标较为突出的专利都不太一样，因此，项目组将上述4种指标加总后确定了综合性指标数量最高的20件专利。

最后，进行价值评估分析。即根据第一步确定的价值评估方法的评估原则，对筛选所得的专利进行价值评估，得出评估价格。

经过评估，委托方有选择地购买了相关专利组合，工信联合出具的价值评估报告在双方的价格谈判过程中起到了重要的参考借鉴作用。

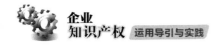

▶ 要点提炼 ◀

与本章中上一实例相似，本实例也并非企业运用其知识产权资产，而是企业在收购专利资产前进行的专利分析与价格评估工作，目的是全面了解所收购的专利组合并在收购谈判中提升议价能力，争取合理价格。专利分析与评估是专利交易谈判前的关键环节。本实例中，A公司委托工信联合开展相关工作，通过对专利组合的权利人情况、法律状态、相关技术发展历史、市场需求变化、技术主题集中度、专利质量以及价格等全方位的分析，最终确定该专利组合的购买策略并完成相关收购。可以说，专利分析与评估工作在其中发挥了决策支撑的核心作用。

▶ 主要启示 ◀

本实例的专利分析与评估工作中有两点值得注意：①对于专利组合的价值评估中，专业服务机构根据A公司购买专利组合用于防御专利诉讼的目的，将多种价值评估方法相组合，最终得到参考交易价格；②专业服务机构试图通过专利文献引证情况和专利族情况确定专利组合中的核心专利，这种将专利组合中的专利进行分级评价的思路有助于合理确定专利组合的整体价值。当然，如果时间和成本允许，应对所有建议收购的专利进行分级评价并估算每一相应级别专利的平均价格，以此构建合理的专利组合市场价格模型。

第七章　企业知识产权战略管理实例

一、分级管理，协同运用

——国家电网公司探索专利导航下的知识产权综合管理模式

实例寻踪

国家电网公司成立于2002年，是经过国务院同意进行国家授权投资的机构和国家控股公司的试点单位。国家电网公司以建设和运营电网为核心业务，经营区域覆盖全国26个省、直辖市、自治区，覆盖国土面积的88%，供电人口超过11亿。

近年来，国家电网公司无论是年申请专利数还是获得授权专利数均处于大型国企前列。专利数量的快速增长对于国家电网公司的专利管理与运用工作提出了更高要求。

2014年，国家电网公司启动专利评价分级工作，并以其为基础，进一步优化专利布局与运用工作。

专利价值评价是专利资产管理与运营的基础环节，开展专利价值评价工作，可以有效掌握企业专利的资产分布，为其专利布局工作提供有效参考。

2014年年初，国家电网公司知识产权管理部门对内外部专利环境、公司专利管理现状、专利资产状况和专利资产处置的需求开展分析调

研。以上述工作为基础，国家电网公司随即启动公司专利资产现状的全面梳理工作，要求总部及下属各单位补充本单位专利的相关信息等，完善专利价值评价工作所需要的基础数据。

同时，国家电网公司对国内外专利价值评价指标体系相关的文献进行全面收集，开展现有的国内外专利价值评估体系的分析比较研究，分析各专利价值评估体系中评估模型和指标的优劣，找出其理论基础和结构特征。国家电网公司通过对国内外企业的专利价值评估的实践情况的调研，了解国内外其他企业专利评估活动的特点及评估的深度和广度，作为设计本公司专利价值评估体系的对比参考。

此外，国家电网公司根据国家新的科技奖励条例精神制定了指标体系框架，确定一级评价指标名称和数量。这些一级指标既要全面、完整地反映国家、企业的科技奖励政策要求，又要考虑电力行业科技成果特点。在此基础上，逐层次罗列出可以设置的下级指标，再对列出的指标进行定性、定量分析，进行指标的删除、合并。最后梳理出公司的专利价值评估的基本维度和基本方向。

国家电网公司多次组织开展研讨会，组织系统内外专家编制《国家电网公司专利价值评价手册》，构建起一套具备国家电网公司特色的专利价值评价体系。

该体系从法律层面、技术层面、应用层面三个层面对专利的价值进行评价。

其中，在法律层面，主要是从专利法的角度衡量专利价值的高低。该层面的评价指标包括：专利撰写质量、权利要求数、专利全文页数、同族专利数、剩余年限等。其中，外观设计专利价值评价指标不考虑权利要求数、专利全文页数两个指标。

在技术层面，主要是从技术的角度去衡量专利所要保护的技术方案本身的价值高低，该层面的评价指标包括：先进性（新颖性）、重要性、不可替代性等。其中，外观设计专利价值评价指标不考虑重要性、不可替代性两个指标。

在应用层面，主要是指该技术可被市场接受的程度，以及和公司业务的契合程度，该层面的评价指标包括：自行实施情况、外部使用情况、标准相关性、获奖情况等。其中，外观设计专利价值评价指标不考虑标准相关性这一指标。

每个维度分别设置若干支撑指标，设计权重，以提高评价的准确性。此外，为贴合不同类型下属单位专利工作的实际需求，该体系针对科研单位、产业单位、专业公司及省公司的三个价值度的评价的指标采取不同占比。

2014年6月起，国家电网公司分4批全面开展既有发明专利的评价工作，并于2014年8月完成全部工作。国家电网公司的专利评价分级共完成超过4000件发明专利、2万余件实用新型专利以及1000件外观设计专利，总数近3万件专利的评价工作。

通过本次专利价值集中评价工作，国家电网公司分析确定出其中的核心发明专利，由公司总部加强集中和统一管理。核心专利主要分布在电网调度运行、输变电设备及工器具、继电保护、电力电子等技术领域中。在摸清公司专利资产的基础上，国家电网公司针对其中重点产品以及关键技术启动更为深入的专利导航分析与专利布局工作。

通过专利导航分析工作，国家电网公司系统分析了重点领域的技术发展趋势，明确了重点技术发展脉络，分析了ABB公司、阿尔斯通、法国电力公司等电力行业重点企业的专利技术研发路线，相关工作使国家电网公司准确掌握了重点领域、重点发明人的专利布局现状。同时，国家电网公司绘制了公司与重点专利申请人的对比雷达图，系统研究相关专利申请人在各技术分支的优劣势，明确了重点领域中公司的优势和不足。在完成专利导航分析工作基础上，国家电网公司制定了各重点领域专利布局规划，并提出较为明确的时间计划，对公司的专利申请策略进行了进一步优化。

在建立具有特色的专利价值评价指标体系的基础上，国家电网公司进一步制定专利运营综合服务平台建设方案，并在其知识产权信息平台的大框架下开展平台建设工作。

国家电网公司专利运营综合服务平台系统功能涵盖公司专利成果展示、专利价值评价、专利交易管理等，并在系统内集成了专家库资源，为专利运用工作提供了有力支撑。国家电网公司依托该平台，完成了其既有专利的价值评价，为后续的专利运营提供了依据。

专利运营综合服务平台有效支撑了国家电网公司的专利价值评价及专利成果转化工作，相关模块及功能设置贴合公司工作实际，实现了专利成果供需双方的有效对接，规范了专利价值评价及专利转化的工作流程，为专利运营工作提供了信息化平台支撑。

专利运营综合服务平台现阶段任务包括：

（1）滚动修订公司知识产权战略。国家电网公司召开多次研讨会和集中工作会，修订了公司知识产权战略，编制了《国家电网公司"十三五"专利战略规划》，围绕国家对企业专利工作的新要求，系统分析了公司专利工作面临的形势，提出了公司后续专利工作的指导思想和战略目标，研究了"十三五"期间公司专利工作的重点任务（包括专利布局、创造与保护、运营、资产管理以及国际化等工作），并提出了相应保障措施。相关工作的开展使公司明确了今后专利工作的重要任务及专利布局的主要领域，为公司后续的知识产权工作指明了方向。

（2）举办专利导航试点工程培训。举办"专利导航试点工程培训"，请相关专家系统解读了国家专利导航产业政策及专利联盟的构建及实施工作。此外，公司组织系统内部专家对国家专利运营试点企业建设、海外专利申请以及提升专利质量等工作进行培训，使学员系统了解国家专利导航相关政策，掌握了公司专利工作思路，学习了海外专利布局及专利质量提升的实务知识，该培训将有助于提升公司系统各单位的专利工作管理水平。

此外，国家电网公司还启动了产业知识产权联盟建设的探索工作。国家电网公司组织下属的科研单位和产业公司召开研讨会，明确产业知识产权联盟及专利运用协同体的构建方式及具体工作计划。科研单位、产业单位按照会议要求，围绕各自核心技术领域开展专利联盟及运用协同体的构建工作。依托产业知识产权联盟和专利协同运用体，有效加快了科研成果转化为实际生产力的进程。通过专利评价分级和建设专利运营综合服务平台，国家电网公司建立了贴合其实际需求的专利价值评价体系，完善了专利运营的组织结构。国家电网公司的评价指标设计有效反映了其专利运用的关注点（如应用层面设置了"自行实施情况""外部使用情况"以及"与标准的相关性"等支撑指标），实现了对其既有专利的有针对性的梳理，为后续的专利运营提供了有效依据，为其进行专利布局提供了有益参考。

要点提炼

本实例内容十分丰富。其中，国家电网公司主要开展了三项工作：①研究制定了专利价值评价与指标体系；②运用该体系对公司近3万件专利进行了价值评价和分级；③依托上述成果通过在企业内部构建专利运营综合服务平台和知识产权联盟（专利协同运用体）的方式，促进重点领域企业内部专利资源的有效运用与共享。

特别值得注意的是，国家电网公司的专利价值评价指标分为法律、技术、市场三个维度，定性指标与定量指标相结合，完整覆盖专利价值评价的各个方面，并根据内部不同主体的定位与需求情况进行了适当调整。

此外，国家电网公司在专利导航思维引导下开展重点领域知识产权联盟（专利协同运用体）建设，每个联盟均由产学研单位联合组建，有效整合了公司系统内部的专利资源，形成了专利联合运用与保护机制；联盟引入知识产权专业服务机构，为国家电网公司专利流程管控、质量监督以及专利代理资源管理模式提供服务与支撑，有助于提升企业专利管理水平，加快重点领域专利产业化进程。

对于拥有巨大专利资源储备的国家电网公司，有效的专利管理是加强知识产权保护与运用工作、实现专利资产价值的基础和根本。

国家电网公司专利分级管理的核心是通过评价指标系统使核心专利与外围专利进行有效划分，为企业更好地了解其所拥有专利资产的价值，进而开展有针对性的专利运营工作提供依据。

此外，国家电网公司的专利管理工作引入专利导航理念，即以重点领域的专利战略为导向，从整体上谋划专利布局和实现专利价值，进而推动专利运用与保护各项工作的具体落实。国家电网公司对于以专利战略为导向的专利集中管理模式的探索，在央企中具有很好的引领和示范效应，对于其他大型企业的专利管理工作无疑也具有重要的借鉴与指导意义。

二、产品导向，优化布局

——北京经纬恒润科技有限公司专利战略与布局规划制定

► 实例寻踪 ◄

北京经纬恒润科技有限公司（下称"恒润科技"）成立于1998年，是主要为汽车领域用户提供研发工具、产品开发及配套、项目咨询、培训等服务的高新技术企业。恒润科技公司总部位于北京，在北京、上海设有生产基地，公司员工65%以上拥有硕士以上学历。

作为一家持续快速发展的高科技公司，恒润科技坚持自主创新并与国际知名技术服务商进行广泛的技术合作和交流，为国内外汽车厂商提供包括汽车电子产品、诊断测试设备、咨询服务、专业培训及研发工具代理等在内的全方位一体化的产品与服务。目前，恒润科技所研发的AFS、BCM、PEPS、EPS、ADAS、网关及传感器等多种车身电子产品已成功应用于许多整车厂商的车型，并已进行批量化配套生产。

近年来，恒润科技公司启动产品国际化战略。但是，在"走出去"的过程中，公司必将面临更为复杂的知识产权环境和与跨国公司的直接竞争。与此同时，国家汽车产业政策调整，鼓励外资汽车零部件企业在国内投资，外资企业并购国内企业的意愿明显增加。依据其他行业的经验，有并购意愿的汽车零部件大鳄很可能会采用专利诉讼等方式对国内企业进行打击，待削弱公司实力后再进行收购。因此，恒润科技以企业知识产权战略为依托，进一步优化公司知识产权布局，以期更好地支撑企业自主品牌的发展，增强公司知识产权竞争力。

在制定总的专利布局规划前，需要先区分哪些是公司未来几年的重点产品，要以重点产品的专利布局规划为着手点进行专利战略制定。与此同时，在制订新的专利申请计划前还需要考虑企业已经拥有的专利情况，只有尽可能考虑到这几方面的因素，才能制定一个较为合理且可执行的专利战略目标。对于企业专利战略首要解决的问题就是如何制定专利布局策略。

恒润科技的知识产权布局规划分为三步：

（1）开展现有专利的梳理与诊断。恒润科技以产品线为基准，对应用于各项产品的专利申请和授权、专利类型（发明、实用新型及外观设计）和专利分布（如结构、软件、硬件）等情况进行摸底诊断。通过以上统计分析，进一步理清了其专利与产品的对应与支撑关系，根据专利授权率、类型分布和布局等情况也可综合评估专利的稳定性及质量。

（2）开展企业产品研发投入调研。恒润科技对每一产品累计研发投入开展统计分析，并将研发投入作为确定产品研发计划和专利申请数量的重要基础和参照之一。如可将某一产品的累计研发投入与累计专利申请数量进行比对，评估是否存在专利缺口。同时，对历年研发投入的趋势进行分析，间接评估产品的成熟度和技术更新程度等。此外，可对研发投入进行细分，如将人力成本、固定资产分摊等进行拆分对比，进一

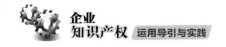
步提高研发投入对于专利申请数量的指导作用。

（3）开展企业产品销售额调研。恒润科技公司对每一产品累计销售额及预估销售额进行统计与分析研究，将产品销售额作为评估专利数量缺口和专利风险及影响的另一重要参考因素。同时，通过对产品历年销售额趋势的分析反映产品的市场化程度和生命周期等信息，将其作为制定专利申请规划的参考因素。此外，恒润科技公司还将产品的利润额考虑进去，利润率高的产品，其专利数量要适当提高。在此基础上，筛选企业重点产品进行专利布局规划，同时综合考虑产品海外市场需求、公司总体专利规模及增速等因素，综合开展企业专利战略和布局规划的制定与优化。

恒润科技产品专利需求量的确定主要是基于产品的研发投入和销售额。因为，知识产权战略制定需要与企业创新发展及市场运营相匹配。一般而言，技术的更新程度决定专利的产出，但是对于企业，研发投入是影响专利申请量的重要决定性因素之一。随着研发产品成熟度的不断提高，企业对于成熟产品的研发投入会越来越低，但是产品的销售额会根据专利所涉产品的产业化和市场化程度大幅提升。专利诉讼中判罚额的一个重要参考指标就是产品的销售额，这意味着产品的销售额越大，专利风险越高，所以销售额也是影响专利申请量的另一个重要因素。

通过对影响专利申请量的几个主要因素的调研，恒润科技将产品的技术性用可量化的指标体现出来，用科学的方法得出企业的专利需求量，制定合理数量的专利申请目标。这样的规划方式既可以使企业管理层、各研发产品经理等相关人员从另外一个角度评估某一产品的价值，同时，使企业的专利申请不再是简单的完成任务，而是真正做到知其然和知其所以然。

要点提炼

本实例中，北京经纬恒润科技有限公司的专利战略与布局规划工作有两个特点：①恒润科技以产品作为管理和确定专利布局数量等的基准，这是技术专利化、专利产品化的必然结果，也是企业构建基于产品的专利组合并开展专利组合运营的基础和前提；②恒润科技以产品研发投入和销售额（利润额）为主要依据确定专利申请数量，同时综合考虑利润额、市场需求和专利规模等因素，最终确定合理的专利布局规划与专利申请数量，为知识产权战略的制定和实施提供了很好的依据与支撑。

▶ 主要启示 ◀

本实例中，北京经纬恒润科技有限公司较为敏感地预知所在汽车零部件行业由于政策变化可能产生的知识产权与经营风险，并通过制定和完善企业专利战略与布局规划的方式进行积极应对，提高企业专利战略储备，提升知识产权实力与竞争力，其知识产权管理理念已走在众多中小企业的前列。

本实例中值得注意的一点是，恒润科技以研发投入和销售收入为指标，以投入产出法为基础，采取类似统计平均值的方式估算并评价每个产品中所应包含的专利数量，并根据利润、市场等其他因素调整优先级。这种方式虽然不十分准确，但是对于缺乏相应专业能力和成本受限的广大中小企业说却十分实用，既很好地把握住了专利与产品之间关系的重点，同时又兼顾了专利工作的成本，对于其他中小企业具有很好地启示和借鉴作用。

三、专利布局，开拓市场

——中国昊华化工集团股份有限公司特种氟橡胶密封材料专利战略分析与布局

▶ 实例寻踪 ◀

中国昊华化工集团股份有限公司（下称"中国昊华"）是由我国原化学工业部组建而成的大型国有独资企业。经过20多年的建设和发展，中国昊华已发展成为在我国化工行业较有影响的科技先导型、化学矿产资源型的大型化工企业集团，主要产品包括氟橡胶、氟树脂、特种聚氨酯、高纯电子气体、橡胶制品加工等。中国昊华公司现拥有二级单位12家，其中科研院所7家，矿山企业2家，贸易型企业3家。公司的战略定位是成为"为用户提供解决方案的科技驱动型特种化学品供应商和工程技术服务商"。

中国昊华公司强大的技术研发背景和市场定位决定了专利工作在企业中的重要作用。公司以生产面向国内外高端客户的高附加值的特种化学品产品为主，由此形成了直接与跨国化工巨头竞争的格局，因此，完善的专利工作对于中国昊华公司具有十分重要的战略意义。

近年来，中国昊华一方面及时把自己的研究成果专利化，夯实自身专利基础；另一方面，根据自身产品和市场发展的需要，分步开展了专利战略研究、专利风险预警等宏观专利分析，了解竞争对手的市场拓展和产品研发动向，逐步实施"知彼知己，百战不殆"的竞争策略。

在开展专利分析研究的过程中，中国昊华公司注意到，从2010年开始，随着国内经济水平的提高，消费者对于高档汽车的需求持续增长，高档车市场逐渐繁荣起来。而中国昊华公司生产的很大一部分氟橡胶等制品都用于高档汽车的密封件制作，生产1辆奥迪轿车需要1千克左右的氟橡胶密封件。

以往，中国昊华公司通常仅根据客户订单要求生产产品，较少会针对竞争对手情况开展全面的研究分析，多是通过与客户的交流以了解竞争对手产品的相关情况。然而，中国昊华公司多年来在氟橡胶领域虽然积累了大量优质专利技术，完全有能力生产出国内领先、与国际一流水平相差无几、具有较高附加值的各类产品，但是其知识产权的经济价值尚未得到充分发挥。

因此，自2013年开始，中国昊华公司就着力扭转此种局面，决定从专利战略分析入手，首先摸清楚各竞争对手，尤其是国际巨头的研发动向，找准目前在汽车用特种氟橡胶领域的技术制高点，由此确定研发主攻的方向。中国昊华需要在其研发主攻方向既要实现相关产品的系列化、高端化，又要避免侵犯国际巨头的专利权。为了更专业地完成专利分析项目，中国昊华决定引入高水平的知识产权专业服务机构，合作完成汽车用特种氟橡胶密封材料专利战略分析项目。

该专利分析项目面向汽车氟橡胶材料，重点关注汽车用氟橡胶防泄漏等方面的专利分布情况，特别是汽车用燃油胶管氟橡胶的专利布局状况、用于新型汽车发动机关键部件的氟橡胶胶料的专利布局状况、汽车发动机某些部件的特殊性能和相关材料的制备方法方面的相关专利，以及生产汽车用含氟橡胶国内外厂商的应用前景。

在确定需求之后，中国昊华与知识产权专业服务机构紧密合作，确定了专利检索主题并拟定了专利检索数据库的构建方案。通过检索全球专利文献的关键词和数据合并，共得到全球专利及专利申请近4000件。经分析专利申请趋势发现，氟橡胶领域的专利申请从1997年开始出现小幅增长趋势，而伴随汽车工业发展对氟橡胶需求的不断扩大，相应的专利数量也不断增多。2012年之后该领域专利申请量出现突破性增长，2013年一年的专利申请量就超过300件，其专利趋势分析还预示在2013年之后专利申请量仍会保持明显增长趋势。

在专利申请趋势分析之外，中国昊华还主要针对专利权人、重要竞争对手和基础专利等方面进行了分析，使其对汽车用特种氟橡胶的专利状况及其后的研发态势有了清晰的了解。同时，上述专利分析报告中还给出了八个方面的建议，包括开展市场调研、监控竞争对手、加强研发核心专利、加强失效专利合理利用、开展以强化外围专利申请为重点的专利布局、开拓中下游市场、建立专利风险预警机制以及完善专利风险管理等。

中国昊华公司对该项目的成果进行了认真研究并很快投入实际应用。2013年至今，中国昊华在汽车用特种氟橡胶领域陆续布局了13件专利，加大了公司在特种氟橡胶领域产品的保护力度，强化了自身在该领

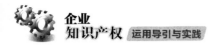
域的行业领先地位，同时也提高了行业话语权。

通过公司知识产权管理人员、研发人员、生产人员和销售人员的共同努力，中国昊华先后成功开发出18个类别的汽车用特种氟橡胶产品，并初步形成了系列化产品。在专利的保驾护航下，中国昊华的相关产品成功应用于某高端汽车公司的某特定车型，顺利进入高端汽车市场。2014年，中国昊华公司基于该领域的产品实现销售收入超亿元，实现利润超过1500万元。

▶ 要点提炼 ◀

本实例中，中国昊华化工集团股份有限公司以开发高附加值产品为战略目的，以解决问题为导向，通过专利分析找到问题，并将专利分析成果投入使用以解决实际问题，成功开发出了高附加值系列产品，同时申请了相应数量的专利。中国昊华的汽车用特种氟橡胶专利战略研究项目可说是问题导向模式的成功实践：首先，通过分析自身产品发现特种氟橡胶产品档次低、效益差的问题。然后，决定采用专利战略分析来掌握产品研发趋势和竞争对手研发动向，并引入知识产权专业服务机构提供更专业的服务。随后，根据专业报告分析结果制定相应的产品研发和专利布局等措施并及时付诸实践。最终，开发出了带来高收益的新产品，成功在市场中实现了专利战略研究报告的价值。

▶ 主要启示 ◀

伴随经济发展水平和消费层次的提高，以新技术、新材料密集为特点的高附加值产品的需求将逐步增加，而高附加值产品市场将成为企业新的角逐领域，因此开发高附加值产品对于企业具有重大战略意义。

而高附加值产品的生产与销售主要依靠专利等知识产权保护。中国昊华在专利分析基础上开展研发和专利布局活动，成功实现专利产品化。本实例很好展现出专利分析、专利布局等活动从技术创新前端到产业化、市场化全过程的运行路线图，虽然没有直接对专利管理工作进行描述，但是可以看出中国昊华公司还是采取了专利等知识产权全过程管理模式，将专利工作贯穿于市场机会发现到商业价值实现全程，使知识产权对于企业生产经营活动的支撑和保障效用得到最大化发挥。

四、专利解析，引导决策

——神华集团有限责任公司煤炭开采地下水资源保护技术知识产权评议

实例寻踪

神华集团有限责任公司（下称"神华集团"）是中央直管国有重要骨干企业，是我国规模最大、现代化程度最高的煤炭企业和世界上最大的煤炭经销商，煤炭开采技术处于全球领先地位。截至2015年2月底，神华集团已累计申请专利超过4000件，获得授权专利近2700件，专利数量位居煤炭行业首位。

2012年，神华集团被国家知识产权局和国务院国资委确定为首批开展重大科技经济活动知识产权评议试点的央企之一，并陆续在煤炭绿色开采、资源综合利用及煤直接液化等领域开展了一系列专利分析、评议和布局工作，形成了若干布局合理、保护严密、体系完备的专利池，确保神华集团在这些技术领域的世界领先地位。

煤炭是我国的主体能源，煤炭大规模开发带来严重生态和环境问题，尤其是地下水资源破坏。煤炭开采产生大量矿井水，但矿井水长期被视为井下危险源，为保证生产安全，矿井水一直被外排地表。水资源紧缺使水资源保护成为当前我国煤炭行业面临的重要课题。为落实环境保护基本国策，推进能源生产革命和技术革命，神华集团实施了"绿色煤炭"重大科技专项，围绕煤炭开采地下水资源保护技术开展了系列研究，开拓性发明了煤矿地下水库技术，建设了一系列示范工程，为保护和利用我国每年煤炭开采损失的大量矿井水提供了技术支撑。

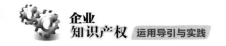

结合煤矿地下水库技术的开发和示范推广，神华集团开展了煤矿地下水库知识产权评议工作，具体步骤如下：

（1）开展需求分析。

该项目重在摸清神华集团在煤矿地下水库技术领域的主要竞争对手的研发状况及其专利申请情况，掌握国内外煤矿地下水库相关技术的专利布局情况、专利技术的现状、发展趋势以及知识产权风险，明确神华集团煤矿地下水库专利布局在全球和国内的地位与优势，识别可能存在的潜在专利风险，提出专利布局建议。在全面获取相关专利信息和布局建议的基础上，推进专利整体布局、专利池构建、专利布局、专利标准化、专利转化运用等工作。

（2）确定目标与任务。

知识产权评议工作的目标是针对煤矿地下水库技术，进行专利信息的分析和知识产权风险尤其是专利侵权风险的评议，为技术研发决策提供全面、权威的参考和依据，规避和化解潜在的知识产权风险，形成相关结论和建议；实现专利池构建、专利整体布局、专利标准化和专利转化运用，从而系统全面地保护创新成果、最大限度地实现创新的价值。

知识产权评议工作的任务是对煤矿地下水库技术进行专利检索和专利分析，深入分析技术发展方向和专利侵权风险。即以专利分析为基础，在相关技术的专利风险预警和防范、技术路线、专利布局等方面给出评估与建议。据此，科学有效地开展专利组合布局、专利池构建、专利布局、专利标准化和专利转化运用工作。

（3）选择合作单位。

神华集团与国家知识产权局知识产权发展研究中心联合进行相关知识产权评议工作，对煤矿地下水库技术进行专利检索和专利分析，在此基础上，提出相关技术专利风险预警和防范、技术研发路线、专利布局等方面的建议。

该项目紧密结合"煤矿地下水库"这一开拓性技术创新活动实施，具体包括知识产权评议、专利池构建、专利布局、专利转化运用、专利标准化等内容。这些工作紧密结合、协同推进、相互促进。

（1）完善知识产权评议工作。该项工作由神华集团与国家知识产权局知识产权发展研究中心合作开展。具体评议过程包括：

一是进行前期准备。包括基础背景资料收集，与专家座谈交流和到企业调研，进行项目分解和选择专利。

二是开展课题研究项目分解。通过前期调研、专家学者交流、技术研究和专利数据检索等多方面的反复论证与修改，最终确定煤矿地下水库的相关技术主要涉及选址与库容确定技术、防渗技术、自净化技术、安全监测技术、调运控制技术等，课题组对上述技术内容进行重点研究，并对每个技术点做了进一步的细分，最终做出该课题的项目分解。

三是确定课题研究对象。在煤矿地下水库技术的专利数据范围里，确定了地下水库技术的重点技术分支，包括煤矿地下水库选址与库容技术、煤矿地下水库防渗技术、煤矿地下水库水处理和自净化技术、煤矿地下水库安全检测技术和煤矿地下水库调运控制技术等。

四是课题数据采集处理。数据采集阶段包括确定专利检索数据库、制定专利检索策略、确定专利检索范围、进行专利检索并给出检索结果、对专利检索数据进行验证。该项研究采用的数据库是中国专利数据库（CPRS）和外文专利检索系统（EPOQUE）外文数据库。其中EPOQUE系统中使用了德温特数据库（DWPI）作为专利数据检索的主要来源库，同时以EPODOC数据库作为辅助专利数据库。

五是进行专利分析与评议。主要研究有可能带来专利侵权风险的有效专利、有价值的有效专利和潜在的新专利申请，以及虽然已经超过保护期但仍有可能对煤矿地下水库技术研究具有启示作用的专利。

（2）开展专利申请与布局。神华集团围绕煤矿矿井水存储和利用技术，从勘探方法改进、地下水库构筑、库容监测、水库坝体结构、安全监测等技术领域进行专利挖掘与布局。将矿井地下水分布式利用技术拓展至露天煤矿开采过程中，进行了相应的专利申请，并结合国外煤炭资源、水资源分布情况，开展了专利海外布局。

（3）推动专利转化运用。在开展专利布局的基础上推动专利技术开发与示范，在神东大柳塔煤矿建成了世界上首个煤矿分布式地下水库群，并进行技术推广。

（4）推动专利与标准结合。开展专利技术标准化工作，针对煤矿地下水库技术，开展企业技术标准项目研究，已制定发布企业技术标准1项，另有4项正在制定中。这将通过企业专利和标准的结合，使该技术在神华系统内全面推广实施。

知识产权评议项目还对神华集团在煤矿地下水库的专利竞争力和风险进行了全面评估。评议认为，神华集团是该技术领域最重要的专利申请人，暂没有能够带来专利侵权风险的竞争对手，但需要积极开展与此相关联的周边技术研发，完善专利组合和海外专利布局。

根据评议结论，神华集团积极设立后续研发课题，在地下水涌水量预测、地下水库监测技术、矿井水深度处理技术等方面设立了10余项课题，持续开展研究工作。

截至目前，神华集团在"煤矿地下水库"技术领域已累计提交中国专利申请50余件，其中发明专利申请占比超过60%；获得授权专利近40件，其中获得授权发明专利近20件，初步形成了相互关联的专利组合。此外，提交了4件PCT国际专利申请，初步完成专利海外布局。

知识产权评议工作的顺利开展有力促进了神华集团的专利战略运用和专利技术的转化运用。目前神华集团已将该专利技术在内蒙古、陕西等矿区实施，在15座煤矿建成32座地下水库，储水量超过3000万立方米，保障了西部严重缺水矿区的生产、生活、生态用水，并且还可以给周边电厂及其他工程项目供水。特别是在神东矿区，近3年煤炭开采地下水库累计提供生活用水、地面生产和生态灌溉及矿区井下生产用水超过1

亿立方米、节约购水费、排水费及水处理费累计超过21亿元。

通过专利保护，神华集团已在该技术领域形成巨大的专利技术优势和市场竞争优势，形成了市场主导地位，实现了发展空间的最大化，提升了企业品牌影响力和核心竞争力。在当前煤炭市场持续低迷，煤炭行业饱受环境污染、水资源短缺和生态污染的多重压力下，神华集团通过相关专利创研与组合布局提高了企业经济效益，同时履行了社会责任，树立了以水资源保护为核心的煤炭绿色开采良好形象。鉴于该技术为保护利用我国采煤每年损失的大量矿井水提供了技术支撑，国土资源部已将煤矿地下水库技术列入先进适用技术，组织在全国推广应用，专利后续运营前景广阔。

▶ 要点提炼 ◀

神华集团的知识产权评议工作通过对重大科研项目技术创新需求和知识产权风险的有效识别和分析，进而实施了有效的专利布局，降低了重大项目的知识产权风险，为企业重大经济科技活动提供了重要决策依据。知识产权评议活动摸清了竞争对手的知识产权分布情况和行业知识产权总体发展趋势，进一步明确了技术研发和产业发展方向，为专利池构建与专利产业化提供了有力支撑。

神华集团重视相关专利技术的有效实施，通过实施专利技术，建设和运营了多个煤矿地下水库，取得了显著的经济效益和良好的社会效益，提升了企业综合竞争力。

▶ 主要启示 ◀

本实例中，神华集团通过重大经济科技活动的知识产权评议，推动了专利创造与布局，促进了企业创新驱动发展和绿色发展。其核心在于，建立企业重大经济科技活动知识产权评议工作机制，发挥其对于重大经济科技活动的辅助决策作用，使其成为企业技术研发和市场运营科

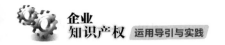
学决策的重要依据。成为企业完善知识产权全过程管理，提升核心竞争力的有效途径，值得其他中央企业和大型企业学习和借鉴。

五、激励创造，赢得主动

——北京玻钢院复合材料有限公司完善知识产权管理模式

实例寻踪

北京玻钢院复合材料有限公司（下称"北玻有限"）由北京玻璃钢研究设计院于2003年改制成立。该公司是集玻璃钢及相关复合材料研究与开发、制造、销售、技术服务、行业服务于一体的高新技术企业，是特种纤维复合材料国家重点实验室等多个机构的挂靠单位。

北玻有限的发展战略是牢固确立"技术经济"理念，坚持以科技为先导，紧密结合市场开发和在建项目施工需求，大力开展科技攻关，加速科技成果向经济效益转化。加强科技成果的申报和转化工作，强化创新成果的专利申请，努力培育拥有核心知识产权的创新成果。

为了实现上述目标，北玻有限成立了知识产权领导小组，其成员由该公司有关领导、办公室及生产运营、科研、人力资源、财务等管理部门和档案室的负责人组成。北玻有限还在运营管理部门设立了知识产权管理办公室，归口管理知识产权工作，处理公司知识产权管理的日常事务。该公司先后制定专利方面的管理规章制度和奖励政策，规范公司的专利管理。北玻有限推动实施《北京玻钢院复合材料有限公司知识产权保护管理办法》和《北京玻钢院复合材料有限公司科技成果奖励办法》等制度，旨在通过规范管理和奖励等方式，激励技术人员全身心投入到技术研发之中，并且积极、主动、及时地提交专利申请，着力在电力输送、轨道交通等重点领域进行专利布局，使其在激烈的市场竞争中取得主动权。

北玻有限通过共性关键技术的集中攻关与技术集成为客户提供高质量的技术服务，在打造高品质研发团队的同时，稳步开拓军、民品市场，以在研纵、横向项目为依托，开展有效的技术研发工作，实现关键技术的突破与关键产品的工程化。北玻有限在生产、经营全过程中联合知识产权专业服务机构进行专利信息分析，对专利侵权风险有效规避、主动防范、避免专利纠纷的发生，同时做好自己的专利布局，真正做到在保护好自己创新成果的同时，也要规避专利侵权行为。正因为如此，近些年北玻有限才没有发生任何一起专利纠纷事件，专利管理及实施保持了良好态势。

"十二五"期间，北玻有限集中优势发展先进复合材料产业，以新兴工程复合材料产业、支撑性研发体系建设为重点方向，以行业技术服务为影响力提升平台，将其打造成为国内领先、国际知名的复合材料高新技术企业。

2009年年初，北玻有限启动电力复合材料产业方向研发项目，以期在电力输送、轨道交通等领域实现技术突破和市场开发。在这一过程中，北玻有限一直非常重视知识产权专项工作的策划与专利保护，经自行研发现已拥有多项包含核心知识产权的复合材料绝缘杆塔产品。

在公司专利战略指引下，复合材料输电杆塔项目稳步、有序推进，专利成果广泛应用在输配电领域杆塔、沿海及工业发达地区输配电线路杆塔、小风电杆、城市路灯杆、通信塔杆及交通标志支柱等领域。截至2015年1月，北玻有限在复合材料杆塔方面已拥有发明专利超过20件，实用新型专利2件，并与中国电科院等电力设计单位联合制定实施复合材料输电杆塔的相关技术标准，内容主要涉及复合材料杆塔及复合材料横担成型工艺、结构形式设计等。

经过近年来的创新与发展，2015年1月，北玻有限在内部成立了电力复材模拟公司，通过构建完善专利组合为产业发展壮大奠定了稳固的技术基础与知识产权战略保障。

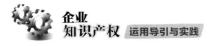
目前，北玻有限的复合材料输电杆塔设计与制造技术已达到国内领先水平，其"10KV～220KV树脂基复合材料杆塔"项目于2013年9月进入科学技术部国家重点新产品目录，"220kV输电线路用全复合材料门型塔设计及制造技术研究"获得2013年度建材行业技术革新奖一等奖，同时获得第十九届"中国复材展－JEC"优质创新产品奖，并在相关专利组合的支撑和保驾护航下获得多笔产品订单。

▶ 要点提炼 ◀

近年来，复合材料杆塔在我国多个试验工程线路中得到推广和批量化应用，而北玻有限复合材料杆塔领域始终保持良好的创新氛围和新技术研发势头，这与北玻有限大力激励创新、营造创造积极有序的研发氛围是分不开的。企业通过规范管理和奖励等方式，激励技术人员全身心投入到技术研发之中，并且积极、主动、及时地提交专利申请，使其在激烈的市场竞争中取得了主动权，并依托专利组合布局和专利战略运用，取得了更大的经济利益。

▶ 主要启示 ◀

本实例中，北京玻钢院复合材料有限公司成立了由公司领导和各有关部门负责人组成的知识产权领导小组，组建知识产权管理办公室这一专门管理机构，同时，制定了专利等知识产权保护、管理及奖励办法，为企业知识产权工作的顺利开展提供了有效的组织与制度保障，促使企业通过加强知识产权管理为新产品研发与产业化提供有力支撑，进而为企业创新驱动发展奠定了坚实基础。

本实例再次说明，知识产权管理与战略运用是一把手工程，需要企业领导高度重视、内部支持和资源投入，北京玻钢院复合材料有限公司的知识产权管理经验可供其他企业借鉴思考。

六、挖掘布局，管理创新

——北京东土科技股份有限公司构建推广"产品专利思维"

实例寻踪

北京东土科技股份有限公司（下称"东土科技"）致力于工业以太网通信技术、基于IP的以太网总线技术、基于网络控制的现场控制器技术、基于云控制的工业服务器技术以及适应网络化控制的精密时钟技术、控制数据安全可信等技术的研究实践，提供网络化工业控制整体解决方案。

东土科技先后参与和承担三项工业自动化信息领域国际标准（IEC61158、IEC62439和IEEEC37.238）的制定工作，主导起草了国家标准工业以太网交换机技术规范（GB/T30094），并承担了三项国家863课题。东土科技的产品已广泛应用于智能电网、核电、风电、石油化工、轨道交通、城市智能交通和船舶等行业的国家重点工程和全球项目，产品获得了KEMA、CE/FCC、UL508、ClassIDiv2和DNV等多项国际认证。

东土科技经过多年的发展，已经对知识产权保护和战略运用的重要性有了足够认识。但是东土科技意识到，现在公司对于知识产权保护理论的宏观系统性研究，以及此理论指导下的微观精细操作仍有缺失。

东土科技在探索中发现，产品流程的每个环节中都是一个系统，都需要不断重新认识，而每一次的重新认识都是一次知识创新的过程。东土科技基于"专利挖掘"，提出了"产品专利思维"概念，即以大量的案例分析为基础，将研发工作和专利技术的核心设计理念、技术方案构想路径及相关知识紧密结合起来，引导技术研发人员不要"闭门造车"，将专利思维导入产品研发中，融合在产品流程和生产细节中，形成专利思维和产品思维的有机结合。

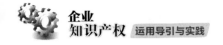

（1）分析产品需求。

客户需求往往是产品需求的重要内容，而潜在的市场需求则是产品需求更重要的影响因素。这个环节需要面对的问题是如何认识客户需求。首先要列举客户需求，这些需求可能是当下的也可能是未来的；从公司的生产成本角度考虑，有些需求可能在当下是生产成本与产品利润不成正比的，但是这种现象也许只是暂时的，需要企业长期关注这一比例的变动情况；或者，客户并没有表达出最真实的需求，需要通过实现其他要求来体现客户需求。上述可能性是整个产品流程的决策基础，在实际操作中可能出现一种情况或者出现多种情况的组合，公司将针对不同的情况采取不同的处理方式。

（2）剖析产品流程中的具体环节和在产品开发过程中解决涉及的技术问题。例如，IPHONE手机实现了从支架、包装盒、连接线、耳机到手机主体的各部分产品的外观设计专利保护。因为IPHONE单从外观就能吸引客户，所以IPHONE的外观保护的就变得意义重大。

（3）将专利思维贯穿于产品生产流程的各个环节中。东土科技在产品的生产流程中，采集了大量案例进行分析。这些分析表明，通过以下三种方式可以加速产品专利产出过程：①由专利工程师分析典型专利技术案例，剖析典型案例的开发场景，通过开发心智模式分析来启发技术人员；②请拥有专利申请的技术主管进行实际技术问题的分析，介绍自身在开发过程如何将解决技术问题的技术方案转换为专利申请；③请有想法的工程师提出技术问题以及解决方案，由专利工程师和技术主管参与共同讨论，提出专利技术方案。

通过在产品开发过程中运用产品专利思维，东土科技成功引导工程师在产品开发过程中时刻思考产品与技术的集合并适时提出专利申请。通过产品专利思维的培养过程，东土科技目前已在国内外提交数10件专利申请。东土科技着力培养员工的专利思维，使工程师将产品与专利布局紧密地结合起来，有效地推进了公司产品转型升级发展，提升了市场竞争力。

▶▶ 要点提炼 ◀◀

本实例中，北京东土科技股份有限公司积极思考并总结实际工作经验，通过内部专利工程师和技术主管以案说法、现身说法和体验式教学等方式，将专利思维与企业技术研发人员的日常工作相结合，有效提升了企业研发人员的专利意识，为企业的专利挖掘与布局工作打下了很好的基础，也为企业新产品研发与市场拓展提供了有力的知识产权保障。

▶▶ 主要启示 ◀◀

虽然企业对于员工的知识产权培训越来越多，但是涉及的大多是知识产权基本知识，仍属于普及性的推广。许多中小企业希望对研发部的研发工程师进行培训之后，能够思如泉涌地提出很多的想法或者发明创造，但是现实并非如此，通过前期培训研发人员往往只能对专利有一些表层认识。

东土科技通过对研发工程师的产品专利思维的培养，将原本只知道埋头苦干的技术人才培养成了愿意提出想法的有专利思维能力的综合人才，并且让其他技术工程师从开始研发技术时就接收专利思维的熏陶，使整个研发体系已经具备了初步的产品专利思维，值得其他企业借鉴。

七、深入挖掘，提升绩效

——北京普源精电科技有限公司构建专利工程师主导下的专利挖掘体系

▶▶ 实例寻踪 ◀◀

北京普源精电科技有限公司（下称"普源精电"）是国内领先的电子测试测量仪器研发、生产与销售的高新技术企业。普源精电拥有具备国际水准的先进技术和数量众多的专利和计算机操作系统软件著作权等知识产权。目前，普源精电累计申请专利近500件，其中发明专利申请占

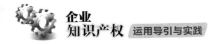

比达到80%。公司现有员工500余人，在研发、销售和管理人员中大学本科学历占98%，其中硕士、博士占研发人员的70%。

在实践中，普源精电意识到，专利挖掘工作应当贯穿于产品的整个研发周期。普源精电发现，普通的专利挖掘方式依赖于研发人员的主动披露，如果研发人员没有披露自己的研发成果或者不知如何披露，公司就不了解对应的研发成果，也就无法采取必要的专利保护措施，研发成果最终会随着产品对外发布而成为公知技术。

另一方面，越来越多的企业开始重视知识产权（特别是专利权）挖掘布局，通过提供资金奖励等方式鼓励旗下的研发人员多多披露研发成果，以获得更多的专利申请。但这种方式存在一个严重的缺陷：研发人员通常对专利的相关知识并不精通，他们主动披露的研发成果并不能得到合适的保护，所以综观我国的企业专利保护策略，很多产品通常仅仅申请一两件专利，仅凭借一两件专利来保护一个完整产品的方式是不可取的。因此，普源精电多措并举，通过深入挖掘专利等方式，构建完善的知识产权保护体系。

专利挖掘工作贯穿于产品的整个研发周期，就是要从新产品立项开始一直到新产品研发正式销售，整个研发周期需要多次进行系统的专利挖掘。现阶段，我国很多企业的知识产权（专利）管理工作处于比较初级的阶段，专利申请大多是通过专利代理机构来完成的，不能从根本上实现专利等知识产权数量有序增长、质量稳步提高和组合布局的优化。

在此情况下，普源精电组建专业的知识产权团队，在对产品进行专利挖掘时，整个知识产权团队均参与其中，这样就可以从不同角度完善专利挖掘工作，减少疏漏。

首先，在新产品研发立项时，产品经理会获得新产品的许多要求，如产品的重点指标、系统架构、研发周期等。此时，知识产权团队参与新产品立项会议，重点关注指标、系统架构等方面的内容，并与研发团队共同做出一份产品差异表。

在列举差异点时，尽可能将一款产品的所有部分均列举一遍，此项工作可由专利工程师和研发团队共同完成。该项工作要求专利工程师应该对公司的产品有深刻的认识和理解，了解产品的各项参数、各个模块的构成、现有的多款产品的差异等，而知识产权服务机构的专利代理人一般无法做到此点，因此由知识产权服务机构主导的专利挖掘一般无法做到特别细致、全面。知识产权管理部门收到上述产品差异表后，需要与研发团队以会议的形式开展正式的专利挖掘，探讨差异产生的原因、差异方案、效果等，最终形成差异化的技术方案。

在获取到了完整的差异化的技术方案后，知识产权管理部门要对差异方案进行分析和专利检索。

首先分析差异方案是否可以构成专利，如果差异方案不能构成专利，那么该方案就不需要进行专利检索，可以直接排除。如果可以构成专利技术方案，那么就需要对该技术方案进行更详细的分析，此时可以有多重考虑因素，比如，该方案的可举证性、方案的应用范围、方案的可变形性等，排除不需要以专利形式进行保护的技术方案（例如有些需要以技术秘密的形式加以保护），将其余可以以专利形式保护的技术方案进行专利检索。上述检索可以获取到最接近的专利对比文件，然后专利工程师判断该技术方案的可专利性，最终形成可以申请专利的差异点。此时的差异点可能呈现小而多的情况，可以从各个创新点多角度地保护一款产品，再结合产品整体的专利布局，形成一款产品的专利预申请方案。此项工作同样需要由对研发产品和《专利法》都十分熟悉的专利工程师来完成，一般知识产权服务机构的专利代理人无法如此细致地开展此项工作。

形成可专利的专利预申请方案后，第三步即可开展专利交底书的撰写工作。

由于此时负责相关工作的专利工程师已经十分熟悉上述专利预申请方案中每一个专利预申请点的技术内容，因此可以由专利工程师首先撰写出比较细致的专利交底书，再由研发团队撰写交底书。期间，专利工程师可以对研发团队撰写的交底书进行审核、修正，去除不需要公开的内容、添加必须要公开的内容，最终可以形成详细、完整的专利交底书。

更进一步，专利工程师可以在交底书中预撰写权利要求书的核心内容，围绕该核心内容撰写交底书，此举可以有效地指导专利代理人抓住发明点，撰写出保护范围合适的专利申请文件，减少因专利代理人对研发产品的不熟悉等原因带来的影响。

最后，则由专利代理人撰写正规的专利申请文件。

由于前期专利挖掘工作到位，因而专利交底书十分详细、充分且发明要点明确，专利代理人可以十分迅速、准确地撰写出整个专利申请文件。其间，专利工程师还可以对专利代理人撰写的专利申请文件进行修正或提出意见和建议，最终形成高水平的专利申请文件，从而实现从源头上提高专利质量的目的。

上述专利挖掘工作还可以在产品研发阶段或者产品定型阶段多次开展，比如在产品定型阶段，由于此时产品已经基本定型，专利工程师可以更立体的看到整个产品，此时进行专利挖掘就可以结合实际产品进行。此时进行专利挖掘时，同样可采用首先填写差异表的形式。由于产品的各个部分都基本定型，可以要求研发团队更加详细的列举每一个差异点。

在实际的产品研发过程中，北京普源精电科技有限公司采用上述此方法进行专利挖掘获得了非常好的效果。

普源精电公司组织了一个专业的知识产权团队，该团队在公司工作多年，十分了解公司的每一款产品；该团队具有多年的专利申请文件撰写经验，多人具有专利代理人资格，有效地实现了知识产权的全过程管理。

开发一款产品需要许多研发人员共同配合完成，采用上述方法，正好将一款产品的研发任务具体分配到每个人，每个研发人员只需要负责自己被分配到的部分即可。这样的分工将研发人员的工作整合在了一起，同时也完成了对产品全面、详细的专利挖掘工作。采用上述方法进行专利挖掘，避免了研发人员的研发成果被免费公开而无法得到专利保护，同时也有效地规避了专利侵权风险。

普源精电公司经过多年采用此方法进行专利挖掘工作，在中国示波器领域的专利申请量已经占据了第一位，且发明专利授权率高达90%以上，效果十分显著。

▶▶ 要点提炼 ◀◀

本实例中，北京普源精电科技有限公司探索构建起基于产品研发全过程的专利挖掘方法。该方法由熟悉公司产品同时具备法律、专利和技术知识的企业内部专利工程师主导，并与企业各部门和外部专利代理人配合实施，通过产品分解、技术分解、专利检索以及专利布局设计与实施等步骤，高效完成了新产品的专利挖掘工作，形成了较好的产品专利布局与保护。

▶▶ 主要启示 ◀◀

本实例中，对于北京普源精电科技有限公司的专利挖掘工作，企业内部的专利工程师起到了重要主导作用，其关键就在于企业专利工程师是具备产品和专利复合知识的高端人才。

本实例提示我们，做好企业知识产权工作应以人才为先。而做好知识产权人才工作的关键则要将人的利益与企业的利益捆绑在一起，企业要为内部知识产权员工提供学习和实践机会，创造个人职业发展环境与通道，这样才能实现企业与人才同发展，共成长。

八、布局支撑，集成运用

——北京金伟晖工程技术有限公司构建专利许可商业模式

实例寻踪

北京金伟晖工程技术有限公司（下称"金伟晖"）成立于2001年，是一家从事石油、化工新技术开发、技术咨询、工艺设计及工业应用的高新技术企业。金伟晖公司依靠自主创新，在石油化工与新能源领域从事研发、设计、工程技术服务、高端产品及三剂生产、核心装备制造、石油化工产品贸易等业务，将专利许可、产品经营与资产经营相结合。

金伟晖公司聚集了一批优秀的研发、设计、工程及管理方面的人才，开发了多项炼油与化工的新技术，成功地将"组分的概念"引入炼油的生产技术中，在国内外首创具有核心知识产权的炼油技术体系——"组分炼油"技术体系。该技术体系打破了国外以高压加氢裂化为核心的技术封锁，形成了符合中国国情的以催化裂化技术为主导的具有核心知识产权的创新技术，为支持我国克服资源短缺和行业汽油产品质量升级提供了重要的技术支撑，使国产石油炼化技术跨入世界先进水平。

金伟晖公司高度重视知识产权工作。公司知识产权主要由专利技术、技术秘密和商标三部分组成。其中，专利申请根据市场开发的进度，有步骤地申请保护，通过同时提交发明和实用新型专利申请，先通过实用新型专利获得及时保护，再通过发明延长保护时间；此外，金伟晖公司还根据其技术优势，建立烃重组和催化重整专利池，对公司的重点技术进行全方位保护；通过改进专利对公司的核心专利技术进行延伸保护。

金伟晖公司申请专利注重质量，而不盲目追求申请的数量，对一些暂时不需要或不便公开的技术以技术秘密（非专利技术）的形式保存下来。

截至目前，金伟晖公司已累计申请专利近200件，获得专利授权100件，其中，发明专利申请与授权比例均接近80%。通过PCT途径提交专利申请9件，其中5件获得授权并进入美国、日本、加拿大、印度、欧洲、巴西、阿尔及利亚等34个国家和地区。其中，"一种催化烃重组处理方法"已向美国、加拿大、欧盟、欧亚等6个国家地区提交专利申请并全部获得授权。

金伟晖公司的经营模式是通过专利许可获得收益。通过签订普通专利许可合同，辅之以关键专利设备和专用试剂的提供以及后续耗材的供应，以此提高客户的黏性，保证利润的可持续性。

金伟晖公司对于商标采取主副商标战略。针对其标识（LOGO）、字号"金伟晖"，进行全面注册，对于副商标进行有重点地注册，并根据海外市场的开拓情况，向目的地国家和地区申请商标注册。目前，金伟晖公司已获国家商标注册60余件。其中，"金伟晖""GGB-CN"图标已向印度、越南、美国、欧洲等7个国家和地区申请商标注册，已获得欧洲商标注册证书。

多年来，金伟晖公司在技术开发方面累积已获得多项成果，包括：700万吨/年原油配套100万吨/年乙烯成套技术、600万吨/年原油配套100万吨/年PX成套技术、高等级润滑油基础油成套技术、高等级道路沥青技术、NR烃重组技术及成套设备、HR烃重组技术及成套设备、NMPA石脑油多产芳烃技术、提高柴油十六烷值成套技术、GD-DOC组合工艺技术及成套设备、DRTM柴油非加氢精制技术及成套设备、SUPER－SAE芳烃抽提技术及成套设备、固定床气体脱硫技术、连续重整再生循环气净化技术、膜分离技术、纤维束精制技术、选择性加氢技术、乙苯分离技术、高等级油漆稀料技术等。

上述专利技术的工业应用，形成了适合中国石油化工装置结构的新的炼油与化工工艺技术路线，具有原料适应性强、投资省、能耗低、环

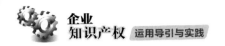
保水平高、流程短且灵活、产品质量及收率高、装置运转周期长且操作简单的特点。其中，DRTM柴油非加氢精制技术及成套设备，早在2003年就实现了对外出口。

金伟晖公司注重炼油与化工技术的结合，注重技术、设备、仪表、"三剂"及工程的有机结合，注重多学科交叉结合，特别是在炼油、生物、合成、催化剂、先进控制及电能质量调节方面的结合，注重新技术的工程化，并在使新技术在较短的时间内进行可靠的工程化方面，形成了一系列独特的方法，提交了多件专利申请，形成了拥有核心知识产权的石油化工技术体系，在直接面对国际大公司的竞争中，确立了公司在国内石油化工领域的技术优势。

金伟晖公司创新成果转化率高，目前已有几十套工业应用成果。公司现有"三剂"生产基地、专利设备生产基地、专利仪表生产基地和专利滤芯生产基地，具备多种牌号和系列产品的开发和生产能力。

金伟晖公司成立以来，已经有近200套石油化工装置的工业应用成果，技术性收入超过5亿元，同时也创造了单项专利技术转让与配套专利产品收入超近2亿元的纪录。通过专利许可，将公司强大的研发能力转化成赢利能力。

由于金伟晖公司在技术实施许可方面做出的努力，其"HR汽油烃重组技术产业化项目"入选2008-2009年国家火炬计划，"DRDS技术产业化项目"入选2010-2012年北京市火炬计划项目，"HR烃重组技术""芳烃抽提技术""DR精制剂"列入北京市自主创新产品，"秸秆气化过程中焦油处理工艺研究与应用"列入北京市科技计划项目并顺利通过验收，"高标号国V清洁汽油新技术"列入国家科技支撑计划并已顺利实施。

金伟晖公司的一项基本专利——烃重组技术专利获中国专利优秀奖、北京市发明专利三等奖、中国石油化工协会技术发明奖。公司的另一基本专利——芳烃抽提装置技术获得中国石油化工协会科技进步奖。

由于在专利许可方面做出的突出成绩，金伟晖公司于2009年获中国技术市场协会金桥奖，公司董事长、技术主要发明人丁冉峰教授获得2009年第十二届北京技术市场金桥奖个人一等奖，并于2011年获得发明创业奖暨当代发明家称号。

要点提炼

本实例中，北京金伟晖工程技术有限公司在知识产权管理和运营方面具有前瞻性。

在专利方面，金伟晖充分运用专利制度，合理进行不同类型专利的布局，并结合自身特点，形成了一套适合公司实际需要的专利战略，为公司专利资产运营打下了坚实的基础。通过专利和商业秘密相结合的方式，为公司的可持续发展创造了空间。

在商标方面，金伟晖通过主副商标战略以及海外商标申请战略，为公司市场开发特别是海外市场开拓奠定了基础。

而在专利许可方面，金伟晖通过在签订普通专利许可合同时，提供关键专利设备、专用试剂以及后续耗材，提高了客户的黏性，保证了公司收益的可持续性。

主要启示

本实例内容较为庞杂，北京金伟晖工程技术有限公司建立了以专利许可与技术服务相结合的商业模式，这就要求金伟晖公司一定要具有合适的知识产权战略和足以支撑商业模式实现的知识产权管理与运营能力。

值得注意的几个方面：①要制定与商业模式相匹配的知识产权战略并贯彻实施；②注重专利质量；③完善国内外专利布局；④构建拥有核心专利的专利池；⑤开展多种形式的专利运营。

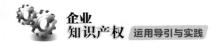
九、攻防兼备，扩充市场

——北京握奇数据系统有限公司"攻防结合"知识产权战略制定与实施

实例寻踪

北京握奇数据系统有限公司（下称"握奇数据"）成立于1994年，总部设在北京，现有员工580人，研发人员及其他技术人员占员工总数的60%。握奇数据以不断追求卓越，创造更多价值为理念，致力于不断改善个人、组织、国家在信息社会中的安全状况和方便舒适程度。

作为全球领先的数据安全解决方案提供商，握奇数据已经拥有以新加坡为国际业务总部的覆盖美国、法国、印度、韩国等11个国家和地区的海外分支机构，全系列产品和解决方案广泛应用到全球50多个国家和地区，成功服务于电信、金融、交通、政府、公共事业等领域行业客户，为数亿用户的身份认证与安全交易保驾护航。

握奇数据拥有广泛的产品线，涵盖移动支付、金融IC卡、移动通信SIM、交通卡、金融社保卡、网银安全认证设备、高速公路不停车收费ETC、读卡器等，致力于为客户提供端到端的解决方案，从硬件、安全操作系统、应用到个人化、远程管理、密钥管理等服务。特别是在智能交通领域，握奇数据针对城市道路拥堵收费提供一系列先进的综合解决方案，并成功入围新加坡政府第二代公路电子收费系统技术试点。

握奇数据不断致力于数字世界的融合与创新：首创TimeCOS，国内第一个智能卡安全操作系统；ESAM技术，引领国内公共事业收费由后付费向预付费变革；URpass，国内首款融合了非接触小额支付与网上交易的产品；WatchKEY和WatchKEY OCL，引领着中国市场网银安全的发展趋势；SIMpass，成为当今最具竞争优势的移动支付解决方案，在全球拥有用户数超过600万。

在经济全球化、一体化不断发展与深化的形势下，知识产权战略已经成为企业经营发展战略中不可或缺的重要组成部分，甚至已经成为企业是否能取得竞争优势地位、获得预期经济效益的关键。

企业拥有专利数量的多少，决定其科技发展水平的高低和竞争优势的大小，因此要加强企业的技术创新活动和科研能力，不失时机地申请专利，提高企业的竞争能力。专利作为知识产权中最为重要的类别，其重要性日益凸显，已逐渐成为企业竞争力的核心要素，成为企业生存和发展的战略性资源。因此企业要想在激烈的竞争中有一席之地，必须积极推进专利创造、管理与战略运用等工作。

握奇数据注重制定企业知识产权战略，建立符合企业实际情况的短期及长期知识产权战略规划，将知识产权战略作为企业经营战略的一部分，并根据企业经营管理情况及知识产权储备情况，及时修订知识产权战略，从单一的防御性战略发展到防御与进攻并存的知识产权战略，为企业核心竞争力在全球范围内的提升提供知识产权方面的保障。

（1）强化制度保障。握奇数据公司实施知识产权统一管理，保证公司知识产权事务管理的完善，并且各项事务的处理经过最佳实践验证并最终形成制度规范，保证各项事务的处理和输出一致，从而避免知识产权事务处理过多而导致的因人而异的情况发生。

（2）强调价值与质量。在专利达到一定数量的基础上，握奇数据公司强调以专利的价值为重点，通过长期性的市场调研和竞争对手分析来部署专利，形成系统化的专利保护；并对高价值专利实行质量控制，使之实现对竞争专利形成最好的限制，如适当的保护范围，避免别人的再次创新等；同时制定专利价值/专利质量的评估方法，将专利逐步写入标准之中，形成专业化、公式化的标准方法。

（3）目标明确的商业策划驱动。握奇数据将专利事务与公司商业活动紧密结合，专利申请从商业价值角度去挖掘部署，根据公司的业务活动进行相应的专利事务，如配合标准事务进行专利策划，在产品价值宣传推广中利用知识产权；允许其他企业免费使用基础专利，培育产品市

场，提高产品影响力，从而借助原产品的市场影响促进新产品的销售，同时依托新产品所拥有的专利权，收取专利许可使用费。

（4）推动风险规避与增值运用。握奇数据对于公司重点项目以及海外的项目进行知识产权风险分析，提前做好专利风险规避，为后期可能发生的专利风险做好预防工作。另外，将专利运用到公司的商业经营活动中，利用专利为公司的商业活动提供更好的增值；促进专利与标准结合；参与、建立专利池，积极寻求专利经营途径。

（5）利用知识产权信息开拓和占领市场。握奇数据注重专利信息积累，公司知识产权人员通过世界各国专利局提供的网上专利数据库获取同行业专利信息，平时从报纸和学术报刊上的文章获取专利信息产品和产品的科技信息，将这些信息逐步积累成一个企业内部数据库，这个数据库由企业知识产权管理人员不定期维护并共享在公司服务器上，供研发人员和产品生产人员查阅。

（6）开展有针对性的专利信息收集与研究。握奇数据委托知识产权专业服务机构撰写了一套关于公司最大竞争对手Gemalto全球专利分析的方案。Gemalto是该领域中全球排名第一的公司，其规模约是握奇数据的10倍，是智能卡的发明者。Gemalto以专利许可作为重要收入，已经与很多智能卡公司签订了专利许可协议。握奇数据将参考Gemalto的专利发展情况，制定适合企业的专利相关事宜。

通过对Gemalto标准专利的分析，握奇数据了解到Gemalto参与29个智能卡领域的全球及地区标准组织，表现出极高的活跃度。这些标准组织中公开的涉及标准的Gemalto母专利30余件，涉及同族专利总共超过240件。其中部分专利已经超过20年，为无效状态，故这些专利及其同族专利对握奇数据没有威胁，其他标准专利及其同族专利则成为握奇数据需要重点关注的专利。

此外，分析报告还就Gemalto全球专利部署的特点予以呈现，该公司的专利布局重点从美国逐步发展到欧洲、中国等多个国家和地区，其中

Gemalto通过PCT等途径向相关国家申请的专利分别占其专利申请总量的22%和18%，反映其强烈的国际市场扩张和专利国际化布局趋势。

该项目清晰全面地分析了Gemalto专利情况，并获得其详尽的专利清单。根据分析预测，在2~3年后Gemalto将会再次进入中国提起权利要求，并重新提出专利包许可，握奇数据将有充分的时间准备应对；明确知晓握奇数据的供应商英飞凌已获得Gemalto的专利许可，做好与英飞凌的购买协议中的知识产权保护，并且在与Gemalto的专利许可谈判中更好地加以利用；以此得到标准专利（极可能是专利许可的重点专利），后期进行提前分析应对。

（7）启动境外知识产权计划。目前握奇数据公司的知识产权策略以国外知识产权竞争为核心，保证国外知识产权的稳定环境，并主动推进知识产权经营活动。

技术和市场的竞争是全球性的竞争，专利的地域性特征决定了企业只有在某一国家申请专利并获得授权才能在该国受到专利保护。企业到国外去申请专利是实施专利技术输出战略的重要前提，也是企业开拓和占领国际市场的重要手段。

对于握奇数据，已经实际国际化，目前已在法国、意大利、俄罗斯、新加坡、印度、巴基斯坦、泰国、印度尼西亚、孟加拉国、菲律宾、墨西哥、越南等多个国家顺利开展业务并设有握奇分公司或生产基地。现在握奇40%的业务已在海外，海外销售额占公司销售总额的50%以上。

企业在国际化的过程中，会遇到各种专利纠纷，完全被动的防御难以保证市场的稳定，握奇数据需要有可以攻击对手的知识产权以及攻击的策略，因此握奇数据逐步采取攻防结合的知识产权战略。

同时，握奇数据在海外竞争中充分利用专利设置参与业务的障碍。例如在产品认证时，提供专利不侵权分析证明，以此来阻挡竞争对手通过该认证，或者保证自己可以认证；为招标方分析专利风险，排除其专

利侵权的忧虑。

对于拥有专利优势的产品，也利用专利警示招标方，扩大自己的市场份额等。如在国外开展移动支付业务时，因为其业务需要经过VISA的认证，为此握奇数据提供详细的专利侵权分析报告给VISA，证明其他产品涉及侵犯握奇数据的专利，阻止了其他对手获得VISA的认证，为握奇移动支付业务的顺利扩展做出了贡献。

此外，握奇数据还主动与专利运营机构合作，主要通过收集专利、购买专利等方式建设移动支付业务的专利池，推进海外专利运营，并以该专利池中的专利为基础，对海外竞争对手的销售行为进行一定程度的干扰，与对方进行专利许可谈判，一方面制约竞争对手的市场销售，一方面通过专利许可使无形资产有形化。

握奇数据业务逐步扩展，专利也保持与之适应的发展，在国际专利申请部署方面均结合公司全球化的扩展来进行相应的配置，目前已经在关注的市场目标国申请了接近170余件国外专利，并且50%的国外专利已经获得授权。握奇数据在其核心产品SIMpass、OCL、USBKEY等涉及的原创性的技术方面，对于相应的核心专利、关键技术点专利、外围策略性专利的申请策略均进行了细致的考虑，分别部署了相应比例的专利。目前，握奇数据海外产品销售占其销售额的40%以上，并且OCL技术已经成为市场上招标的标准，公司利用专利战略获得了较好的市场占有率。

握奇数据有效制定及运用专利等知识产权战略，为企业产品的销售起到了良好的保驾护航作用，也为企业的产品研发起到了策略性的方向引领作用。

▶ 要点提炼 ◀

本实例中，北京握奇数据系统有限公司制定并推动实施了"攻防结合"的知识产权战略的实施。

在面对行业第一Gemalto的专利屏障时，握奇数据采取防守姿态。

通过对其专利申请、专利经营、专利许可、专利诉讼等方面进行系统分析，从中学习其成长经验，并为握奇应对其专利屏障提出切实可行的解决措施并付诸实践，在专利许可中找到很好的谈判突破口。

在面对海外竞争对手时，采取积极的进取态度，合理利用专利设置竞争障碍，熟练地运用了攻防结合的知识产权战略，以此扩大了自己的市场份额，为产品销售和企业创新发展进行了很好的保驾护航。

主要启示

当前，在我国企业的国际化过程中，知识产权已成为难以回避的关键因素之一。

本实例中，北京握奇数据系统有限公司正视国际化过程中所面临的知识产权挑战，结合自身优势，以商业目标为导向，制定"攻防结合"的知识产权战略并推动实施。通过开展海外专利布局和在招投标等重要商业活动中灵活运用专利，有力地支持了企业海外市场的有效拓展，而这种做法在国内市场应当同样适用。握奇数据公司有效运用知识产权攻防战略赢得市场竞争优势的做法值得其他企业认真研究与思考。

第八章 企业知识产权信息运用实例

一、规避设计，防止侵权

——北京广利核系统工程有限公司自主核电控制系统专利规避设计

实例寻踪

北京广利核系统工程有限公司（下称"广利核"）是专业从事核电站数字化控制系统设计、制造和工程服务的高新技术企业。公司基于自主化的核电仪控系统产品，为核电站提供端对端、全生命周期的数字化仪控（DCS）解决方案。公司在北京海淀区拥有超过20000平方米的设计和制造场地，拥有在职员工750余人，其中具有大学本科以上学历的员工超过80%，硕士、博士生占比超过1/3。

广利核公司的"国家能源核电站数字化仪控系统研发中心"是国家能源局针对该领域设立的国内唯一一个国家级研发中心。自成立以来，公司依托国家863项目、重大科技专项、智能装备等科研课题，实现了多个技术的突破，填补了国内空白，对于替代进口和推动核电装备技术的自主化起到了积极的作用。

广利核公司重视知识产权创造与保护工作。截至2014年年底，共申请专利120余件，其中申请发明专利近80件，获得专利授权70余件，其中获得发明专利授权超过30件；获得软件著作权超过120项，注册商标

20项，主持参与制定国家和行业标准16项；此外，获得国家、北京市和广核集团奖励超过30项，获得国家、北京市和广核集团新产品证书20余项，其他企业荣誉资质19项。

当前，国内外核电仪控市场竞争激烈，主要系统供应商是阿海珐、英维思、三菱及西屋等国外企业，国内绝大部分核电机组的仪控系统都被国外供货商所垄断。

这些国外企业在知识产权布局方面十分积极。截至2014年年底，全球范围内，西屋公司共申请专利近80件，其中在中国申请专利10余件，技术领域涵盖安全装置、保护装置设计、反应堆的监视、测试、冷却和控制、核电控制系统等多个方面，其中与反应堆相结合的紧急保护装置结构的专利申请量位居首位，测试领域以20件专利申请量位居次席。

阿海珐公司共申请专利超过百项，其中在中国申请专利10余件。专利申请在核电技术领域较为集中，以核电相关控制技术以及核反应堆的监视、测试和安全保护技术为主，并且阿海珐公司非常注重核电安全技术的研发。

三菱电机公司申请专利超过150件，在中国申请专利近10件。专利申请中核电技术相对较为集中，主要涉及核电厂及核反应堆的控制和调节，其中核发电厂的控制的专利申请量位居首位，这也是三菱电机公司核电技术最为集中的IPC领域。

除广利核公司外，国内另外几家核电仪控厂商主要有中核控制（中核集团）和国家电投集团等。目前核电厂核级DCS产品技术和专利主要在国外厂家的掌握中，国内除广利核公司具有核级DCS产品技术和专利，且是独立自主研发外，其他厂家主要是合资引进技术或是授权使用专利。在核电仪控系统领域，国外企业已经在我国进行了大量的知识产权布局工作，其目的是保护自己的核心技术，防止竞争对手侵权，同时垄断中国庞大的核电市场，占据有利位置并获取高额利润。

在这样的实际状况下，我国核电DCS产品自主化任务艰巨，国内厂家必须突破国外企业技术保护壁垒。广利核公司在研究发展我国自主化的核电DCS产品的同时，布局自己的专利组合，防止国外竞争对手利用侵犯知识产权等借口和抑制手段，阻碍我国自主核电DCS产品的产业化发展。

广利核公司开展了以下工作。

（1）分析规避国外的专利布局。

知己知彼、百战不殆。只有及时掌握竞争对手的情况，才能更好地开展有针对性的工作规避专利风险，取得市场竞争的战略主动。为充分了解国外专利保护范围及技术内容，广利核公司委托国内权威知识产权分析机构对国内外竞争对手的知识产权进行了充分的调研分析，从而确认广利核发展自主技术需规避的区域和可以突破的关键点，以此进行合理的规避设计，进而对自主技术和产品研究计划进行充分的修改论证，最终在快速完成研发任务、开发出自主产品的同时，规避知识产权风险，减少经济损失。

（2）制订具体产品知识产权保护计划。

广利核公司知识产权部门根据公司总体科研规划，立足公司自主产品的研发进度计划，制定了相应知识产权布局管理办法、实施方法和流程，并结合对国内外竞争对手的分析，制订合理的知识产权保护战略和计划。随着产品研发脚步的加快，广利核的知识产权保护工作紧跟而上，通过与科研人员的密切配合，与知识产权代理机构和上级知识产权管理部门的沟通协作，制定了自主产品的知识产权保护计划。

具体工作方法是，根据产品研发计划，首先确认整个产品的知识产权宏观保护战略和专利布局结构，然后与技术部门确认相关技术的专利保护关键点，规避国外专利保护点，进而制订总体的国外专利规避和自主研发技术的专利布局方案。在相关领域的关键路径上布局核心专利，并注重专利质量，在合理的空间内将专利的保护范围扩充到最大限度，以阻止竞争对手绕过相关专利的保护范围，从而实现专利对核心技术的强有力保护。

在上述知识产权管理办法和实施流程、步骤的引导下，针对公司年度科技研发计划，公司知识产权部门与科研部门共同确认年度知识产权保护内容、范围和数量，知识产权确定保护方式，制订专利、著作权和商标等保护计划，针对不同层次的产品和技术点，寻求分别以专利、著作权和商标等不同形式加以保护。

（3）积极开展知识产权布局。

在专利布局过程中，通过对机械、软件、控制系统方法、设计等不同产品及技术内容的梳理，进行多场次和多种类别专利的布局，以更好地对关键产品的技术进行大范围和更大深度的专利保护。

根据产品研发规划，公司自主研发的FirmSys系统分为三期研发，每期研发的目标和方法都不尽相同。首期研发目标是从无到有的过程，首先从小规模保护系统开局，逐步开展整体研究开发工作，进而研发完整的核级DCS控制系统，确保完成指标任务，具备完整功能要求。最终在已完成的系统基础上，推动整个系统的完善发展应用，研发出具有良好使用、维护功能，系统性能可靠、运行稳定的核电控制系统。

针对总体发展规划，制定相应的知识产权保护实施措施。首先，与相关科研人员确定三期新技术创新点，制订三期专利等知识产权布局计划。

一期知识产权布局重点是产品开发、技术研究方面的专利及著作权。主要针对技术产品的初级研发阶段进行基础技术创新点的专利申请，以此抢先占领技术制高点。广利核公司的研发特点是，其基础研发工作主要集中于软件和硬件电路的研究，因而其专利布局策略与此相对应。

二期主要针对产品逐步完整成型而进行在专利等知识产权布局，对整个产品成型、组网运行等进行重点布局，因此其专利等知识产权布局重点为机械结构、测试装置、试验方法、网络架构等方向。同时包括继续就软件和硬件电路进行专利的补充布局。

三期知识产权布局主要是针对需要进一步完善产品、推进应用化而

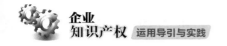
展开的，知识产权布局重点从产品本身转移到产品的工程应用、质量检验、系统维护、系统产品设计、显示应用、人机界面、数据存储、安全监控等方向。通过上述专利等知识产权布局与保护工作安排，完成对广利核自主核级DCS产品的较为严密的知识产权保护。

针对核电DCS专利申请工作部署，首先进行基础研发，开始软件、硬件技术研发并进行专利申请；其次展开外观的机械结构系统组合设计和机械结构方面的研发，推进产品物理功能技术专利申请的目的，针对产品修改，对软、硬件改进技术进行专利申请；开展大批量测试并对质量控制技术进行专利申请；最后完善产品性能，对应用型技术进行专利申请。

根据上述专利等知识产权布局计划安排。公司制订年度工作计划和实施方案，设定责任人和责任部门按照管理制度和年度工作计划整体推进，及时检查工作进度和疏漏，2009—2014年，在FirmSys领域共申请专利近70件，其中申请发明专利近50件，同时申请注册中文"和睦""和睦系统"、英文"FirmSys"、钻石图形、鸽子图形等商标7项，申报软件著作权登记近50项。

在知识产权布局计划实施过程中，广利核公司针对实际遇到很多问题和挑战，因势利导，在和国内厂商的竞争中，适时在FPGA技术领域进行了竞争性专利申请。广利核通过调研与综合分析，及时在相关领域积极进行了专利申请与整体布局，有效避免了陷入专利纠纷。

▶ 要点提炼 ◀

广利核公司突破了国外公司相关技术的专利保护壁垒，在研发自主化的核电DCS产品同时，成功布局了自己的专利组合，有效防止国外竞争对手发起专利侵权诉讼，保障了我国自主核电DCS产品的产业化发展。

广利核公司在针对产品进行的知识产权布局与保护工作中，抓住了以下3个重要步骤：

（1）及时分析国内外同类或类似产品的特点，查找分析其技术特点，确认其知识产权保护内容，通过多方面的研究审核，避免进入相关专利保护范围造成专利侵权。

（2）制订科学合理的产品研究开发计划，分几期进行研发，每期都有其研究特点，由小到大、由单个小系统到综合大系统，从通信、软件、电路到机械结构等，都按照不同方向和不同内容进行研究。这一过程中，专利等知识产权保护紧跟研究成果产出进程，使各研发阶段创出的技术成果都及时得到了知识产权的有效保护。并设置对国内外竞争对手知识产权的侵权红线报警点，及时预警和合理规避相关风险。

（3）在产品成熟时，及时探索海外市场推广，通过分析竞争企业产品在各国的知识产权保护状态，包括商标、专利、著作权布局数量与保护范围等，确认其保护的关键技术点，然后积极制定应对措施，避开竞争对手的知识产权陷阱，或者开辟其他创新发展路径，解决海外市场拓展的知识产权壁垒问题，推进我国自主产品国际国内市场的拓展，促进"走出去"战略实施，实现我国企业国际化、高端化、科学化、持续化发展。

◀ 主要启示 ▶

广利核公司在知识产权保护过程中，不流于形式，通过积极与研发工作配合，规避了竞争对手的专利保护陷阱，同时还制订了严密的知识产权布局计划和实施方案，并予以严格地执行，切实保护了我国相关领域的核心技术，对于加强我国企业的知识产权创造、保护和战略运用工作有着积极的借鉴意义。

在当前全球经济一体化的发展趋势下，国外企业在中国布下的专利网已形成一片"专利雷区"，国内企业的经济和科研实力相对较弱，又被国外竞争对手当作"专利战"的靶子，国内企业如何才能突出重围？越来越多的企业都在采用专利规避设计方法：规避"雷区"，拆解"地

雷"，避免侵犯他人专利权，通过二次研发，"绕"出一条创新路，形成自己的竞争优势。

应当注意的是，国内企业进行专利规避设计时，应保持规避设计后的产品方案能够在尽可能地避免侵权的同时，不降低市场竞争力、不与企业自身的发展战略相矛盾这一基本原则。以此保持产品方案的性能和成本的平衡，并确保研发成果能够成为企业未来发展的技术积累，为企业未来的产品设计和规划提供技术基础，并为企业未来的市场竞争提供技术支撑。

二、外围布局，保护创新

——北京科信必成医药科技发展有限公司仿制药专利分析及布局

▶ 实例寻踪 ◀

北京科信必成医药科技发展有限公司（下称"科信必成"）成立于2003年，是专业从事口服固体药物制剂的研究开发、技术创新与产业化的国家高新技术企业。公司在固体分散物工业化制备技术、醋酸纤维素水分散体微囊包合技术、渗透泵控释片给药系统技术、群控释放渗透泵控释片技术、水为润湿剂制备凝胶骨架片技术、蜡质骨架材料双层缓释片制备技术等方面掌握10余项核心技术，围绕核心技术已申请药物制剂领域发明专利140余件，获得授权专利超过70件，通过PCT途径向国外申请专利6件，获得美国授权专利1件，并建立起药物制剂技术全球专利分析系统。

文拉法辛，其化学名为（±）-1-［2-（二甲胺基）-1-（4-（甲氧基苯基）乙基］环己醇盐酸盐，商品名怡诺思（Effexor），是惠氏公司（Wyeth-Ayerst）开发的新一代抗抑郁药，1993年12月获得美国食品药品监管局（FDA）批准。文拉法辛是一种不同于其他抗抑郁药的具有独特化学结构和神经药理学作用的新型抗抑郁药，通过抑制5-羟色胺和去甲肾上腺素的再摄取而发挥抗抑郁作用，对单胺氧化酶等无抑制作用。由于临床需求旺盛，美国FDA于1997年10月再批准惠氏的盐酸文拉法辛缓释片（EffexorXP）上市。

自文拉法辛获批上市，该品种成为惠氏的核心产品，年销售迅速攀上10亿美元大关，而且每年销售额的增长率都在两位数以上。2005年的全球销售达到了35亿美元，成为全球销量第一的抗抑郁药物。

2005年第四季度，在美国和其他一些国家，怡诺思在治疗焦虑症方面的新的适应证获得批准。这意味着在治疗焦虑症的市场上，怡诺思获得了进一步大显身手的机会。

市场销售的怡诺思分为常释和缓释两种剂型，由于每日只需一次的缓释剂型在临床上更利于抑郁病人的服用，自上市以来，缓释剂的销量一直强于常释剂。美国精神病协会（APA）于2010年10月出版的《抑郁障碍患者治疗实践指南》，更是将文拉法辛缓释药作为特殊临床问题如老年、共病人格障碍等治疗的推荐药。

鉴于该药巨大的市场空间，科信必成计划开展文拉法辛仿制药的研发工作。但由于缓释剂的诸多优势，近两年来国内外厂家纷纷参与申报文拉法辛的缓释剂型，共有10余家企业进行了缓释片剂或胶囊的申报，因此科信必成需要对相关专利风险进行预警并开展自己的专利布局。

针对这一情况，科信必成制订了周密的研发策略，并保证全面的风险防范意识和措施贯穿于仿制药开发直到销售的各个阶段。

1．开发立项阶段

在开发立项阶段就摸清相关专利的情况，选择合适的仿制对象和合理的仿制方式，可以从源头上消灭专利侵权的风险。

立项是药物开发的第一步，主要工作就是信息的收集、分析及决策。信息包括专利信息、市场信息和技术信息等，涉及的专利信息工作主要是：对欲仿制药品的相关技术的专利申请与专利权分布进行充分的

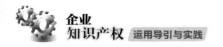

检索，然后进行专业的分析，明确是否存在风险，再进一步决定是否进行仿制。

新药专利申请通常采用如下策略：首先申请某结构通式的基本化合物专利、化合物制备方法专利；其后是结构相对具体的代表性化合物专利；然后是该化合物衍生物专利、化合物中间体专利；最后是药物组合物专利、药物制剂专利、药物用途专利等。

2. 研发生产阶段

研发阶段同样不能忽略专利信息的检索和持续追踪，这个阶段的主要工作是品种筛选和新剂型、新工艺的应用与开发。将研发阶段的工作和专利分析的结果进行有机结合，并将专利分析的结果反馈到研发环节，从而不断调整研究阶段的工作重心，实现研发阶段有的放矢。

在研发阶段的关注重点与开发立项阶段不同，开发立项阶段关注的是选好仿制对象和仿制方式，而研发阶段关注的是具体的药物制备的方法和剂型。在该阶段需要回避侵权风险较大的制备方法专利和剂型专利，避开其专利保护范围。

若能对该药品的专利技术进行一定的改进，另辟蹊径，申请改进型专利、从属型专利以及外围型专利更好。这样既不会造成专利侵权，还能壮大对抗该专利的实力。需要注意的是，从属专利权人需要经过原始专利权人的许可才能注册，少数情况下可以动用强制许可。

3. 注册审批阶段

《药品注册管理办法》第19条规定了仿制药申请期限限制条款，申请人只能在药品专利保护期限届满前2年内提出注册申请，才予以审查，在此之前则不予审查。因此，必须在专利期满2年前就要开始仿制研究，这样才能尽早进入审批，专利一旦失效，药品就能上市，抢占市场先机。

审批阶段除了要提交药品合成工艺、提取方法、理化性质、处方筛选、质量标准、稳定性研究等数据，还需要提交申请人或者他人在国内的专利状况和权属状态的说明。如果没有说明或说明情况不实，在以后的专利侵权纠纷中一旦被认定为侵犯他人专利权，则面临注销药品批准文号和专利侵权赔偿的风险。

4．营销阶段

药物营销是最后一个环节，也是一个制药企业获取商业利益的关键所在。这个阶段制药企业面临的专利风险主要涉及出口国专利期补偿、产品包装设计等方面。

根据上述计划，科信必成的文拉法辛仿制药专利布局工作按照以下步骤展开：

首先，在开发立项阶段，通过FDA橙皮书下载有关专利。科信必成发现文拉法辛的化合物专利US4535186，其中公开了晶型C，已于2008年到期，在我国并未申请专利保护。US6274171保护了盐酸文拉法辛缓释胶囊，其同族中国专利CN97109594将于2017年3月14日到期。US6403120公开了盐酸文拉法辛持续释放制剂，其同族中国专利公开后已撤回。US6419958保护的是缓释制剂的膜包衣组合物，其同族中国专利CN01143869，在专利公布后已被驳回。US6673838保护了去甲文拉法辛琥珀酸盐及其多晶型物、药物组合物、剂型及其用法，其同族中国专利CN0280812，将于2022年2月11日到期。随后惠氏公司通过US8269040保护文拉法辛衍生物后续专利，以延长产品专利保护期。

科信必成通过对相关专利的分析，选择了通过改变制剂剂型，进行盐酸文拉法辛控释片的研发。

在项目的研发阶段，科信必成发现传统的控释片技术一般需要进行激光打孔形成药物释放的孔道，并结合调节药片内部的渗透压试验控制药物释放的目的，但激光打孔不仅生产成本高，效率低，同时由于只有一个单一的药物释放通道，药片进入人体内很容易被食物堵塞，导致药

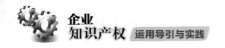

物难以释放完全，而达不到治疗效果。

科信必成技术人员通过技术改进，成功研发出群孔释放渗透泵技术，该群孔释放渗透泵控释片无需进行激光打孔，通过加入大量的致孔剂形成连续的孔道的方式为药物的释放提供通道，不仅简化了制剂工艺，大大降低了生产成本，而且提高了制剂的安全性。基于这一改进，科信必成先后申请"群孔释放渗透泵控释片及其制备方法""一种去甲文拉法辛控释片及其制备方法"和"一种去甲文拉法辛缓释微丸及其制备方法"3项专利。

科信必成的文拉法新控释片相关专利申请已于2014年向国家知识产权局提交。根据世界卫生组织发布的报告显示，全球有超过3.5亿人患有抑郁性疾病，治愈率与发病率的落差导致抑郁症患者人数呈现逐年增长的态势。2013年，全球七大药市500强药品市场上，抑郁症用药总销售额为95亿美元。国外分析家预测，2020年该类药物市场规模将达到140亿美元，抑郁症药物市场将成为中枢神经系统疾病领域最大的分支。科信必成的产品上市后预计将与同领域药品展开竞争，在抗抑郁药的市场占领较大的份额而相应的专利布局必将使科信必成在市场竞争中走得更远、更加稳健。

要点提炼

在产品的研发过程中，药品的核心技术信息一般都会以专利的形式进行保护，专利信息相对于其他文献信息更具有实用性，对产品开发的指导意义也更强。

在药物研发的立项阶段，进行专利分析是必不可少的步骤，对专利信息进行定向分析，可以快速判断相关技术的发展趋势及开发过程中潜在的专利侵权风险；另外，通过对现有专利进行梳理分析，可以找到目前技术可能存在的缺陷，在新药的研发或仿制中进行创新、完善，这种二次开发可以产生自己的技术竞争优势，这对药物的研发企业也十分重要。

科信必成的文拉法辛缓控释制剂是在现有专利及相应技术水平的基础上，注重研究过程中仿创结合而创出的成果，不仅使仿制药与原研制剂达到同等的治疗效果，同时还开发出了新一代的控释制剂释放体系，并布局了自己的专利，赢得了市场先机。

主要启示

在仿制药品的研发方向选择方面，仿制药的开发与原创药不同，原创药更多是科学层面的研究，而仿制药必须立足于市场，以临床需求为导向。一些原创新药叫好而不叫座的原因，往往是产品脱离了市场。对于仿制药种类的选择，企业必须考虑药品市场需求量以及药品未来增速等多方面因素。

对我国仿制药企业而言，要走出低水平重复仿制的困境，必须经历从仿到创的过程。在这个过程中，企业必须加强消化吸收再创新的能力，在先进技术的基础上不断地进行技术再创新，使其为己所用。同时要加强知识产权保护，回避侵权风险较大的专利，并且另辟蹊径，进行研发路径的突破，申请相应的外围型专利，增强市场竞争力。

三、侵权判断，化敌为友

——汉王科技股份有限公司深度利用专利信息成功进行商业谈判

实例寻踪

汉王科技股份有限公司（下称"汉王科技"），是提供以模式识别为核心的智能交互产品与技术的公司，在手写识别、光学字符识别（OCR）、笔迹输入、生物特征识别等领域拥有多项核心技术及知识产权，在上述领域的综合技术水平在国内外均处于领先地位。

2010年，汉王科技完成首款脱机扫描笔产品研发，命名为汉王e典笔A10并进行推广，该款产品成功融合了汉王的OCR软件技术和光电硬件

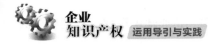

技术。产品上市以来，在教育行业的市场占有率逐步攀升。

汉王科技秉承知识产权为技术、产品保驾护航的策略，在开展扫描笔技术研发之时，就扫描笔技术涉及的各类技术要点申请了专利，并对产品的结构、外观等进行了相应的专利保护。截至2011年年底，扫描笔产品申请的专利已达几十件，核心专利通过PCT途径进入重点国家和地域，国内和海外的专利布局工作基本完善。至此，在夯实国内市场的基础上，汉王科技于2011年年底开始试水海外市场。

然而，竞争对手很快对汉王科技的e典笔产品做出反应，A公司致信汉王科技，声称汉王的e典笔产品存在专利侵权之嫌，随后发来产品专利侵权分析报告，并附上专利律师关于产品和指控专利的分析报告。

在收到专利侵权指控之后，汉王科技迅速组织知识产权部门、研发部门、产品部门成立专案小组，由公司副总裁直接负责，制定积极的应对策略，协调整个公司的资源来化解已然存在的专利风险。

在成立专案小组之后，汉王科技迅速制定出一套应对策略——专利价值分析评判和商务谈判并行的策略，分析A公司专利的保护范围和保护地域，进行专利无效宣告方面的检索，在商务谈判中充分利用其专利存在的缺陷，促使A公司与汉王科技谈判协商解决可能存在的专利风险，以确保汉王e典笔A10产品在国内市场的正常销售以及海外市场的顺利开拓。

首先，汉王科技启动对A公司相关专利的现状分析，包括分析其法律状态，同族专利，保护地域，技术方案的保护范围，并启动专利无效宣告方面的信息检索。A公司发来的产品专利侵权分析报告中引用的专利为一篇1997年进入中国的扫描笔产品的基础专利，通过检索分析该专利，发现其优先权基础为1996年申请的瑞典专利，以该优先权专利为基础，还进入了欧洲、美国、日本、俄罗斯、巴西等多个国家和地区，具有31个同族专利。在汉王科技产品计划进入的澳大利亚、加拿大、欧洲、日本、俄罗斯、瑞典、美国等国家均已获得专利权，并且均处于有效状态。掌握了该专利的地域布局及其技术方案的保护范围，汉王科技将更容易判断专利价值大小。

通过对A公司基础专利的中国同族专利、美国同族专利授权文本进行全面分析，汉王科技团队发现其中国同族专利的技术方案涵盖了扫描笔的绝大部分基础必要技术特征，如设备的笔造型，通过在文字上拖动的扫描方式生成图像序列，笔采用感光的传感器，采用CPU处理文字并对传感器采集的图像进行拼接，最后对拼接形成的图像进行光学字符识别。汉王科技对上述中国同族专利的权利要求书中的技术特征进行分解分析，并将其与汉王的e典笔A10产品逐一比较，得出汉王产品在图像拼接方法上与该中国同族专利并不相同的结论。

然而，找到这一点并不能大幅度增加汉王科技的谈判筹码，所以汉王科技团队又认真分析了美国同族专利的授权文本，着重分析其权利要求的保护范围，发现美国同族专利的保护范围远远窄于上述中国同族专利，在对调取的审查历史资料研读之后，又找到了审查员引用的对比文件以及A公司为获得授权而对技术方案做出的限定性陈述，这些信息对A公司的中国同族专利的稳定性造成不利影响，也为汉王科技与A公司的谈判增加了有力筹码。

在完成前期的专利价值分析和判断之后，结合分析结果，汉王科技制定出相应的谈判策略。A公司提出的谈判方案可以概括为两点：①汉王科技授权其在欧洲市场独家销售汉王e典笔A10产品；②在全球范围内销售的产品按单件支付专利许可费1.5欧元。对于能够在欧洲找到一家本土企业代理销售汉王的产品，汉王科技乐见其成。因此，双方谈判最终还是聚焦于汉王科技的A10产品是否侵犯A公司的专利权。

结合对A公司同族专利的分析，在与对方的首轮谈判中，汉王科技明确指出两点：①汉王科技产品与A公司相关专利的不同之处，汉王科技的A10产品是脱机扫描，而A公司的专利技术方案必须联机扫描，汉王科技的A10产品在图像拼接时采用跳帧拼接，而其专利采用逐帧拼接的方案；②汉王科技已布局扫描笔产品相关专利，A公司同类产品也有专利

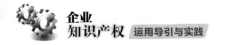

侵权之嫌。

A公司表示对汉王科技产品脱机扫描的功能很感兴趣，实际上其间接认同了汉王科技指出的第一个不同之处。而对于图像拼接方法，A公司坚持认为汉王产品与其专利是相同的，并在首轮谈判和多次邮件交流之后，找到汉王科技曾经合作的一家知识产权服务机构出具了一份产品侵权分析报告。第一个阶段的谈判可以说以A公司寻求专业机构支援出具产品侵权分析报告的方式结束，谈判进程举步维艰。

汉王科技对A公司相关专利进行了全貌分析，并进行了专利无效宣告方面的信息检索。基于专利分析和检索结果，汉王科技在第二轮谈判中指出：①结合A公司美国同族专利审查历史资料中所引用的对比文件和汉王科技检索到的一篇专利文献，完全可以无效资料其中国、美国的同族专利；②A公司在为获得授权的意见争辩中将其专利方案的图像拼接方法已经限定为逐帧拼接，根据禁止反悔原则，只要能证明汉王科技的产品不是逐帧拼接即可以认为不构成专利侵权；③其专利仅在部分国家和地域获得保护，未获得保护的国家，无法主张专利权。此轮谈判直接动摇了A公司相关专利存在的基础，也向A公司传达了谈判不成汉王科技将会对其专利进行无效宣告的坚定决心。

最终，汉王e典笔A10产品的专利侵权风险得以化解，A公司不仅明确放弃在中国境内对汉王科技的专利指控，还成为汉王科技在欧洲市场的销售商，双方携手成为合作伙伴。

▶ 要点提炼 ◀

本实例中，汉王科技股份有限公司充分利用专利信息检索分析手段，深入分析被指控专利侵权的情况，研究A公司专利的权利要求构成和保护范围，并结合自身产品的技术特点进行逐项比对，最终得出不构成专利侵权的结论，有力地支持了汉王科技公司与A公司的谈判工作。

此外，在谈判后期，汉王科技针对A公司关键专利进行无效宣告方面的检索和专利稳定性分析，动摇了A公司关键专利存在的基础，而最终促使A公司接受了有利于汉王科技的合作条件，成功地借助了专利侵权分析和相关专利无效宣告方面的检索分析等手段，扫清了汉王产品在国内外的专利障碍，还将竞争对手发展为合作伙伴，打了一场漂亮的专利攻坚保卫战。

▶ 主要启示 ◀

随着"中国制造"向"中国创造"的转变和企业的国际化发展，越来越多的中国企业在走出国门参与国际市场竞争之际，不断遭遇专利纠纷的困扰。而专利诉讼一旦败诉，则国内企业必然要支付专利诉讼费用以及巨额的专利侵权赔偿金，甚至有可能使企业彻底丧失竞争力。

那么，国内企业应当如何应对国际专利纠纷？首先，应积极应对，而非消极避让，视而不见，要认真评估自身是否存在专利侵权的可能；其次，应该仔细评估对方的标的值是否合理，是否存在恶意过多要价。在摸清楚对方底牌后，制定最佳的专利诉讼策略和解决方法。最后，在遭遇涉外专利纠纷时，个体的力量往往显得很弱小，此时，国内企业可以结成知识产权联盟或通过行业协会出面，多方协同解决专利纠纷，特别是对那些索价过高的专利诉讼案件，此举往往能够起到积极效益的作用。

四、信息利用，贯穿全程

——中粮集团有限公司食品致病菌多重PCR检测试剂盒研发项目专利信息利用

▶ 实例寻踪 ◀

中粮集团有限公司（下称"中粮集团"）是国务院国资委管理的国有重要骨干企业，经过多年的努力，已发展成为中国领先的农产品、食品领域多元化产品和服务供应商。中粮集团致力打造从田间到餐桌的全产业链覆盖的粮油食品企业，利用不断再生的自然资源为人类提供营养

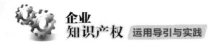

健康的食品、高品质的生活空间及生活服务。

中国食品行业近年来发展迅速，但产品质量有待提高，食品安全需要得到保障。在以往发生的一些食品质量安全问题中，微生物污染是威胁我国食品质量安全的主要因素。这主要是由于我国食品行业发展水平与发达国家还有差距，食品行业卫生条件和管理水平不高，手工作坊式的加工企业还相对普遍，这些企业设备落后、卫生状况差，再加上对加工人员管理不严格，极易造成微生物污染食品的情况发生。全国每年向卫生部上报的数千人食物中毒事件中，大部分是微生物污染引起的。正因如此，食品行业对高效、快捷简便的微生物污染检测技术需求较大。

分子生物学法检测技术中的聚合酶链式反应（PCR）技术，其原理为DNA在高温时可以发生变性解链，当温度降低后又可以复性成为双链。因此，通过温度变化控制DNA的变性和复性，并设计引物做启动子，加入DNA聚合酶、dNTP（脱氧核糖核苷三磷酸）就可以完成特定基因的体外复制。而发现耐热DNA聚合酶——Taq酶对于PCR的应用具有里程碑的意义。该酶可以耐受90℃以上的高温而不失活，不需要每个循环加酶，使PCR技术应用变得非常简捷，同时也大大降低了成本，因此PCR技术得以大量应用，并逐步应用于临床。虽然PCR技术快速、灵敏、特异性强，且适用于不常见或新的病源微生物的检测，但成本仍然较高，且要求较高技术水平，大面积采用还有较大的难度。所以开发出便捷高效的并应用PCR技术的食品致病菌PCR检测试剂盒至关重要，这将是非常有发展前景的检测产品。

在技术和市场的双重驱动下，中粮集团研究院确定了食品致病菌多重PCR检测试剂盒研发项目。在项目的立项前期，知识产权信息分析与管理就作为服务研发的重要一环，参与到上述项目的研发整个过程中，知识产权人员也作为项目成员参与其中。

知识产权人员在项目策划过程中，详细制订了知识产权工作计划。在项目执行前期，知识产权人员计划对全球相关技术领域的专利文献进行前沿技术跟踪与分析，通过对专利文献的分析，为研发人员提供研发路线的参考建议。在项目实施过程中，知识产权人员计划对涉及的研发技术进行新颖性和创造性的分析评价，并及时挖掘出可申请专利的创新成果，组织申请专利。在项目运行后期和产品向市场推广阶段，知识产权人员计划对试剂盒产品进行专利等知识产权协同布局，形成严密的知识产权防护网，以巩固加大的知识产权立体保护力度，有效防止侵权，并争取通过对技术的市场垄断获得收益。

在项目执行前期，知识产权人员对相关技术领域进行了专利信息分析，通过与研发人员的沟通合作，做出一份《食品领域快速检测技术专利分析报告》，其中主要对快检技术的应用手段和快检技术的检测对象作为主要区分，进行了详细的专利分析，从中得出该技术领域的专利发展趋势，技术发展路线，主要权利人，重点专利技术分析等结论，从而为研发人员提供了非常有价值的专利技术信息情报。

研发人员据此参考，并结合中粮集团的实际情况，最终确定研发主要方向针对涉及金黄色葡萄球菌、沙门氏菌以及志贺氏菌等各种食品及其原材料可能含有的污染菌检测技术进行研发攻关，并开发出相关的检测试剂盒。上述技术主要应用多重聚合酶链式反应技术（mPCR）对目标污染菌进行扩增检测，其检测敏感度高（比其他专利报道检测灵敏度高10倍）、特异性强，可用于各种食品及其原材料金黄色葡萄球菌、沙门氏菌及志贺氏菌污染的检测。

在研发过程中，知识产权人员对该技术领域中的重点专利，从专利法律角度和技术价值角度进行了多方面的分析，并与研发人员及时沟通。研发人员对其所涉及的有关专利进行了规避设计研究，并配合知识产权人员制订了外围专利技术申请方案。通过知识产权人员和研发人员的密切协作，中粮集团在此过程中相继做出专利技术分析、专利侵权风险分析、专利无效可行性分析等多份分析报告。这些分析报告为排除该项目后期或市场推广中可能遇到的专利障碍提供了多路径的解决方案。

同时，在项目研发进程中，中粮集团与外部的技术商和产品商还涉及技术开发和技术委托开发，以及OEM委托生产相关试剂盒的谈判合作等工作。知识产权人员需参与所有相关工作，并对合同中知识产权条款的制定、审核，保密协议的签订以及商务谈判提供全方面的知识产权服务。

围绕所述研发技术以及检测试剂盒，中粮集团针对该领域检测技术、涉及试剂盒的技术、试剂盒外观进行了全面的专利信息分析，之后中粮集团根据自身研发情况结合该领域专利分布情况，从企业专利整体布局出发，提交了发明专利申请7件。在对所述技术进行专利保护的基础上，中粮集团还对涉及试剂盒的技术申请了多件实用新型专利，以保护相关试剂盒产品。

除此之外，中粮集团还对试剂盒的外观进行了美化和实用性设计，同时申请多项外观设计专利，对其进行保护。为便于后期的市场推广，针对上述试剂盒商品，中粮集团还申请了注册商标。总而言之，通过对上述检测试剂盒项目所进行的知识产权综合立体保护，为研发成果依托知识产权保护最终转化成市场商业价值进行了有益探索。

通过日益完善的全产业链知识产权创造与布局战略运用，中粮集团形成了诸多品牌产品：福临门食用油、长城葡萄酒、金帝巧克力、屯河番茄制品、家佳康肉制品、香雪面粉、五谷道场方便面、悦活果汁、中茶茶叶等。中粮集团的产品涵盖从田间到餐桌，即从农产品原料到终端消费品，包括种植、收储物流、贸易、加工、养殖屠宰、食品制造与营销等多个环节，通过对全产业链的知识产权系统管理和对关键环节的有效掌控以及各产业链之间的有机协同，形成整体核心竞争力，实现全面协调可持续发展。中粮集团把质量安全放在首要位置，建立从田间到餐桌、可追溯的食品安全体系，积极开展食品营养健康技术研发，并且运用知识产权制度保护和有效运用创新成果，进而带动中国食品加工行业转型升级，为消费者提供安全、营养、可信赖的产品，进一步发挥保障食品质量安全、改善中国国民体质和生活品质的示范作用。

▶ 要点提炼 ◀

中粮集团通过对其技术研发项目知识产权挖掘、布局、管理以及战略运用的有益探索，得出知识产权工作应该贯穿于研发项目的始终，从源头的前沿专利技术跟踪与分析，到获得具有重要价值的专利技术发展路线，从而为研发项目建议合理的研发方向与目标。在研发过程中，根据专利信息分析进行规避设计研发或者从源头研发，将研究成果及时申请专利，并对其相关产品适时进行高标准注册，形成较为严密的知识产权保护网，在申请专利前避免泄密而加强保密措施。在知识产权成果的挖掘布局上，并不局限于用发明、实用新型专利等对技术内容加以保护，还包括以外观设计专利对其产品外形的保护，以商标注册形式对其产品市场加以保护，这为后期的产品市场推广建立起较为严密的知识产权立体保护体系。

▶ 主要启示 ◀

研发项目全流程知识产权管理是指将立项决策前的专利等知识产权信息分析利用、研发成果的知识产权保护方式的选择，研发成果的知识产权保护方式选择、专利风险预警、专利规避设计与合理借鉴专利挖掘布局、知识产权竞争战略运用以及专利价值转化等融入科研项目实施的全过程，用以规避研发风险，提高研发起点，优化研发路径，加快研发进程，保护研发成果，实现研发价值等。实施科研项目知识产权全流程管理，对于避免重复研究、规避研发投资风险、提高企业科研项目的研发起点、充分利用现有技术资源、提高科研成果的产出率和转化率及最大限度地实现研发项目的投资价值，具有十分重要的作用。

科研项目全流程知识产权管理体系可分为立项阶段、实施阶段、结题阶段和转化阶段4个主要阶段：立项阶段，需对科研项目可能涉及的知识产权信息进行跟踪，通过专利信息分析，帮助研发人员了解技术发展的现状及可能的发展趋势，从而帮助科研项目确定研发方向；科研项目实施阶段，应定向跟踪与项目有关的知识产权的动态信息，进行专利等知识产权风险预警，帮助科研项目及时调整研发方向优化研发路径，防止侵犯到他人的知识产权，并另辟蹊径，寻求新的技术路径突破；科研项目结题阶段，将取得的研发成果进行可专利分析，进行充分的专利挖掘与布局，以此产出支撑其产品竞争的足够数量和较高质量的专利以及其他知识产权，增加科研项目的投入产出比；科研项目转化阶段，对于所取得的知识产权进行评级分类，做好知识产权应用规划，实现知识产权的最大化利用，将知识产权的内在战略价值转化为外在的经济价值。

五、专利分析，导航研发

——北京三元基因工程有限公司治疗性抗体产品研发中的专利信息利用

▶ 实例寻踪 ◀

北京三元基因工程有限公司（下称"三元基因"）是一家集研发、生产与销售为一体的生物医药高新技术企业，凭借其雄厚的研发实力和卓越的创新能力，在业内一直处于领先地位。公司曾研制出干扰素产品"运德素"，获批为国家一类新药。公司的研发中心具有全面跟踪国内外新药研究动向的快速反应能力，现正利用丰富的网络信息资源开发10余项课题。源源不断的高水平新产品使其在激烈的市场竞争中形成了可持续性的竞争优势。

治疗性抗体产品是生物制药产业中最大类别的产品，近年来已被成功用于治疗肿瘤、癌症等各类疑难杂症。预计未来几年，治疗性抗体产品的市场规模增速将在10%以上，2018年将超过1400亿美元。该产业大部分产品集中在罗氏（基因泰克）、安进、雅培和强生等欧美企业手中。我国治疗性抗体产业近几年发展迅速，2010—2012年市场规模年均复合增长率超过40%，但我国治疗性抗体市场上70%左右的产品都是来自进口，本土治疗性抗体的研发还处于起步阶段。截至目前，没有一个真正意义上具有核心知识产权的国产治疗性抗体药物产品上市。

三元基因看准了治疗性抗体领域这一商机，决定开展治疗性抗体的研发。对于抗体的研发来说，已有药品的抗体序列及技术方案对于研发人员具有重大的参考价值。

2012年，三元基因决定通过专利文献信息查找相关的抗体药品信息。经过筛选，三元基因委托专业知识产权信息分析与服务机构开展3个靶点的治疗性抗体专利调查研究。项目立项之后，服务机构的专利检索工程师与三元基因的知识产权管理人员、研发工程师共同组建了项目团队。专利检索人员基于IncoPat科技创新情报平台等检索工具，综合考虑关键词、分类号及龙头企业等要素，运用补充检索、引证检索等多项策略，共检索到28000余件相关专利。

在所有与治疗性抗体有关的专利主题中，单一物质的治疗性抗体产品专利，即要求保护序列的治疗性抗体产品专利起着决定性作用。因为治疗性抗体要想得到最坚实、最广泛的保护，就必须取得这种类型的专利保护，换句话说，其他主题类型的专利对治疗性抗体产品的保护力度与强度均达不到单一物质主题的力度与强度。因此，经过研发人员与专利分析师的深入交流和沟通，项目团队最终在全面检索治疗性抗体专利文献的基础上，从28000余件专利中手动筛选出了150余件与序列保护主题相关的专利进行分析。

首先，项目团队对治疗性抗体序列专利的专利权人、布局国家、优先权等信息进行分类统计，总结专利权人排名、专利保护区域分布、各国技术实力、各公司相对研发能力、专利权人区域分布等信息，从中分析有价值的信息并绘制专利地图，使三元基因公司的研发人员了解相关专利的申请布局状况及主要竞争对手的技术水平、研发动向、专利策略等情况，从而对治疗性抗体领域的知识产权保护状况有了全面综合的认

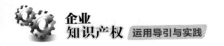

识，为后续的项目研发、专利布局及知识产权战略运用提供了参考。

随后，项目团队通过认真阅读国际知名公司的治疗性抗体专利文献，筛选出对指导研发有重大参考价值的专利，其中包括已上市抗体药品的相关专利及抗体领域重点专利。研发人员和专利分析师共同对这些专利进行了深入解读，包括技术方案、技术效果、实施例、权利要求保护的范围、专利申请策略、优先权申请信息、专利保护地域分布、中国同族专利保护的内容及法律状态等方面。

通过这些基础及重点专利的解读，研发人员了解到药品相关专利布局时，不仅包括基础序列专利，还会衍生出一个专利簇。这些信息使项目组掌握了成熟的抗体产品的序列及技术方案，并获知了部分未在中国申请同族的重点专利。三元基因不仅可以规避产品开发的专利侵权风险，还为研发人员提供了很好的研发思路借鉴，避免了研发资金的浪费。

在治疗性抗体药物的研发过程中，一个很重要的工作就是抗体序列的同源性比对，而同源性比对的前提是必须有代码化的抗体序列。然而，目前专利文献中的序列大部分都是非代码化的，研发人员无法进行同源性比对，因此项目团队继续进行了抗体序列的代码化加工，将所有抗体专利的序列进行提取，并按照产品研发的要求进行了标引和加工，建成了含有代码化抗体序列的治疗性抗体专利数据库。这个数据库为研发人员的产品研发提供了很便利的工具，同时能定期追踪最新的专利申请态势，成为助力三元基因未来持续开发多种抗体序列药物的重要信息平台。

在专利信息分析的辅助下，三元基因正在加速开展治疗性抗体的研发工作。专利文献信息的有效利用，不仅排除了产品研发的专利侵权风险，还帮助其找到可以借鉴参考的产品研发方案，开阔了研发思路为其开发出拥有核心知识产权与强大市场潜力的治疗性抗体产品铺平了道路。

▶ **要点提炼** ◀

本实例中，北京三元基因工程有限公司在开发治疗性抗体药物过程中与知识产权专业服务机构亲密合作，通过对于专利文献进行多方面、多维度的检索分析，挖掘整理出完整、真实的治疗性抗体原始序列专利信息，为企业在该领域进一步开展技术和产品研发提供了有效借鉴，同时，也为企业完善专利布局、规避专利侵权风险提供了重要支撑。

▶ **主要启示** ◀

在治疗性抗体产品领域，相关企业的技术人员会通过科技文献来公布相关的研究资料，但不会将最真实和原始的核心序列和制备技术方案集中公布于这些文献中，因为科技文献没有法律上的保护作用。因此，企业一般都通过专利保护相关抗体序列和技术方案。对于研发人员开展研发工作，分析这些专利具有非常重要的意义，专利信息分析既是研发的依据、创意的源泉，也是法律风险排除的保证，是获取市场优势地位的基础性工作。

本实例进一步揭示了专利信息对于企业研发和专利布局工作的重要作用，希望引起更多企业的高度重视。

六、因地制宜，再次创新

——北京奥瑞安能源技术开发有限公司连续油管设备引进消化吸收再创新

▶ **实例寻踪** ◀

北京奥瑞安能源技术开发有限公司（下称"奥瑞安"）是一家专注能源技术开发的公司。公司致力于国内外常规及非常规油气的有效开发，在国内煤层气服务行业处于技术领先地位。奥瑞安一贯坚持创新理念，目前已拥有专利、商标、软件著作权共50余件，在同行业中保持领先位置。

2012年起，为加快企业发展，奥瑞安从国外引进了一套吊装式连续油管作业设备。为更好地满足非常规油气作业的需求，进一步巩固奥瑞安在连续油管服务方面的技术领先优势，奥瑞安在进口连续油管设备的基础上，开始进行折叠式井架连续油管作业设备的创新开发。

连续油管是一种低碳合金钢制造的连续长度达几千米的管材，采用连续油管作业可以缩短作业时间，并能实现带压作业，具有安全和高效的双重优点。连续油管设备的作业方式通常有两种：一种为吊车吊装作业，一种为自带井架作业。采用吊车作业，注入头设计为独立的吊装模块，作业过程中始终需吊车配合，地面还需用绷绳进行固定，劳动强度大，安全风险高。而采用自带井架作业，注入头安装至井架上面，随井架做位置调整，自动化程度高，地面无须绷绳，固定可靠。

目前，国内大部分的注入头作业采用的是吊车作业，少有井架式的连续油管设备，且无相关的专利支持。连续油管作业在国内的应用有近10年的历史，但大部分的工作主要是进行油气井的修井作业，未能实现大规模的应用。随着国外页岩油气的开发，连续油管在压裂和钻磨施工中的作用越来越突出。而目前国内在用的常规连续油管设备不能很好满足非常规油气作业的需求，因此奥瑞安决定以连续油管设备的性能提升为切入点展开研究。

奥瑞安分析了使用连续油管设备的具体需求。首先，国外深井作业常常采用拖车式的连续油管设计，通过加大连续油管车的长度和宽度，来实现大容量的装载设计；国外油气开发多处于地势平坦的区域，而在国内大多数为丘陵多山地带，拖车式的连续油管设备无法使用，这要求连续油管设备能同时满足大容量和国内道路通过性的双重要求。此外，安全、环保、高效是当今作业的主流要求。现场客户对于安全和环保的要求越来越高，设备必须符合安全和环保的要求。出于对成本的控制，现场作业必须具有较高的时效性。因为，奥瑞安对引进的连续油管作业设备进行了适合我国地形地貌要求的结构性改进，即开始进行引进消化吸收再创新。

在引进消化吸收再创新式的实用设备研制初期，奥瑞安先行开展了专利信息的检索和分析工作。在专利检索过程中发现，国内已申请的专利分别有"起升型折叠井架底座""勘探钻机可折叠井架"以及"油缸起升式折叠井架"等。奥瑞安针对上述相关专利进行了论证分析。分析表明："起升型折叠井架底座"专利涉及内容为一种底座，没有体现折叠井架的具体内容；"勘探钻机可折叠井架"专利涉及一种勘探钻机的折叠井架，其固定井架是不动的，折叠井架最大只能做90°的折叠，不符合使用要求；"油缸起升式折叠井架"专利涉及一种钻机井架的油缸垂直起升井架，更多强调的是一种伸缩性能，没有体现设备的折叠功能。最后，在对相关专利进行论证分析以及对国内设备调研的基础上，奥瑞安公司创新提出了设备的设计参数和功能要求。

首先为满足国内多山丘陵地带的施工需求，要求设备的道路通过性和越野性能良好，要求底盘、车架大梁和轮胎设计配置必须合理。其次为满足其作业先进的功能性要求，提出了相应的设备参数要求。按照提出的技术要求，奥瑞安组建技术团队进行技术方案的初步论证并出具设计方案图。

在设计方案图的基础上，奥瑞安主要通过数学理论计算和模拟实验的方式来进行进一步的技术论证和验证，确认了在当前条件下实施该方案是完全可行的。确定采用双车折叠井架式连续油管车的设计方案，由滚筒车和连续油管井架车两车组成。滚筒车主要包括滚筒车底盘、摄像头、快速更换式滚筒、连续油管、排管器和滚筒车动力系统。滚筒车为作业辅车，其主要特点为提供连续油管的存储和运输，通过创新结构设计，实现大容量的连续油管装载和运输功能。值得关注的是，奥瑞安在引进专用设备不完全适合我国特殊地理环境中使用的情况下，注重调动创新资源，结合我国地形地貌的实际特点，进行设备引进后的消化吸收再创新，并且走出一条合理利用专利信息检索分析方式，进行专利风险

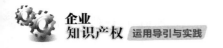

规避和合理借鉴的科学化创新之路。

在设备研制成功后，奥瑞安公司在国内进行了近20井次的现场施工验证，现场反映效果良好。新设备作业强度降低，现场作业效率提高，同时还节省了租赁吊车的费用。先前连续油管设备在现场的准备时间需要4~5小时，采用折叠井架式连续油管设备只需要2小时，随着操作工人的技术熟练程度加深，能将时间缩短至1小时。更加安全、高效的设备，获得了甲方的一致称赞。现场操作人员也表示该设备减轻了作业强度，提高了安全性。

奥瑞安在使用创新后的连续油管作业生产过程中，取得了很好的经济效益。截至目前，由连续油管进行生产作业产生的收入已超过2000万元。基于连续油管相关技术，奥瑞安在国内及时申请了5件专利。2014年，奥瑞安以该创新申请的1件专利通过了中国高新科技产业化研究会的科学技术成果鉴定，从而以专利保护为支撑提高了该技术的市场认可度并推动了科技成果的产业化进程。

▶ 要点提炼 ◀

本实例中，奥瑞安公司在引进专业设备的基础上，针对我国的具体需求和地形特点进行了设备与技术的二次开发，即引进消化吸收再创新。首先在设备研发前进行足够的市场分析和技术调研，并进行专利信息的检索分析，防止专利侵权；其次，在设备设计开发过程中，及时进行了专利申请，避免了研发成果的流失或被他人抢先申请专利而限制自己正常使用；最终推出适合我国地形特点采油作业的连续油管装备并形成了有效的专利保护。

▶ 主要启示 ◀

国外先进的技术和设备的引进是加快推动企业技术进步和发展的重要手段。同时，企业也必须提高消化吸收再创新的能力，在引起先进技术和设备的基础上不断地进行技术再创新，使其为己所用，而不能只停留在吸收引进上，致使引进的新技术很快变成旧技术，引进的新设备变为旧设备或者不能充分发挥其效能的半闲置设备。在引进消化吸收再创新的过程中，专利等知识产权信息分析与保护布局具有十分重要的意义。企业在创新发展的同时，一定要注重知识产权风险的规避，并加强知识产权的保护，通过知识产权资产和战略的有效运用获得市场竞争力，使企业在激烈的竞争环境中立于不败之地。

七、合理借鉴，另辟蹊径

——北京北方微电子基地设备工艺研究中心有限责任公司专利分析助研发

实例寻踪

北京北方微电子基地设备工艺研究中心有限责任公司（下称"北方微电子"）是国内领先的高端半导体装备制造企业。经过10余年的发展，北方微电子公司形成了刻蚀工艺、薄膜工艺、等离子技术、精密机械、自动化及软件、超高真空等核心技术优势，为微电子产业的快速发展提供了值得信赖的产品和服务。

爱发科集团在等离子增强化学气相沉积（PECVD）设备、磁控溅射设备、干法刻蚀设备等领域均拥有与北方微电子公司相关的设备，对北方微电子的设备研发和销售造成了一定影响。北方微电子公司急需了解爱发科集团在中国的专利申请现状，并对其涉及的设备和技术等内容进行分析。一方面，规避对已有专利技术的侵权；另一方面，也可以有效地利用相应的专利技术内容开阔研发思路，发现研发突破点，开拓创新，形成具有核心知识产权的产品。

北方微电子公司制订研发计划和研发同步进行，在研发方案设计阶段就将专利分析全程介入其中，用1个月的时间完成该项目所涉及的专利风险分析。

通过解析专利摘要及其附图、权利要求、说明书及其附图等信息，北方微电子发现，爱发科在中国申请的专利中，约有涉及磁控溅射、刻蚀、金属有机化合物化学气相沉淀（MOCVD）设备等领域的140件专利与北方微电子公司的设备相关。公司随即对这140件专利进行了涉及设备、产品、技术领域、技术问题、有益效果、技术方案、保护范围、相关度的分类，得到相关结论，并以EXCEL列表的形式将具体分类结果提供给研发人员，供其发现技术突破点，进行开拓创新。

通过与技术人员的讨论，并考虑到上述专利技术与公司技术的相关程度、设计产品/设备的市场前景等因素，北方微电子选取其中重点专利，经充分阅读其说明书，对其进行了现有技术及其技术问题、发明技术方案及有益效果、保护范围等方面的详细分析。在此基础上对相关重点专利进行规避设计，实现对已有专利的侵权规避。

对于爱发科集团专利申请较少的刻蚀设备和MOCVD设备，和尚无相关专利申请的PECVD设备，北方微电子公司已于2011年下半年展开相应专利申请布局工作。到2012年4月，已在PECVD设备、刻蚀设备和MOCVD设备方面共申请专利超过40件。

对于爱发科集团申请专利较为集中的溅射设备，通过进一步分析，发现涉及最多的为平板显示器类产品，包括TFT、LCD、PDP等。在PV和EL领域也有少量相关的专利申请。北方微电子公司研发人员通过仔细阅读相关专利及其分类列表，开发了针对IC和LED领域用磁控溅射设备，并对其进行了专利申请。截至2012年4月，已提交20余件相关专利申请。这些专利申请中，既包括磁控溅射领域、腔室组件等爱发科集团溅射设备相关专利申请热点领域，也包括其申请较少的射频领域，甚至包括了其尚未涉及的温度控制领域。

通过阅读重点专利及其分析报告，技术人员发现，"晶片搬送用托盘以及在该托盘上固定晶片的方法"专利技术涉及公司正在研发的LED设备改进产品。

为避免新一代产品上市后的知识产权纠纷，公司组织技术人员和专利人员进行了该项技术的专利侵权分析，对相关专利技术进行了有效规避，设计出了全新的晶片固定装置、半导体设备和晶片固定方法，并申请了专利。

在此基础上，通过不断实验，该研发团队和知识产权团队一起对技术方案进行改进设计，提交了3件重点核心专利申请，并在重点核心专利基础上又进行了外围专利的布局，最终共提交了国内外专利申请10余件，并在美、日、韩等国家和地区进行了海外专利申请，实现了全方位的专利布局。

在科学有效的专利分析的帮助下，北方微电子的产品结构比目标公司产品更加简单，因此产品的加工成本也大幅降低，进而增强了产品的市场竞争力。

要点提炼

本实例中，北方微电子公司的研发计划制订和研发同步，专利分析介入研发方案设计阶段与产品开发全过程，以专利规避设计方式进行了改进创新，一方面有效规避对已有专利的侵权，另一方面也可以有效地利用专利技术信息开阔研发思路，找准研发突破点，开拓创新，形成具有核心知识产权的全新产品。

主要启示

北方微电子在研发方案设计过程中，进行目标公司的专利检索分析，通过专利侵权风险判断、合理借鉴相关专利技术内容以及有效的规避设计等，及时找准了自己的研发思路和策略，从而大大提升了公司的研发创新效率和研发产品的安全性，学习模仿到规避设计再到改进创新的梯次跃升，使自己的产品竞争力大幅度提升。

通过该项目的实施，公司建立了全流程知识产权嵌入研发全过程的

管理模式，由单点切入转换为全面切入模式，使整个公司的产品竞争力大大提升。上述经验值得其他企业学习借鉴。

八、优化布局，协同保护

——北京农业信息技术研究中心温室肥药一体机装置专利布局与保护

实例寻踪

北京农业信息技术研究中心（下称"农业信息中心"）专门从事农业及农村信息化工程技术研究开发，针对我国和北京市农业和农村信息化建设的重大需求，重点围绕农业智能信息处理技术、农业遥感技术与地理信息系统、精准农业与智能装备技术、农业生物环境控制工程与自动化技术、食品质量安全与物流技术五大方向，进行源头技术创新、技术平台构建和重大产品研发，为农业现代化和新农村建设提供有力的技术支撑。

在温室蔬菜种植过程中，传统上的"肥"和"药"的投入多采用人工作业形式，其中普遍存在剂量投放过大，投放效果依靠个人经验和工人劳动强度大的问题，这些因素严重制约着温室高品质蔬菜的生产。与此同时，温室蔬菜对首都市民生活非常重要，是解决老百姓"菜篮子"的重要手段，因此解决好这个问题具有重要的社会意义。由于温室有机和绿色蔬菜栽培中对肥和药的使用有很严格的要求，为了确保蔬菜残留符合要求，必须开发新型的温室肥药一体机装置。

温室水肥药一体化是一个跨学科的课题，其核心技术涉及农学、流体力学和电子机械学等领域，需要攻克不同肥料量、施肥时间间隔和施肥浓度的精确控制机理等技术难题。一体机的研发需要研究250~600微米雾滴大小精准控制，以及锥形喷嘴和扇形喷嘴施药对作物不同生理阶段的病虫害防治效果，并探寻高效雾化、精量微量施药、彻底防治植物病害等先进技术，最终实现提高温室产量，提高蔬菜安全性的目的。

农业信息中心针对水肥药面临的技术难题进行了有针对性的专利信息分析，结果发现"肥液浓度精调"和"施药雾化粒径均匀"是相关专利信息披露的技术研发聚焦点。农业信息中心在这两个聚焦点上进一步进行创新思路挖掘，提出"信息采集，肥药量决策和变量调节"三步走行动原则，确定了围绕主题的研究思路和方向的定位。根据上述分析，农业信息中心在国外水肥一体专利技术的基础上，首次提出了水源变压力肥量恒流控制技术。这一技术创新地解决了水源压力波动对肥量误差计量影响，实现了高精确度的精准施肥，达到国内先进水平，其使用成本比原有技术降低了2/3。

针对国外施药借助复杂设备成本高昂，技术瓶颈多，无法在国内使用的问题，农业信息中心结合我国国情提出药和水肥一体调节，根部滴灌和叶面喷洒结合的立体投入新模式，该技术填补了国外相关技术空白，基于该技术进行的专利布局巩固了农业信息中心的行业领先地位。

农业信息中心在开发新装置的过程中，首先分析了欧美和日本在水肥一体化设施、施药方法与装备技术领域的专利信息，针对国外已有水肥浓度监测技术的优势和不足，结合我国具体国情，制定了水肥药一体化技术开发可行性方案。在管路一体、模块组装、肥药功能区分等关键点上确立技术开发战略，并邀请7名水肥农学、信息化专家评审把关，并且对其技术创新成果及时申请专利，加强了专利布局，确保项目实施后既能切实有效地实现水肥药一体化精准控制，又能对相关技术创新成果进行立体保护。

随后，农业信息中心开展了产学研一体运作，利用其技术积累优势，把多年的温室肥药研究技术成果与企业生产需求密切结合，以种植合作社和农机服务组织需求为依托点，通过该项目技术创新和专利保护促进企业生产方式转型，先后在河北、山东、内蒙古等多个省市的14家企业进行专利授权许可生产，委托研究专门的知识产权服务机构进行统

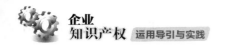
一规划，通过专利授权许可和技术指导结合的方式，迅速有效地实现技术辐射，取得了专利成果引领产业转型升级的初步成效。

最后，农业信息中心还大力开展了专利池构建和技术标准的制定，并注重将关键专利融入到技术标准之中。在上述运作模式的基础上，按照技术创新点层层递进设计核心专利和外围专利，搭建该项目专利池。目前，农业信息中心已获得授权专利近30件，软件著作权8件。农业信息中心基于这些技术创新点创制了6款新产品，并申报北京市农机鉴定部门进行鉴定，获得北京市农机检验证书。检验证书的获得使农业信息中心的产品得到了第三方权威评价。农业信息中心申报了融入相关专利的3项技术标准，并在北京市海淀区质量监督局完成了企业标准的备案和审定。这一举措不仅规范了授权许可使用该技术的企业生产产品的质量，也确保了该产品在国内具有领先地位。

在专利布局的优化中，北京农业信息技术研究中心不忘通过以下三种方式构建完善的专利保护体系：

（1）通过企业联盟合力保护。农业信息中心积极和相关知识产权联盟合作，进行全产业链的专利协同布局对专利保护范围权限进行分梯次、多层级设计，实现立体式保护，对专利授权备案及管理也更加专业化。

作为首都创新大联盟单位，农业信息中心积极协同联盟内单位实现专利技术和平台的交叉保护和使用。其中设施农业联盟对上述专利涉及的技术重点保护和推荐，利用设施农业联盟的农业智能系统开发平台和便携式农事信息采集系统实现上述专利的在线协同保护。作为农业部物联网联盟和北京市物联网联盟的主管负责单位，农业信息中心积极在联盟内倡导核心专利技术的共同保护和共享，促进专利技术在更高层次的应用。作为农业装备产业技术创新战略联盟主要理事单位，农业信息中心有责任和义务积极地推进联盟内专利交叉许可以及在专利集体保护下的合作应用。目前，基于联盟的信息共享和专利集体保护行动收效显著。例如，建立企业联盟保护信息共享网络系统，将手机扫码、微信公众号、数据挖掘、大数据等信息手段用在企业联盟保护信息分析预警上，累积挽回损失近2000万元。

（2）利用法律手段维权。2013年，与农业信息中心有合作的知识产权服务机构发现安徽某公司涉嫌侵犯农业信息中心水肥苗一体机核心专利，该知识产权服务机构第一时间通过律师函对该公司侵权行为予以警告和制止。据统计，农业信息中心委托的知识产权服务机构已通过信息共享网络系统为其累积维权近20次，避免经济损失170余万元。

（3）积极开展合作。相关知识产权服务机构对于专利的保护使农业信息中心的专利产品在市场上具有很好的抗风险能力，并具有一定的威慑预防作用。基于巨大的市场需求和较强的专利威慑力，许多侵权企业往往选择停止专利侵权行为，并积极与农业信息中心开展合作，进行专利许可谈判。这样不但减少了农业信息中心的风险，同时也促进了拥有专利保护的研发成果的健康发展，使水肥药一体化精调专利技术进入良性升级和产业化发展的快车道。

该项目的成功实施为农业信息中心创新成果的专利保护奠定了坚实基础，同时为农业信息中心产品走出国门进入国际市场提供了有力支撑，目前该产品的核心技术方案已经申请美国专利，并开始在巴基斯坦销售，目前正在制定欧美市场的产品营销策略。

▶ 要点提炼 ◀

北京农业信息技术研究中心的温室水肥药一体化项目实施过程科学、合理，专利信息分析、专利申请布局等工作始终贯穿于研发项目的全过程。

在项目开发前期，即通过专利信息检索与市场需求的综合分析确定了研发聚焦点；在研发过程中，及时进行研发成果的专利申请布局；在申请专利的同时，又注重将相关专利融入到新制定的技术标准中，并在海淀区质量监督局完成了企业标准的备案和审定，掌握了市场主动权；

后期又通过相关知识产权联盟和知识产权服务机构构建完善的专利保护体系，为上述研发产品的市场推广建立分梯次、立体化的知识产权协同保护模式。

主要启示

创新和专利创造培育了市场，专利保护带来合作、专利授权使用（许可）产生了利润，这一新模式直接促进了企业在该领域爆炸式的快速发展。温室水肥药一体化项目的成功实施得益于一开始就由专利信息分析指引了正确的创新战略规划，方向性把握和关键技术点抓得非常精确，每一步都踩在点上，环环相扣。最为可取的是，农业信息中心把创新与知识产权协同布局紧密结合起来，把专利保护和专利授权使用、产学研合作结合起来，把生产和再创新结合起来，这些结合确保了产品市场培育和技术良性发展的周期性稳步推进，对于其他企业来说非常值得借鉴。

九、专利信息，引领创新

——首钢集团重点技术及产品专利信息分析

实例寻踪

首钢集团（以下简称"首钢"）始建于1919年，新中国成立后特别是改革开放以来获得了巨大发展，成为以钢铁业为主，兼营采矿、机械、电子、建筑、房地产、服务业、海外贸易等业务的大型企业集团。进入21世纪以来，面对前所未有的压力和挑战，首钢积极推进搬迁调整和产业结构优化升级，持续推进创新创优创业，开创了钢铁企业"一业多地"发展的新格局，实现了从以长材生产为主向以高档板材生产为主的历史性转变，向打造世界一流钢铁企业迈出了重要步伐。

近年来，中国冶金行业保持着高速发展，企业的竞争也从传统的产品、成本的竞争向资本、资源、技术的竞争转化。面对竞争激烈的市场环境，企业要得以生存并在竞争中求得发展，就必须不断进行创新。企业专利工作的任务就是充分依靠和运用专利制度，为企业技术创新以及生产、经营全过程服务。因此，专利信息的分析和利用贯穿于企业生产、经营全过程，是企业在市场竞争中知己知彼、克敌制胜的关键。专利信息的有效收集、分析、管理是企业进行技术创新的基础，也是企业制定专利战略的依据和提升企业竞争优势的保障。

2015年是环保治理不同寻常的一年，新《环境保护法》已正式实施，与之相配套的六大草案也已审议通过。从整个钢铁行业来说，以节约能源、提高能效为基础，有选择地发展相关节能环保产业以及以钢铁为基础的新材料产业和新能源产业等，已经成为各大钢企经营发展的重中之重。根据技术发展预测，2015—2025年无论是产品开发还是工艺技术装备的进步，均来自绿色可持续发展提出的要求。

基于上述原因，首钢决定实施差异化战略，加大对新钢种和新技术的开发力度，不断扩大高附加值和高级别钢材产品。在产品结构升级过程中重点对管线钢、汽车用钢和电工钢等重点技术领域进行专利信息的检索与分析，掌握该技术领域内专利的发展水平和首钢在该技术领域存在的继续发展空间，制定相关技术领域的发展策略和专利战略，为规划成熟的技术路线提供参考。

因此，首钢结合重点冶金企业、重点技术专利检索分析以及电工钢、汽车板和管线钢等重点课题的国内外专利战略分析，研究出知识产权保护措施的匹配方案，并从专利技术内容、专利法律状况、专利申请人分布、同族专利、国外钢铁企业世界专利分布情况、专利技术发展趋势等方面进行专利分析，为公司重点课题研发提供服务。具体完成了三个领域的专利信息分析：

（1）《重点冶金企业及重点技术专利检索分析》，分析了目前国内各大冶金企业的专利申请情况，进而获知各企业的科研实力和专利布局

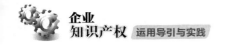

情况，在充分掌握他人技术的基础上建立自身的技术开发战略。

（2）《高等级管线用钢热轧卷板（管线钢）技术专利分析》，对世界管线钢技术领域专利申请的趋势、国别和专利权人等进行了分析，重点对该技术领域涉及的核心专利和公知公用技术进行了系统性筛选，为科研开发提供了技术参考和前瞻性指引。

（3）《汽车用冷轧薄钢板专利情况分析》，提出在充分消化现有技术的基础上，根据汽车工业不断提出的新的技术要求，对现有技术做出改进发明并获得专利权等相关建议。但是，在汽车用冷轧薄钢板技术已进入成熟期乃至衰退期的今天，改进发明专利的发展空间毕竟是比较狭小的。从长远着眼，应该密切关注冶金理论的最新发展，并将其转变成新的应用技术，并据此形成自己的核心技术，以确立企业在本技术领域中的竞争优势地位。

结合汽车用钢、高等级管线用钢、电工钢等重点课题进行专利系统分析并完成调研报告，首钢了解了相关技术的国外钢铁企业世界专利分布情况、专利技术发展趋势，通过专利检索和分析，对相关产品的技术发展过程进行梳理，为技术人员提供所需的专利分析报告，促进新产品的研发。

在专利检索工作的基础上，首钢还建设了自己的企业专利管理数据库，该专利管理数据库以专利案件为线索，将专利申请资料、涉及的文件、费用、账单、缴费情况、法律状态等信息全部在系统中管理起来，通过"费用标准"控制案件进程中的收缴费项目并自动进行计算和统计，对专利案件过程进行跟踪，所有项目过程中涉及的相关文件、费用、时限均记录在案，方便随时查阅。

首钢进行的专题专利检索和分析为产品开发和科研成果提供有益的帮助和前瞻性指引。其中，首钢对高等级X80/X70管线钢从产品设计、炼钢、轧钢、焊接等相关领域均进行了卓有成效的研究工作，获得多项部市级成果和相关专利，研发出的产品在国家重点工程中大量使用，受到行业内及下游用户的好评。目前首钢在该领域已获得部市级科技成果4项，获得授权发明专利10余件，承担制定国家标准1项。

专利数据库的建设与运用也让首钢受益匪浅，尤其是近年，随着首钢技术创新步伐的加快，首钢专利申请量逐年递增，截至目前共申请专利4000余件。专利数据库的建设和运用提高了首钢专利管理的效率和准确性，实现了首钢专利的电子化管理，改善了手工作业流程，降低了业务过程中的差错率，提高了工作效率和管理质量，实现了相关的业务信息共享，使更多的专利成果尽快转化为生产效益。

▶ 要点提炼 ◀

首钢的专利信息工作以服务公司研发为目的，采取专题分析的方式，为科技创新提供研发新起点。在数据库建设中，突出专利的法律状态检索，为维护公司技术权益及经济利益提供支撑。

随着国内经济发展阶段的变化，首钢根据在当前所处的经济发展新常态和京津冀协同发展的环境，根据钢铁技术未来发展趋势，及时跟踪世界钢铁行业申请专利集中所在的技术领域，并在相关技术领域，尤其是低碳、绿色可持续发展技术领域进行专利专题检索和分析，为首钢的技术进步和技术创新提供有益的前瞻性指引。

▶ 主要启示 ◀

首钢为实现从长材生产为主向高档板材生产为主的产品结构调整，积极推进产业结构优化升级，持续推进创新创优创业。在调整产品结构的过程中，从战略的角度重点分析冶金企业的专利申请情况，进而了解各企业的研发方向、研发实力以及专利申请基本策略，找出各企业之间以及首钢与本领域其他企业之间在专利申请方面的差异。

通过对重点技术的专利检索分析，掌握相关领域的技术发展情况、发展趋势以及研发热点，为企业的产品结构调整提供可靠的有价值的信

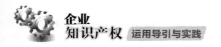
息资源，在产品结构调整过程中，为企业知识产权战略决策提供可靠、翔实的依据，从而提高企业科技开发和知识产权创造保护的效率，这些经验值得其他企业借鉴。

十、数据资源，全面运用

——北京仁创科技集团有限公司专利数据建设与信息利用

实例寻踪

北京仁创科技集团（下称"仁创科技"）是一家集科工贸于一体的高新技术企业，也是首批国家"创新型企业"、首批"企业国家重点实验室"建设单位、首批北京市"十百千工程"重点培育企业和北京市专利示范单位。

30多年来，仁创科技围绕着沙漠上沙子的综合开发利用，已成功地开发出400多件原创性的发明专利。包括国内发明专利申请200余件，国际专利申请近20件。目前，已获得授权专利160余件，其中发明专利近40件，国际发明专利5件。申请注册商标申请超过300件，获得注册商标超过200件，涉及商标全部45个类别。2003年，"一种覆膜砂配制工艺"的发明专利获得中国专利金奖。

仁创科技的核心竞争力是创新能力。然而，在复杂多变的竞争环境中，创新非常不易。技术的日新月异和产业升级的不断加快，对仁创科技的研发能力提出了更高的要求。

因此，建立符合仁创科技需求的专利数据库，以期合理收集、整合全球丰富的专利信息资源，为定向进行专利检索、侵权风险评估提供专业的信息资源，以高水准的专利分析规避专利侵权风险、应对专利纠纷，节约研发成本，缩短研发周期，这对企业创新发展非常重要。

硅砂资源利用技术是行业研究的热点，建设专利检索专题数据库将为仁创科技进行这一领域专利检索、专利侵权风险评估提供专业的信息资源支撑，对于砂产业企业规避专利纠纷，节约研发成本，缩短研发周期具有十分重要的作用。专利专题数据库中信息资源的充分利用能够快速获悉相关领域的技术发展趋势和竞争对手创新发展现状，为企业自身的技术研发立项、产品结构性调理、技术创新路径优化、专利组合布局、目标市场开拓等提供科学决策依据，还能避免重复研发投入给企业和社会造成的创新资源浪费，同时规避专利侵权，引导和帮助仁创科技研究制定并组织实施切实有效的知识产权战略。

为此，仁创科技与专业的知识产权数据及信息服务机构开展战略性合作，利用该公司信息资源构建了砂产业的专利数据库。

在专利数据资源的支撑下，仁创科技开展了针对其将产品及整个产业的专利导航、专利地图绘制、专利挖掘和专利维权四部分工作：确立了砂产业专利导航内容和流程，包含技术主题导航和专利权人导航，为企业研发人员和知识产权管理人员进行技术创新思路启发和方向路径引导，监控相关技术专利申请和重要申请人动态；开展了砂产业专利地图分析，了解全球技术发展趋势，掌握全球专利分布态势；借助上述专利数据库结合企业研发过程进行专利挖掘工作，从创新项目中挖掘可专利性的技术创新点和技术方案；发生专利侵权情况时借助专利数据资源分析帮助企业做好专利维权工作。具体工作如下：

1．专利导航工作

仁创科技确定以砂兴水、以砂兴农、以砂建筑、以砂治沙、以砂精铸、以砂增油、以砂兴艺7个方向，每个方向不少于三级专利导航，为企业进行专利技术竞争情报收集、高效利用和掌握相关技术路径、开展专利挖掘布局等提供定向引导与信息支持。

2．专利地图工作

对砂产业（包含以砂兴水、以砂兴农、以砂建筑、以砂治沙、以砂

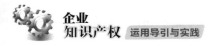

精铸、以砂增油、以砂兴艺7个方向）开展专利地图分析，了解全球技术发展趋势，掌握全球专利分布态势，重点关注全球主要专利申请人的专利布局与发展动态，为企业制定知识产权战略、确定技术研发方向、进行专利挖掘和专利布局提供决策支撑。

3．专利挖掘工作

企业研发人员、知识产权管理人员和知识产权服务机构相互合作，结合研发过程挖掘出具有专利性的技术创新点和技术方案。专利挖掘时，做到最大限度地避免出现创新成果专利保护漏洞、合理延伸专利保护范围、建立基础专利保护网、有效保护核心专利、尽可能增加专利数量、并优化专利布局结构。

4．专利维权工作

随着技术发展和市场竞争加剧，专利保护方面的新问题、新矛盾不断出现，为解决专利维权面临的举证难、周期长、赔偿数额低、维权成本高、效益差等问题，需要委托知识产权专利服务机构做好对侵犯专利权的重大或系列案件的调查、取证、委托公证，向专利管理部门申请行政查处专利侵权行为，对严重侵犯专利权的行为及时提起民事赔偿诉讼等工作。

目前，仁创科技专刊数据库在精密铸造、石油开采、生态建筑、水利建设、防沙治沙等七大领域完成了多项专利分析工作，尤其在精密铸造、石油开采、水利建设三个重点领域，根据分析结果和专利地图，已在国内累计布局了近60件专利申请，在国外累计布局了近10件专利申请，主要内容涵盖相关工艺、配方、产品、产品链上下游关联技术。

目前，上述专利布局目前还在紧锣密鼓地进行中，预计完成后，国内布局不少于300件专利，国外不少于50件。数据库的建设为仁创科技提供了相应专业领域的专利文献近12万余条，仅规避低水平重复研发这一定向引导就为仁创科技节约了近2000余万元的研发经费，在规避专利纠纷的同时通过分析竞争对手的专利和产品，获得了500万元的专利侵权赔偿。

▶▶ **要点提炼** ◀◀

　　北京仁创科技集团的专利数据库整合了全球专利信息资源，使企业能够快速分析相应行业的技术发展趋势和竞争对手创新及专利布局现状，使知识产权工作能够为企业技术创新、产品品质升级与产业结构调整、专利布局与保护、市场开拓等提供科学决策依据，避免了重复研发投入给企业和社会造成的浪费现象，同时对于规避专利侵权风险，节约研发成本，缩短研发周期，乃至推动整个砂产业的发展都具有十分重要的作用。

　　仁创科技重视专利信息资源利用，不断挖掘专利专题信息中的最新技术信息、经济信息与法律信息，将这些信息分析结果应用到具体的创新实践中，为企业产品的设计、研发以及生产与销售提供强有力的资源支撑，有效地推动了企业自主创新，提高了经济效益与社会效益，实现企业的可持续发展。

▶▶ **主要启示** ◀◀

　　专利专题数据库建设对于企业具有重要意义。

　　（1）有助于提高企业专利专题信息收集的专业化以及系统化。重新组合其关键词、发明人、申请人以及相关的技术领域术语，构建一套完善的专利专题数据库，能够准确、全面反映技术研发市场发展动向。

　　（2）有助于提高专利信息的安全性与专利申请效率。企业知识产权管理人员在对专利信息进行收集、整理以及分类后，能够在专利专题数据库内进行快速的检索以及浏览与分析，专利专题数据库的独立运行极大提升了企业专利信息利用的安全性，专业化、系统化的专利信息提供，可以准确判断创新成果的专利性，科学引导企业专利布局设计，可有效提高其专利申请与整体布局的工作效率。

　　（3）有助于解决专利信息收集者与使用者的矛盾。专利信息收集

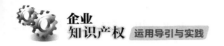
主要由知识产权专员来进行，但技术人员是最终使用者。通过构建完善的专利专题数据库，强化专利工作人员与业务人员、技术人员间相关技术、知识等方面的沟通，促使业务人员与技术人员能够借助专利专题库数据及定向专利分析，掌握整体技术重点以及发展方向等，明确产品研发方向，同时技术人员在创新实践中可将创新一线对专利专题信息的新需求反馈给专利工作人员，进一步强化专利工作人员的信息收集工作。

（4）有助于激发专利研发人员的创新灵感。在技术分析过程中，有利于找寻新技术的研发点，进行跳跃式技术研发。

（5）有助于提高企业市场竞争力。为企业专利技术的创研提供信息支撑，引导企业有针对性地研发出更具有新颖性、创造性、实用性的技术产品，进而运用专利制度和战略实现市场份额最大化，促进经济效益与社会效益的同步增长。

十一、专利跟踪，明确方向
——中国医学科学院肿瘤医院通过某蛋白专利分析确定研发方向

实例寻踪

中国医学科学院肿瘤医院（下称"肿瘤医院"，原名日坛医院），始建于1958年，1963年增设肿瘤研究所，1983年更名为中国医学科学院肿瘤医院肿瘤研究所，1996年通过三级甲等医院评审。中国医学科学院肿瘤医院是新中国成立以来第一家肿瘤专科医院、亚洲地区最大的肿瘤防治研究中心，是国家临床医学研究中心、国家肿瘤规范化诊治质控中心、国家食品药品监督管理局认证的国家药物临床研究基地，是集医教研防于一体、全方位开展肿瘤相关基础研究和临床诊治的国家标志性肿瘤专科医院。

肿瘤医院拥有包括3名中国科学院院士、4名中国工程院院士在内的国内顶级专家团队，多名专家在50余个全国性专业学术组织中担任主任委员或副主任委员职务。全院编制床位1.6万张，设有15个临床科室和9个医技科室，拥有5个国家级重点学科、1个国家临床重点专科、1个北京市重点学科。医院注重肿瘤基础与临床研究，拥有1个国家重点实验室、2个北京市重点实验室，设有4个基础研究室、2个基础与临床应用研究中心、中心实验室和实验动物室。建院以来，共获科研成果200余项，其中60%为省部级以上奖励，包括国家科技进步一等奖1项。

截至目前，肿瘤医院申请专利共计近140件，其中申请发明专利近130件，获得专利授权近70件，其中获得发明专利授权近60件。"十二五"以来，肿瘤医院专利工作进展尤为显著，共提交专利申请近50件，获得专利授权近40件，其中发明专利申请与授权数量占比均超过80%。

肿瘤医院非常重视专利管理，于2006年修订了知识产权管理办法，对专利授权和专利转化等进行一定奖励，在推动医院增强专利创造、运用综合能力，提升医院科研竞争力等方面起到了重要作用。为进一步优化创新环境，强化支撑保证，确保在肿瘤领域的专科集中优势和创新优势，肿瘤医院于2014年加入了北京市抗肿瘤生物医药产业知识产权联盟。

为促进抗肿瘤生物医药产业创新驱动、协同发展，进一步提高抗肿瘤生物医药产业链中抗肿瘤生物医药行业的知识产权风险防范与应对能力，增强全产业链的知识产权联合创研、组合布局、战略运用等综合实际和核心竞争力，由北京市抗肿瘤生物医药产业链上的重点企事业单位发起和成立抗肿瘤生物医药产业知识产权联盟。该联盟以共同利益为纽带，以知识产权为牵引，旨在通过联盟这一平台，加大联盟成员单位之间的创新合作与知识产权协同布局，并尝试新的知识产权运营模式，促进知识产权转化运用，增强各成员单位运营专利和应对风险的能力，尝试新的知识产权经营模式，发挥联盟集体力量，提高整体竞争的合力，谋求联盟知识产权资源共享、合作共赢和协同发展，促进联盟成员单位在专利创新布局、风险防范和产业升级发展中发挥积极作用，促进抗肿瘤生物

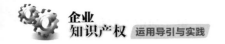

医药产业的技术创新和升级发展。

为了更好地引领技术研发，肿瘤医院注重专利信息分析，将专利信息分析结果作为有益参考，以专利信息定向分析来判断、引领新技术的研发方向和研发路线。在专利信息分析与市场需求的双重作用下，肿瘤医院所属肿瘤研究院借助抗肿瘤生物医药产业知识产权联盟秘书单位——北京天悦专利代理事务所的专业力量，组织科研人员与知识产权专业人员对接，选择了5项关键领域进行世界前沿技术的专利动态跟踪分析，包括针对"某蛋白在非小细胞肺癌EMT发生过程中作用机制研究"而进行的与其相关或相近的定向专利信息分析。

通过全面深入专利信息检索分析，发现世界范围内尚无专门针对某蛋白与癌症相关性进行研究的专利，包括某蛋白作为肿瘤诊断标志物或肿瘤转移诊断标志物或针对某蛋白作为靶点的肿瘤药物专利。但是，检索出10个与某蛋白属于相关类别而不属于同种蛋白方面的中国专利文献，4篇与某蛋白所属类别比较相关的非专利文献，专利信息分析人员提示肿瘤医院研发人员给予关注。通过检索得知目前，已经有某蛋白可以作为肺癌及肉瘤的诊断标志物的文献报道，但机理尚不明确，这些都成为了肿瘤医院研发人员的重要参考。

肿瘤医院根据追踪专利信息分析情况，对检索出的专利及各类文献进行深入研究，为其技术研发进行了方向判读和引导。医药领域的技术研发具有长期性，目前还没有新的突破，但是经过预先进行的专利信息分析实践，肿瘤医院研发人员相信通过对世界范围最新专利进行定向跟踪，分析相关前沿技术专利布局趋向，掌握关键领域世界前沿技术的最新研发动向和研发路径，一定能够有针对性地引导确立关键领域的创新方向，以此促进肿瘤医院实现从跟随式创新向超越式创新的转变，提升自身的创新能力和竞争力。

要点提炼

肿瘤医院根据市场需求，在某蛋白与癌症相关性领域进行专利信息分析，并对检索出的专利及各类文献进行深入研究。通过分析前沿专利布局趋向，掌握相关领域的技术发展情况、发展趋势以及研发热点，可以为研发进程提供可靠的有价值的信息资源，也为肿瘤医院提高创新能力与效率提供有效支撑。

主要启示

新药研发活动成本高、周期长、风险大，其决策需要全面、准确的信息分析予以支撑。特别在专利方面，通过对于专利信息的深入分析，可以很好地了解当前相关技术的发展情况，获得技术研发启示，并评估可能存在的专利风险。

本实例中，中国医学科学院肿瘤医院以北京市抗肿瘤生物医药产业知识产权联盟为依托开展世界前沿专利技术分析，寻找技术空白点以确定研发方向，其后续产生的创新成果还可以直接在联盟内部进行转化，这种在更高起点上寻找市场机会以提升创新能力、获取竞争优势的做法值得其他企业学习借鉴。

十二、专利护航，打击山寨

——360公司"智键"产品专利行政保护

实例寻踪

360公司（北京奇虎科技有限公司）是我国领先的互联网安全和服务提供商，创业6年就成功在美国上市。经过9年的发展，360公司已经成长为中国第一大、全球第二大的互联网安全公司，为全国7亿多用户提供全方位的互联网安全服务。如今，360公司正顺应物联网的发展趋势，将安

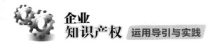

全软件领域的突出优势与手机、儿童手环、智能摄像机、安全路由器等智能硬件相结合，构筑无线互联网领域的生态系统，力争将"安全"做到极致。

在360公司成功的背后，"自主创新"一直是最核心的字眼，也是360公司成长和发展的关键。众所周知，专利是保护企业自主创新成果最有利的武器。360公司始终坚持"量""质"并举的专利发展战略，在保障横向"圈地"布局的同时，通过多种措施有效增加专利授权量，尤其在核心业务领域对竞争对手形成有效钳制和抗衡。

目前，360公司已提交专利申请6000余件，并于2014年首次发明专利申请总量和PCT国际专利申请量双双入围"全国十强"，在互联网业内引起巨大反响。此外，360公司还形成了一批含金量非常高的专利，"安全漏洞修复技术""实时防护文件技术""云端白名单技术""QVM人工智能引擎"等专利荣获中国专利优秀奖、北京市发明专利三等奖、2014年北京市科技进步奖等殊荣。

对企业而言，专利价值最直观的体现方式之一，就是打击侵权行为、净化市场环境。在最近一次的"智键"维权案件中，360公司通过"专利行政执法"路径，全面打击了电商平台上的各种搭便车行为，从而实现了利用知识产权为公司产品保驾护航的目的。

2014年3月，360公司推出了一款智能硬件产品——智键。该产品是一款插在手机耳机孔内的智能按键，无须解锁，轻轻一按即可瞬间开启"闪拍""手电筒""手机加速""Home键""智能相机""录音"等功能。2014年4月3日，10万台"智键"产品在京东首轮发售。便携的使用与给力的价格吸引了众多粉丝，得到了用户的青睐，在强大的人气下掀起抢购热潮，10分钟10万台产品被一抢而光，宣告售罄。

作为公司重点产品，360公司在"智键"正式推出之前即进行了全方位的知识产权布局，从商标、专利、版权三个角度形成了完善的保护体系。此外，鉴于"智键"有海外推广计划，360公司还积极与第三方机构和政府有关部门合作，对"智键"可能进入的美国、日本、韩国、欧盟、德国、瑞士、英国、法国、俄罗斯等海外市场进行了专利预警分析，监控潜在竞争对手的市场动向，评估侵权风险及规避方案，协助业务部门制定调整策略等，充分做到有备无患。

真"智键"火了，各大知名电商平台上的山寨"智键"随即蜂拥而至，趁机浑水摸鱼。部分卖家直接盗用360公司官网的智键图片，或宣称其销售的是360公司"智键"，但提供给用户的却是其他山寨厂家生产的产品。还有卖家销售的产品虽然明确表明了品牌，但产品外观与360智键高度趋同。更有甚者直接把真"智键"的产品包装拆掉，另行包装赋予一个新的品牌加价销售。以上种种行为均给360"智键"产品的正常销售秩序造成了严重的损害，专利维权势在必行。

360公司首先对电商平台上的侵权信息进行了充分、仔细的检索和梳理，再经由业务部门和法务部门成立的联合工作小组对侵权产品的特征进行分析和论证，同时针对侵权信息众多的实际情况，确立了"打击典型、杀一儆百"的处理方案，即重点处理其中5家侵权行为比较严重的店铺，将其侵权信息办理了证据保全公证。

在完成对"智键"侵权行为的调查分析和取证后，接下来要面临的就是维权路径的选择，既能在横向上快速遏制侵权行为的蔓延趋势，又能在纵向上避免侵权行为再次发生。

2014年9月，360公司凭借已获得授权的"手机附件（智键）"外观设计专利（ZL201430066513.3），就该电商平台上5家侵权行为比较严重的商铺向北京市知识产权局提起了行政保护请求，要求该电商及5家店铺立即断开侵权产品销售链接，并不再销售、许诺销售侵权产品。

北京市知识产权局在受理360公司的投诉处理请求后，依法进行了相关文件的送达和被请求人答辩等程序，并通知双方于2014年11月进行口审。口审过程中，360公司就涉案侵权产品如何落入已授权"智键"外观设计专利的保护范围进行了详细的比对和论证，并与被请求人进行了激烈的

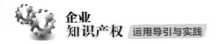

辩论。口审结束后，360公司与该电商达成了书面调解协议，该电商承诺侵权产品不再上架销售、断开侵权产品链接，并会对涉案的5家店铺进行重点监控。至此，360公司取得了智能硬件行政执法维权第一案的胜利。

▶ 要点提炼 ◀

知识产权保护，通常的维权路径无外乎如下两种：①出具律师函，直接与侵权商家及某电商平台进行沟通，要求侵权产品下架并不再销售。这种方式虽然最直接快捷，但基础在于双方协商，没有强制效力。②法院诉讼，直接向有管辖权的法院提起专利侵权诉讼。法院判决虽具有权威性和公信力，但诉讼成本较高、周期较长。而"专利行政执法"，既降低了360公司的维权成本又有效制止了侵权者的侵权行为。

▶ 主要启示 ◀

本实例中，360公司在分析并掌握"智键"产品专利侵权证据的基础上，通过专利行政执法途径成功、快速实现了自身产品与市场保护，为公司业务线提供了重要支持，不但使其更加认识到对公司重点产品提前进行专利等知识产权全面布局的必要性和重要性，也为其后开展知识产权维权工作积累了有益的实践经验。

本实例还提示我们，对于专利维权，如果"出具律师函"和"法院诉讼"这些通常采用的方式都不能满足企业快速制止侵权行为的诉求，专利行政保护具有强制和快速的特点，不失为企业专利维权的一个重要选择。

第九章　企业知识产权运用服务实例

一、排查风险，规避设计
——方正集团高速喷墨数字印刷机专利预警服务

实例寻踪

高速喷墨数字印刷机是一个涵盖机械、电子、计算机软硬件、化学等多种交叉学科的机电一体化产品，它和墨水制造行业、纸张制造业、机械制造业、计算机软硬件产业密切相关。目前我国已经是全球墨水和纸张的制造大国，有大量的墨水及纸张制造企业，但在高端墨水及高端数码纸的制造方面还处于初级阶段。该项目的推广，带动了我国墨水及纸张制造业技术水平的提升，也带动了我国机械制造、计算机软硬件等相关行业的发展。

方正集团从2005年开始进行数字印刷技术研究，主要研究的是喷墨控制硬件和数字前端软件的关键技术，包括喷头控制系统、供墨控制系统、控制软件等。2006年完成原理性样机，2007年完成产品样机，2008年样机成功在国际印刷展亮相，在同等喷头条件下的印刷质量、印刷速度等关键性能，达到了世界上最先进厂商的水平。

方正集团是以核心专利和知识产权起家的高新技术企业，非常重视知识产权管理和保护，并充分利用法律来保护自己的无形资产，而保

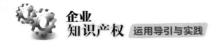

护知识产权的最好方式就是及时将核心技术申请为专利。为了更好地避免知识产权风险，方正集团采取了一系列措施，包括知识产权评审、分析、咨询，建立知识产权档案、知识产权风险管理培训等。

截至2012年年底，方正集团共申请专利近2400件，已获授权专利超过800余件，其中，与本项目有关的专利达100多件，10多件关键技术已经申请国外发明专利。但这些专利储备并不能排除方正集团的专利侵权风险，尤其是海外出口的专利侵权风险。

2013年，方正集团委托工信联合知识产权咨询公司开展了相关领域的专利预警项目。

专利预警的目的是为了解企业的产品侵犯他人专利的风险高低程度，而预警过程是利用专利分析的方法与步骤来实施。海外专利预警的作用可以说是企业欲将产品出口到海外或是与海外企业合作，甚至是到海外设置生产线以前，所必须采取的措施。

经过分析规划，项目工作组确定了如下工作流程。

1. 开展尽职调查

（1）确认产品并辨别预警技术内容

本项目所针对的产品是高速喷墨数字印刷机，但因为数字喷墨印刷机是个大系统，包含数百个部件，为了有效进行预警，本项目将其区分为"外购件"与"自制件"两部分。"外购件"的风险可以通过采购合同来控制与转嫁，供应方"自制件"的专利风险才通过专利预警工作来确认。

（2）确认预警技术内容所包含的关键技术特征

通过分析方正集团的关键专利来获得关键技术特征。

（3）确定预警地区

本项目主要预警地区为德国，次要预警地区为中国、美国、欧洲。

2．进行数据检索

（1）拟定"检索关键词"

根据关键技术特征，拟定"检索关键词"。"检索关键词"包括"中文关键词""英文关键词"与"德文关键词"。"中文关键词"用以检索中国专利；"英文关键词"用以检索美国专利、欧洲专利、德国发明专利；"德文关键词"用以检索德国实用新型专利。

（2）选用专利数据库

中国专利检索选用知识产权出版社的专利数据库；美国专利检索选用美国专利局数据库与Questel公司的"Orbit"数据库；欧洲专利检索选用Questel公司的"Orbit"数据库；德国专利检索选用Questel公司的"Orbit"数据库及德国专利局DPMA（Deutsche Patent-und Markenamt）数据库。

（3）拟定检索式

根据检索关键词拟定检索式，并考虑技术同义词、技术上位用语、相应的IPC（国际专利分类号）、相应的USPC（美国专利分类号）、相应的ECLA（欧洲专利分类号）、相应的CPC（联合专利分类号）等。

（4）进行专利检索并下载专利数据

（5）专利筛选

通过专利摘要与附图的阅读，快速筛选，剔除关键词相同、但属于不同技术的专利，保留下属于相同技术项目的现有专利。

3．开展法律分析

（1）法律状态调查

调查检索得到专利的专利期限，确认法律状态。

调查上述"专利期限内"专利中的专利审查状态，确认为"已授权专利""审查中专利""尚未审查专利""无权专利-未通过审查""无权专利-逾期未请求实体审查"等。

调查上述"已授权专利""审查中专利""尚未审查专利"的专利维持费的缴费状态，通过缴费状态调查能够再度排除一批失效无权专利与尚未审查的权利未定专利，并确认出具体的有权专利。欧洲专利制度不同于中国专利制度及美国专利制度，欧洲专利申请后不论审查与否、授权与否，申请后就必须缴纳持续专利年费，如果未缴纳年费，专利即失效。

最后归纳出"有权专利"作为需要分级预警的风险专利。

（2）侵权分析

针对"有权专利"进行侵权分析，主要采用全面覆盖原则及等同原则，产出"低风险"专利、"中风险"专利、"高风险"专利。

"低风险"专利指将技术方案对照于独立权利要求的专利要件，技术方案不具备独立权利要求的至少一个专利要件，且没有相应的任何取代元件。即不符合全面覆盖原则，亦不符合等同原则。

"中风险"专利指将技术方案对照于独立权利要求的专利要件，技术方案不具备独立权利要求的至少2个专利要件，但有相应的取代元件。即不符合全面覆盖原则，在等同原则分析上有中度疑虑者。

"高风险"专利指将技术方案对照于独立权利要求的专利要件，且该技术方案包含独权中的所有专利要件，即符合全面覆盖原则；或是该技术方案不具备独立权利的1个专利要件，但有相应的取代元件，在等同原则分析上有高度疑虑者。

4. 提出对策建议

（1）规避设计建议

侵权分析的准则在各国有差异，因而造成规避设计的方案也会有差异。其中各国一致，认为成功的规避设计的原则是"要素移除法"（Missing Element）。此阶段将针对上述的"高风险"专利，以"要素移除法"提供规避设计建议。

（2）无效宣告评估

包括中国在内的很多国家均可基于存在现有技术而主张"现有技术抗辩"，借以排除侵权风险，只有部分国家并不适用"现有技术抗辩"，必须基于现有技术向该国法院或专利主管机构提起专利无效宣告。若无效宣告成立，则排除侵权。

此阶段将针对上述的"高风险"专利，以"不具有新颖性"或"不具有创造性"提出无效宣告的可能性进行评估。

5．撰写专利预警报告

根据分析和研究的结果，由专家为企业撰写专利预警报告，递交企业实施。

根据整体策划，项目组逐次开展工作。

（1）尽职调查

在全球市场上能够开发、生产、销售类似于本项目数字喷墨印刷机产品的厂商逐渐增多，世界知名的喷墨印刷设备厂商在推广自主品牌产品以外，还以OEM核心部件或OEM整机的方式加大喷墨设备的销售，从而达到推广喷墨印刷设备应用的目的。

在应用领域中，喷墨设备与色粉设备会同时展现在用户面前，给用户更多的选择机会，它们在相同的领域中将展开激烈的市场竞争。本项目开发的喷墨数字印刷设备领域中面对的主要竞争对手有AGFA公司的Dotrix Transcolor、Nipson印刷系统公司的Nipson7000和HP公司的Indigo3250产品。

AGFA公司是一家从事影像科技研究以及生产制造的国际集团，总部分别设在德国、比利时及美国，AGFA公司研发、制造、销售类比式及数字式影像系统产品，主要市场包括印前制版业、出版传播业、报业、桌上出版业、摄影冲印业、网络影像服务业、医疗影像诊断等，约40%的产品供应欧洲地区，60%的产品供应其他世界各地。

Nipson印刷系统公司是比利时彩色数字式打印机制造厂家Xeikon公司的一家附属公司，专门从事设计、制造、销售和供应非击打式高速打机。Nipson印刷系统公司目前被誉为世界第四大打印机制造商，在全球五大洲销售安装各种类型的打印机达5000多台。2002年至2008年5月Nipson7000系列产品在中国销售50套。Nipson印刷系统公司产品系列包括：Nipson910CF及918CF系列、Nipson7000系列和NipsonVarypress系列。Nipson7000系列，不论是单面打印还是双面打印，每分钟可分别打印30米、45米或60米。主要优势是打印质量较高，可达到480dpi的打印清晰度（分辨率）。截至2009年Nipson7000系列产品在中国已销售100台。

HP公司是世界著名的打印系统销售公司，该公司收购了Indigo以后开始进军数字印刷领域，2004—2007年HPIndigo系列产品（速度大于35页/分钟）在全球销量分别为2004年330台，2005年410台，2006年780台，2007年1000台。截至2009年，Indigo3050系列产品在中国已销售30台。

在众多国外竞争对手中，AGFA专利申请数量增加最快，该公司2011年申请了93项。Nipson增速排名第二，并首次出现在Pivotal Resources的喷墨专利申请名单上。Dimatix在2011年获得了104件专利。以上3家喷墨专利出版商的专利申请量占2011年喷墨专利申请总量的39.1%。此外，Oce申请的专利较去年增加了1倍多。Konica Minolta以紫外光固化（UV-curable）墨水和打印机专利排名第6位，该公司2011年申请了140件专利。通过分析国外喷墨技术专利数据可知，国外厂商的专利布局保持着快速增长态势，这势必对国内喷墨厂商的知识产权竞争带来巨大影响。

高速喷墨数字印刷机产品的出口国为欧洲和美国，其中最大的出口国为德国，因此，本专利预警项目的主要预警国家为德国。除了德国之外，本项目同时针对中国、美国、欧洲等地区的专利，亦提供了分析意见。

（2）数据检索

中国、美国、欧洲、德国专利检索情况分析：

根据方正集团相应专利主题，设计检索式，检索到相关中国专利总计1700余件。

通过美国专利局USPTO进行专利数据初步检索，再通过Questel Orbit系统进行美国检索，得到美国专利总计7600余件。

通过Questel Orbit系统，以英文进行欧洲专利检索，得到欧洲专利总计3800余件。

德国专利具有发明与实用新型两个种类，亦收录在Questel Orbit系统中，其中发明可以用英文关键字进行检索，但实用新型只能用德文关键字或分类号进行检索。通过Questel Orbit系统，以英文进行德国发明专利检索而得到相关发明专利合计3500余件，通过德文检索找到德国实用新型专利170余件。

（3）法律分析

无权的专利申请案视为捐献给公众领域的技术，不具有排他权利。本项目通过以下筛选准则，层层过滤得到有权专利。

无权专利：发明专利逾越专利期限。

无权专利：实用新型专利逾越专利期限。

无权专利：发明专利授权后虽未逾越专利期限，但未缴纳年费。

无权专利：实用新型专利未逾越专利期限，但未缴纳年费。

无权专利：发明专利未通过实体审查。

无权专利：欧洲发明专利授权前未缴纳年费。

无权专利：中国、欧洲、德国发明专利超过3年法定期限而未提出实体审查请求。

权利未定：中国、欧洲、德国发明专利尚未提出实体审查请求。

权利未定：发明专利已提出实体审查，但尚未通过、授权。

筛选后，美国有权专利共有3200余件，欧洲有权专利共有1400余件，德国有权专利包括发明与实用新型共有740余件。

基于北京市高级人民法院发布的《专利侵权判定指南》，本项目将侵权判定工作设定为3个风险等级。经过分析比对，最终得到150余件中

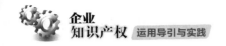

风险专利与近10件高风险专利。

必须特别提出说明的是，中风险专利其实并不属于等同侵权，但本项目为了慎重起见，仍将其列出来作为观察追踪对象。

（4）对策建议

针对高风险专利，给出了规避和无效宣告的具体对策建议。

（5）预警结论

本项目虽然为德国专利预警，但为周全起见，项目工作组针对高速喷墨印刷机的40余项技术方案，分别进行中国、美国、欧洲、德国及主要竞争对手的专利检索，总共得到近20000件专利。

将上述专利通过法律状态调查、专利阅读与筛选，最后归纳出150余件中风险专利及近10件高风险专利。其中的中风险专利原则上不属于侵权，但属于比较接近技术方案的专利，因此仍列出来，供企业后续追踪监控。

高风险专利包括中国专利与德国专利，由于本项目高速喷墨印刷机的制造地为中国，因此中国专利必须审慎处理，项目工作组建议其中有2件专利可以对现有技术提起无效宣告，其他专利因为权利要求的技术特征多，可采取规避设计。

工信联合检索到了方正喷墨印刷机的所有风险专利，并对高风险中国专利进行了规避和无效宣告建议，列举了150余件中风险专利供方正集团追踪预警，实现了专利预警的目的。

⇒ 要点提炼 ⇐

本实例中，服务机构工信联合知识产权咨询公司以方正集团的40余个技术方案为基础，根据产品实际情况确定需要进行专利预警的技术，解析检索关键词，分地域进行风险专利检索，并对检索到的专利进行筛选、分析和风险等级评估，最终给出规避或无效宣告等建议，专利预警工作整体满足要求，实现了预期目标。

方正集团的高速喷墨数字印刷机产品的主要竞争对手均为国外著名企业，拥有较为完善的专利布局，因此，做好专利分析预警工作就成为产品销售与出口的重要前提和保障。

本实例较好地展示了专利预警的基本方法。其中，开展尽职调查、确定专利分析范围、数据检索、数据处理、数据分析和提出对策建议环环相扣，缺一不可。服务机构工信联合公司依照上述专利预警方法开展专利分析与预警工作，为方正集团进一步开展产品专利保护、许可谈判及产品出口等事项提供了重要参考与决策依据，值得借鉴学习。

二、风险预警，海外布局

——安泰科技股份有限公司磁控溅射镀膜靶材海外专利风险预警与应对咨询服务

实例寻踪

薄膜技术（Thin Film Technique）是薄膜制备、测试等相关的各种技术的总称。随着薄膜科学的飞速发展和薄膜技术的不断进步，人们越来越重视通过表面处理获得相应功能的需求。磁控溅射和电弧离子镀技术的产生和发展大大促进了薄膜科学与产业的发展，溅射靶材正是通过磁控溅射、多弧离子镀或其他类型的镀膜系统在适当工艺条件下沉积在基板上形成各种功能薄膜的材料源。溅射靶材的品质直接影响薄膜功能的发挥和性能的好坏，在薄膜科学的发展和薄膜技术的应用方面发挥着极为重要的作用。

安泰科技股份有限公司（下称"安泰科技"）是中国领先的新材料领域上市公司，依托深厚的材料研发技术积累和雄厚的资金实力，现已发展为中国知名的靶材供应商。安泰科技自主研发出70多个靶材品种，并申请多件发明专利。

目前，磁控溅射镀膜靶材是安泰科技战略发展规划中的重要产品，这些产品除了在国内市场销售外，还将进军美国等国际市场。因此，企业需要对这些产品在目标市场的知识产权风险进行分析预警。而对安泰科技产品海外销售目标国美国和中国台湾地区的知识产权政策、相关专利的申请及授权情况以及这些产品所用技术，尤其是核心技术在海外目标国或地区的运用情况的了解就成为本专利预警的主要工作。

安泰科技股份有限公司委托北京三友知识产权代理有限公司（以下简称"三友"）开展专利预警工作，并成立了包括企业知识产权管理部门、企业研发部、代理机构客户部、代理部及知识产权管理咨询中心等主管人员和业务人员的项目工作组。

项目的主要目标是对磁控溅射镀膜靶材在美国的专利申请和授权情况进行检索和分析，得出是否侵犯美国相关专利权的结论，给出知识产权风险的应对策略。另一个目标是对磁控溅射镀膜靶材在中国大陆和中国台湾地区的专利申请及授权状况进行分析，给出安泰科技磁控溅射镀膜靶材相关产品及制造方法在知识产权上的整体的应对策略。

工作组制订了工作计划后开始执行。

1．确定预警内容

围绕安泰科技指定的一项产品，即钼（Mo）管靶制造方法及管靶开展海外目标国美国的预警。三友与安泰科技共同制定了进一步的专利预警方案：

（1）钼（Mo）管靶制造方法及管靶在美国的专利申请、授权情况及专利侵权分析。

（2）钼（Mo）管靶制造方法及管靶、钼铌靶材的制造方法和钼钠管型靶材的制造方法在中国大陆的专利申请、授权情况及专利侵权分析。

（3）钼（Mo）管靶制造方法及管靶、钼铌靶材的制造方法和钼钠管型靶材的制造方法在中国台湾地区的专利申请、授权情况及专利侵权分析。

通过预警工作组与企业知产部、研发部的沟通和交流，确定了需要进行预警的出口产品技术方案和出口目标国。该预警产品和目标包括：

（1）钼（Mo）管靶制造方法在美国的专利申请和授权情况。

（2）钼（Mo）管靶制造方法、钼铌靶材的制造方法和钼钠管型靶材的制造方法在中国的专利申请和授权情况。

（3）钼（Mo）管靶制造方法、钼铌靶材的制造方法和钼钠管型靶材的制造方法在中国台湾地区的专利申请和授权情况。

2．数据检索

在确定了专利预警的出口产品技术方案和出口目标国之后，预警工作组根据某数据供应商及其他相关数据库提供的检索手段，做了相关数据的检索工作。

（1）数据库准备

根据本项目的数据库采购方案、公用数据库以及北京三友知识产权代理有限公司自购的商业数据库，特选用如下的数据库系统：

1）项目采购数据库。

2）CNIPR数据库，CNKI非专利数据库，DWPI数据库，Questel数据库。

3）互联网、知识产权网、国家图书馆非专利期刊、美国工程索引库、汤森路透ISI平台、万方数据知识服务平台、中国台湾文摘库、国际专利文献数据库、中国专利文摘数据库、中国香港文摘数据库、世界专利文摘库、专利全文数据库、日本专利文摘库。

（2）选择检索方法

采用常用方法中的倒查方法，结合浏览等其他方法检索文献。

（3）预警标的产品的专利化描述

1）钼（Mo）管靶制造方法及管靶的专利化描述。

2）钼铌靶材的制造方法及管靶的专利化描述。

3）钼钠管型靶材的制造方法及管靶的专利化描述。

分别对发明摘要、发明名称、技术领域、背景技术、发明内容、具体实施方式、权利要求等方面进行分析。

（4）确定检索途径和检索式

1）分类途径：本项目的主题名称属于化学材料和机械加工领域，根据"检索的国际专利分类领域（IPC第8版）"的类目设置，确定的专利检索IPC分类为：B22F、C23C、C22C和B23P。

2）主题途径：根据项目的分析，选用钼（Mo）管靶制造方法、钼铌靶材的制造方法和钼钠管型靶材的制造方法相关的主题词。

3）同族专利途径和引证专利途径。

4）检索式：确立了60余个主题词及检索式（有些检索式直接采用主题词）。

（5）文献篇数及条目

1）技术主题：40余篇。

2）竞争对手：欧洲A股份公司、B株式会社和C电子材料有限公司等。

3）同族专利。

4）引证专利。

（6）获取对比文件

1）与钼（Mo）管靶制造方法相关的对比文件。

2）与钼钠管型靶材的制造方法相关的对比文件。

3）与钼铌靶材的制造方法相关的对比文件。

通过购买的某数据库和其他商业数据库，根据检索路径和确立的60余个主题词及检索式进行检索，检中专利文件580万余条，同族专利20余篇，引证专利60篇。

通过对上述检中的专利文献的筛查，获取与钼（Mo）管靶制造方法相关的对比文件11篇、与钼钠管型靶材的制造方法相关的对比文件11篇和与钼铌靶材的制造方法相关的对比文件16篇。

通过对上述对比文件进行深入细致的分析，项目工作组确定3件美国专利申请作为安泰科技的钼（Mo）管靶制造方法在美国的专利预警分析的专利文件，2件中国大陆专利申请作为安泰科技的钼（Mo）管靶制造方法在中国大陆的专利预警分析的专利文件，2件中国台湾地区专利作为安泰科技的钼（Mo）管靶制造方法在中国台湾地区的专利预警分析的专利文件；3件中国大陆专利申请作为安泰科技的钼钠管型靶材的制造方法在中国大陆的专利预警分析的专利文件，2件中国台湾地区专利作为安泰科技的钼钠管型靶材的制造方法在台湾地区的专利预警分析的专利文件；4件中国大陆专利作为安泰科技的钼铌靶材的制造方法在中国的专利预警分析的专利文件，以及2件中国台湾地区专利作为安泰科技的钼铌靶材的制造方法在中国台湾地区的专利预警分析的专利文件。

3．法律分析

即根据检索结果分析安泰科技的钼（Mo）管靶制造方法是否落入美国、中国大陆及中国台湾地区相关专利申请的专利权范围；钼铌靶材及制造方法和钼钠管型靶材及制造方法是否落入中国大陆及中国台湾地区专利申请的专利权范围。

分析结论显示，安泰科技的钼铌靶材制造方法所对应的管靶在中国大陆落入了B株式会社的中国大陆专利权范围。

4．对策研究

根据对检索数据及信息的分析，工作组给出以下建议：

（1）钼（Mo）管靶制造方法在美国的侵权对策

由于除了欧洲A股份公司的一件美国申请外，并没有检索到其他美国专利权或专利申请与安泰科技的钼（Mo）管靶制造方法相近似，并且欧洲A股份公司的美国专利申请至今仍未授权，因此安泰科技的钼（Mo）

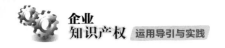

管靶制造方法目前并不会侵犯美国的专利权。

但是，欧洲A股份公司在美国还进行了2项相关专利的申请，因此需要对欧洲A股份公司的上述3件专利申请进行密切跟踪。如果有可能，可对欧洲A股份公司的3件专利申请提出异议。

值得注意的是，除美国之外，上述欧洲A股份公司在美国所申请的第一件专利的同族专利已分别在中国大陆和中国台湾地区被授予专利权。因此，建议仔细阅读美国对上述专利的审查意见，以便在必要时对欧洲A股份公司在中国大陆和中国台湾地区的已授权专利进行无效。

（2）钼（Mo）管靶制造方法、钼铌靶材的制造方法和钼钠管型靶材的制造方法在美国、中国大陆和中国台湾地区的专利侵权的总体对策

通过上述的侵权分析可知，安泰科技的钼（Mo）管靶制造方法、钼钠管型靶材的制造方法并不侵犯中国大陆和中国台湾地区现有的专利权，但是安泰科技的钼铌靶材的制造方法所对应的靶材产品有侵犯B株式会社的中国大陆专利权的风险。应对该风险的建议主要包括：

1）对B株式会社的中国大陆专利权进行无效；

2）对B株式会社的专利技术方案进行规避设计；

3）筹备与B株式会社开展专利许可谈判；

4）积极准备应对可能发生的专利侵权诉讼。

经过研究，项目工作组发现，安泰科技的钼钠管型靶材的制造方法及靶材产品没有侵犯任何中国大陆专利权和中国台湾地区的专利权。与目标技术相关的专利只有C电子材料有限公司的中国大陆专利申请，且该专利申请的权利要求的覆盖面较小，并不覆盖安泰科技的钼钠管型靶材的制造方法及靶材产品，所以建议安泰科技迅速申请自己的钼钠靶材制造方法及钼钠靶材发明专利。

在撰写申请文件时，可参考B株式会社专利权的写法。专利申请范围可考虑中国大陆、美国、日本、欧洲和中国台湾地区。在获取钼钠靶材

制造方法及钼钠靶材专利权后，便具备了与欧洲A股份公司、B株式会社在美国、中国大陆和中国台湾地区开展专利许可谈判的资本，为有可能的专利侵权案件做好应对准备。

根据项目工作组的意见，安泰科技股份有限公司开展了相关工作，取得了积极的效果，实现了专利预警的目的。

要点提炼

本实例中，服务机构北京三友知识产权代理有限公司针对安泰科技股份有限公司钼（Mo）管靶制造方法及管靶开展海外专利预警项目。

项目开展过程中，三友公司与安泰科技公司知识产权管理部、研发部等相关部门组成项目工作组，制订了详细的工作方案，明确了分析目标；在检索过程中，将企业研发人员"嵌入"项目组的日常工作，提高检索的准确性；在检索工作完成后，针对发现的问题给出了若干实用性建议，很好实现了专利预警项目的目的。

主要启示

在走向海外的过程中，了解可能存在的知识产权风险并做好相应准备是我国企业的必修课。

特别在本实例中，磁控溅射镀膜靶材是安泰科技公司战略发展规划中的重要产品，如果发生专利侵权，其影响将十分严重，因此需要进行全面、细致的专利预警分析工作。

而开展有效的专利预警分析工作往往需要企业的参与，以充分发挥企业与知识产权服务机构各自的专业优势。本实例中，安泰科技公司全程参与专利预警项目的各个环节，使预警项目更加贴近企业需求，切实解决企业所关心的问题，帮助企业更好地应在海外市场的知识产权挑战，这一点值得其他企业借鉴。

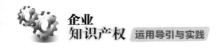
三、上市遇"虎"，巧渡难关

——河南金龙精密铜管集团公司专利诉讼应对服务

➡ 实例寻踪 ◀

河南金龙精密铜管集团公司（下称"金龙铜管"）是一家高科技股份制企业。该集团依托引进创新和品牌扩张迅速壮大，先后收购、兼并、控股了国内10家企业，成为格力、海尔、美的、新飞等众多家电集团的铜管供应商，改变了中国长期依赖高档进口铜管的局面。公司2004年销售额即达到36亿元，成为世界上最大的精密铜管生产厂家，并进入中国企业500强。2012年年初，该集团筹备在上海证券交易所上市。

就在金龙铜管即将上市前夕，2012年5月，江苏兴荣高新科技股份有限公司向江苏常州市中级人民法院递交民事起诉状，诉称金龙铜管侵犯其发明专利"行星轧管机制造铜及铜合金管的方法"，该制造方法相比于现有技术具有工序少、成材率高、制造成本低以及管材制品质量稳定等优点。江苏兴荣公司请求法院判决被告金龙铜管停止利用该技术进行生产，并赔偿原告经济损失1000万元。根据IPO预披露材料显示，如果上述专利侵权成立，将会对金龙铜管几乎所有与精密铜管有关的产品产生影响，并将直接导致公司上市计划的破产。

面临这场重要的专利诉讼，金龙铜管与北京合享新创信息科技有限公司开展合作，计划运用专利无效策略，通过专利信息及科技信息的研究，找到对方专利无效的证据，威慑对方撤诉。因此找到相关在先技术资料成为本案的关键点。

合享新创选派公司相关领域具有丰富检索经验的3位专利检索工程师组成检索团队，与金龙铜管的专利管理人员和技术骨干进行了为期两周的深入调研与探讨，并对相关技术的发展历史、国内外应用类似技术的主要企业和涉诉专利情况进行了全面分析。

　　分析显示，芬兰的奥托公司是世界铜管制造技术公认的"鼻祖"。从1991年开始，金龙铜管从芬兰奥托公司先后引进了多条生产线，同期，江苏其他几家铜管生产企业也引入了相似的生产工艺。涉诉专利是江苏兴荣公司于2003年8月5日申请的，公开了铜管轧制的过程经过机加工、预加热、轧制、冷却等步骤，并保护了工艺中涉及的保护气氛、轧制温度、断面收缩率、轧制速度冷却液和预加热温度等参数。

　　合享新创基于技术及行业竞争调研，制定了详尽的专利信息调查策略。其中，检索要素包括技术关键词、相关技术分类号、采用相似技术的重点企业、技术引证链；检索平台选择合享新创自行开发的IncoPat科技创新情报平台和科技文献数据库等；检索范围涉及2003年8月5日前公开的国内外专利、科技文献和书籍。

　　经过对专利及相关技术信息等的全面检索，检索团队发现芬兰奥托公司的关键性基础专利以及其他重要在先技术文件12件。以此为突破口，通过不同对比文献中公开技术的结合，初步判定涉诉发明专利存在创造性问题，不符合《中华人民共和国专利法》第二十二条第三款的规定。合享新创由此出具了专利无效调查分析报告并列明充分证据。

　　金龙铜管将检索报告出示给江苏兴荣，兴荣公司撤诉。本诉讼案件从立案到撤诉用时仅2个多月，金龙铜管集团利用专利检索报告使原告主动撤诉。金龙铜管集团与合享新创利用专利信息的检索和分析，不战而屈人之兵，避免了巨额经济赔偿，金龙铜管集团又重启上市之路，保证了金龙铜管集团的正常生产和长远发展战略的实施。

　　事后，合享新创开始为金龙铜管集团提供持续的专利信息情报监视工作，定期收集加工行业竞合伙伴最新专利供金龙铜管集团研究。有了持续的专利信息分析利用，金龙铜管集团不仅知己知彼，有效防范和控制了专利风险，还促进了企业在技术创新上的科学高效布局。

　　截至目前，金龙铜管集团已经拥有国内专利140余件，提交国际专利申请超过20件。知识产权战略的全面运用，对企业的持续发展起到了

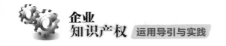

重要支撑作用。

要点提炼

本实例中，服务机构北京合享新创信息科技有限公司接受河南金龙精密铜管集团公司委托，利用自主开发的科技创新情报平台与数据库针对专利侵权诉讼开展深入研讨与专利信息分析，理清了涉诉专利技术的发展历史和相关情况。通过对基础专利和在先技术文件的综合分析，寻找到有利于金龙铜管公司的有力证据，最终化解了企业上市前的专利诉讼危机。

主要启示

上述实例提示我们，提起专利无效宣告是应对专利侵权诉讼的有效办法，可以起到釜底抽薪的作用。一旦专利无效宣告理由成立，有可能对专利权人产生更为复杂和重要的影响，因此，作为被告的一方也最有可能与专利权人达成和解协议，从而以最低成本化解专利危机，并为自身努力争取合理利益。

四、系统升级，流程再造

——南方电网公司专利全生命周期管理平台项目建设及咨询服务

实例寻踪

中国南方电网公司（下称"南方电网"）作为中央直属骨干500强企业之一，坚持科技创新与加强知识产权工作并举，积极响应国家"十二五"知识产权战略规划的要求，贯彻落实《国家知识产权战略纲要》，科技投入水平逐年提高，研发能力显著增强，培养了一支高素质的科技人才队伍。同时，南方电网公司按照国资委关于加强中央企业知识产权工作从分散到集中管理的要求，积极推进专利集中、统一管理，相关工作取得了一定的成绩。但目前公司在专利管理方面存在一些亟须解决的问题，比如如何大幅提高专利申请数量，如何进一步完善专利管理制度、提高管理水平，如何建设基于集团层面的一体化的专利管理信息系统平台等。这就需要及时进行管理系统改造升级。

此次专利管理系统改造升级项目涉及范围广，难度系数大，南方电网委托广州奥凯信息咨询有限公司完成该项目。随后，南方电网知识产权部与奥凯公司知识产权管理咨询中心联合成立项目工作组。

项目组结合南方电网公司知识产权战略规划及现状，提出了需求和目标：①以专利价值实现为核心，从梳理公司专利管理流程出发，制定统一规范的专利全生命周期管理体系，开发专利一体化管理应用系统，建立专利管理与公司科技研发管理紧密融合的工作机制；②建立专利规划体系，研究确定南方电网公司及各分、子公司一定规划时期内的专利申请数量和质量评价指标，以及重点专利分布技术领域，形成南方电网公司及各分、子公司的中长期专利发展规划；③实现对公司专利资产的评估，为专利的转化与运营提供支持。

针对上述需求，项目组对项目进行了详细规划：

（1）针对南方电网公司内部专利资产管理状况做一次梳理，既包括对专利资产的梳理，也包括对专利管理流程、管理架构的梳理。

（2）对行内企业进行调查研究。通过对其他企业的专利管理模式进行调查与研究，分析其管理的方式方法，参考其管理思路。

（3）充分研究相关文献，了解国内外在专利资产管理上的研究经验以及管理方式，结合南方电网公司自身特点，进行吸收与转化。

完成前期规划后，项目工作进入执行阶段。项目组首先对南方电网公司进行了详细的内部调研工作，包括公司专利资产的整理，知识产权管理流程的梳理，管理组织架构的明晰等。在调研过程中，也逐步明晰南方电网公司目前的知识产权资产现状和管理状况。

在上述基础上，项目组进一步开展以下研究与开发工作：

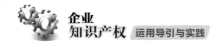

（1）专利管理模式研究与设计

全面掌握南方电网及其各分、子公司专利事务人力资源的分布情况，从人力资源建设角度对现有情况提出改善和改进措施。具体工作是建立人才队伍、明确技能要求、明确岗位和职位要求、引入长效培训机制等。

（2）专利管理制度研究与设计

对专利管理制度进行研究，以逻辑树穷举可能关联专利事务的制度设立，同时收集各组织机构中的格式文件，为形成集中式集约化统一文本格式提供事实基础。

（3）专利管理工作机制研究与设计

穷尽企业组织中专利事务的工作流程。通过主流程和细分的分支流程的调研，理清目前在企业内部流转的专利事务的工作步骤、交互性关系。

（4）专利发展规划和布局工作

结合《中国南方电网"十二五"科技发展规划》以及各省公司科技发展规划，开展南方电网公司专利布局研究，配合公司发展战略制定全球专利布局方案；依据公司总部及各分、子公司技术研究的不同侧重点，进行总部及各分、子公司的专利布局。

（5）推进专利挖掘工作

在事实调研的基础上，分析得出南方电网公司及其各分、子公司的科研活动路径图，建立与企业项目管理系统（ERP）对接的专利挖掘模型，在科研项目管理的关键节点处实施专利挖掘、专利申请和布局，有效保证重大科研项目中的专利产出量、产出率，并快速提升南方电网公司的专利数量。

（6）专利价值评估体系研究与开发

针对单篇专利和专利群两个方面分别开发，单篇专利价值的评估从专利自身的申请状态和不同类型两个层面进行分析研究，而专利群是基于申请人、发明人或技术关键词通过检索分析形成的专利聚类，是以单篇专利为基础的专利簇。

（7）专利全生命周期管理平台以及专利价值评估平台的开发

开发出针对南方电网公司的专利全生命周期管理平台，实现对南方电网公司及其各分、子公司的专利，从提案申请，专利申请到专利维护的全生命周期的一体化管理。在此基础上，建立适合南方电网公司的专利价值评估平台，为南方电网公司的所有专利以及其他相关的专利进行价值评估，为专利的维护与运营提供依据。

此次专利管理系统改造升级项目的实施，南方电网统一总公司及分、子公司的专利管理，对企业专利管理现状进行了梳理，将企业专利申请与审批流程进行了规范化处理，建立起较为完善的内部评审和专利管理制度；同时，建成专利全生命周期管理平台以及专利价值评估平台，大幅提升了企业专利管理工作效率，使南方电网的专利挖掘与布局工作得以顺利展开，为企业的专利维护与运营提供了重要基础和信息化支撑。

在梳理了企业内部专利资产，建立了合理的专利管理制度以及架构，并运行专利全生命周期管理平台后，南方电网公司的专利管理能力得到很大提升，知识产权工作收效显著。

自2012年起，南方电网公司发明专利申请量与发明专利授权率均保持快速增长态势。2014年，南方电网公司获得发明专利授权数量较2013年增加近300项，同比大幅增长200%。此外，公司发明专利申请在总专利申请中占比接近30%，高于全国平均水平。

要点提炼

本实例中，服务机构广州奥凯信息咨询有限公司接受南方电网公司委托开展专利管理系统升级改造项目。项目在企业知识产权战略指导下，从企业知识产权管理的实际需求出发，通过前期规划、系统调研、机制研究、系统设计及功能实现等过程，最终完成南方电网公司专利全生命周期管理平台建设，并配以专利挖掘及其价值评估系统，大幅提升了南方电网公司专利管理工作效率与能力，为企业进一步开展专利运用

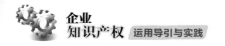

与保护工作提供了有力支撑。

在"互联网+"时代，将专利管理工作纳入企业资源计划管理系统（ERP）是趋势，也是企业创新知识产权管理工作，提升知识产权管理效率与能力的必然要求。

企业知识产权工作，管理是基础，而专利管理系统则是基础的基础。本实例中，南方电网公司的专利管理系统构筑于其专利集中管理模式之上，以专利的产生、申请、审查授权及维护等为主线，实现了高效率、低成本的专利过程管理，很好提升了专利管理工作质量。

值得注意的是，南方电网公司的专利管理系统还同时具备专利挖掘布局、价值评估和统计分析等功能，由此进一步提高了企业专利管理工作的信息化与智能化程度，既有助于公司及时了解各分、子公司专利申请情况、提高专利申请质量，更为企业在未来开展专利资产管理与运营工作提供了支持和依据。

需要指出的是，企业知识产权管理工作重在以人为本。只有拥有熟悉企业知识产权管理工作的人才，才能更好发挥知识产权管理系统的效用，使其为企业的发展和整体利益服务。教条化地使用管理系统，甚至完全依赖管理系统是无法做好企业知识产权管理工作的。

五、专利保障，客户安心

——江苏惠通集团遥控产品海外专利侵权投诉应对咨询服务

江苏惠通集团（下称"惠通集团"）是国家火炬计划重点高新技术企业、江苏省高新技术企业，是中国目前最具规模的遥控器、控制器、连接器和接插件生产企业之一，中国电子元件百强企业之一，具有外贸进出口自营权。惠通集团70%的产品出口到国外30多个国家和地区，是飞利浦、夏普、东芝、TPV、纬创等国际知名品牌的重要供应商。

惠通集团主要产品为遥控器、控制系统单元、按键模组、背光模组、连接器及线束、面板、人机交户装置（HID）及其他模、数电子产品，广泛应用于LCD、LED彩电、蓝光播放机、空调机、机顶盒、音响等家用电器。

Hillcrest公司是美国遥控器产品的领先厂商，多年技术研发的积累与专利保护布局的沉淀，为其产品的市场运营提供了有力保障，这也正是Hillcrest公司数年来通过经营其专利壁垒获得市场的重要原因。作为飞利浦公司遥控器产品供应商，惠通集团近年来业务迅速发展，这使同是飞利浦供应商的美国Hillcrest公司的市场份额缩小，竞争优势越来越弱。

为了取得竞争上的优势，重新赢得原有的市场份额，Hillcrest公司抛出了其多年储备的专利武器，并试探性地给飞利浦公司发出警告函，指出飞利浦公司所采购江苏惠通集团的空间定位装置产品涉嫌侵犯Hillcrest公司相关欧洲专利权。

这对于正在积极拓展海外市场，并不断收获佳绩的惠通集团来说，无疑是当头一棒。对于非常重视知识产权问题的飞利浦公司，如果采信了Hillcrest公司的说法，必然会减少甚至取消惠通集团的订单。这将直接影响惠通公司的产品销售并造成企业的重大损失。

惠通集团委托北京集慧智佳知识产权管理咨询有限公司，希望解决这一棘手问题。在接受委托后，集慧智佳惠通项目组并没有按照寻常方式首先进行专利检索分析，而是通过这一专利侵权警告事件，分析竞争对手，即美国Hillcrest公司所要达到的战略目的。

项目组认为，Hillcrest公司没有通过法律途径发出警告函、律师函，或是提起侵权诉讼，而是利用可能的专利侵权直接向飞利浦公司发出警告。这是一起典型的利用知识产权进行商业竞争的案例，Hillcrest公司的目标显然不是专利，而是订单。在没有证据证明惠通集团专利侵权的情

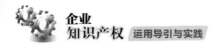
况下，Hillcrest公司打击竞争对手的意图一目了然。

通常，企业被诉海外专利侵权，一般会通过专利代理人或律师事务所进行专利无效，这也是被企业运用得最多的一个专利法规之一。通过专利无效请求，排除侵权风险，保护住市场份额。

然而在惠通集团项目中，面对竞争对手的试探性攻击，如果还是选用专利无效的手段，那么投入的时间、成本都比较高，虽然最终结果可以保证惠通集团公司的正常运营，但由于法律程序的时间消耗，对于飞利浦公司来说，在没有确切结论的情况下，会如何选择供货商将是一个问题，这会造成惠通集团市场的不稳定甚至流失。同时，面对Hillcrest公司的做法，如果不能一招制敌，会导致其不断发出专利侵权警告，使惠通集团陷入专利泥潭。因此，应战策略的选择对惠通集团来说尤为重要。

经过深入、全面的市场需求和商业环境分析，集慧智佳项目组为惠通集团选择了另一条制敌之路——拆掉Hillcrest公司设置的专利壁垒，挑战Hillcrest公司"空间定位装置"专利，通过专利分析确认惠通集团专利不侵权的事实，直接与飞利浦公司沟通以争取时间。只要飞利浦公司接受惠通集团不侵犯专利权的主张，那么Hillcrest公司打压、排挤惠通集团，争取市场份额的目的就不能实现，同时也能够阻止Hillcrest公司后续可能的系列专利侵权骚扰。

明确了对手的意图和目的后，项目组确定了项目执行的具体方向和目标。在项目执行过程中，项目组将重点工作放在专利侵权风险分析和专利权稳定性分析两方面。

聚焦本案，惠通集团的遥控器产品是否构成对Hillcrest公司专利的侵权，这一风险是首先需要进行排查的，然后根据筛查结果评估该专利侵权风险的等级；同时，项目组将针对具体风险采取应对手段，例如专利稳定性分析等。

由于项目紧急，惠通集团从上至下都非常重视，在与项目组充分沟通后，惠通集团非常认可项目组从市场竞争的角度出发，判断对手意图，制定的更为直接、有效、快速的解决方案。

具体来说，项目执行的工作内容包括：

（1）通过解读Hillcrest公司相关专利，分析判断惠通集团的"空间定位技术相关产品及方法"是否落入Hillcrest公司涉诉专利的权利要求保护范围，并针对分析结果给出下一步采取应对策略建议。

（2）根据掌握的相关信息，检索有关专利的审查记录及资料，分析对比专利及相关文献数据等，分析判断该专利的稳定性。

经过项目组成员的不懈努力，最终出具了惠通集团的"空间定位技术相关产品及方法"不侵犯美国的Hillcrest公司专利的分析报告，并将报告第一时间转交给了飞利浦公司。

集慧智佳的分析成果提交给飞利浦公司的知识产权部门后，惠通集团快速扭转了被动局面，解决了所谓的"专利侵权"问题，从而保障了惠通产品的顺利销售。

同时，惠通集团与Hillcrest公司的这次交锋表面上是专利侵权之争，实质上是市场份额之争，让Hillcrest公司看到了惠通集团的实力和在知识产权方面快速应对的能力，也让一直以专利为武器的Hillcrest公司在与惠通的竞争面前望而却步。

◀ 要点提炼 ▶

本实例中，服务机构北京集慧智佳知识产权管理咨询有限公司为江苏惠通集团提供专利侵权投诉应对策略咨询服务。

集慧智佳从惠通集团竞争对手的专利侵权投诉行为出发，根据市场竞争与企业发展实际情况综合判断，重点梳理知识产权问题背后的商业动机，并据此提出相应合理的应对举措。同时，通过专利侵权风险及专利权稳定性分析等手段，得出惠通集团未侵犯涉案专利权的分析结论，并得到惠通集团及其客户飞利浦公司的认可，从而化解了企业产品销售的知识产权危机。

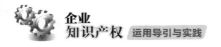

在海外销售产品的过程中，国外专利权人经常会将涉嫌专利侵权的产品生产商及其客户作为共同被告一起推上法庭，以扩大专利侵权诉讼的影响，达到维护专利权人市场份额的目的。

本实例中，Hillcrest公司选择通过向江苏惠通集团主要客户飞利浦公司发送专利侵权警告函的方式，希望以较小代价使飞利浦公司转向其进行产品采购。如果惠通集团置之不理，可能会造成订单丢失，如果采取诉讼或提起专利无效宣告等方式，又会产生不必要的成本，因此，集慧智佳公司在专利分析基础上提出采取不侵权抗辩的方式很好地解决了上述问题。其根据竞争对手商业目的选择相应应对方式的做法也为我们解决知识产权纠纷提供了另一思路。

六、设计规避，开拓市场

——浙江同硕科技公司两轮自平衡电动车专利规避设计服务

➡ 实例寻踪 ◀

两轮自平衡电动车是一种新型交通工具，其工作原理主要建立在"动态稳定"基本原理上，以内置的精密固态陀螺仪来判断车身所处的姿势状态，通过中央微处理器计算出适当指令后，驱动马达实现平衡效果。作为最早进行两轮自平衡电动车技术研发的企业，美国赛格威公司于2000年12月研制了第一台样车，2001年12月起开始商业化量产销售。

但赛格威平衡车近7万元人民币的售价过高，难以满足普通消费者的消费需求。2011年以来，中国平衡车企业如雨后春笋般涌现，相关研发、制造企业达到100多家，且大多数企业的产品出口到欧美市场，其不足万元的亲民价格迅速赢得了市场。

中国企业的崛起让赛格威公司倍感压力。自1999年申请首件平衡车专利以来，赛格威通过专利挖掘等方式在包括中国在内的数十个国家和地区对于平衡车产品进行了较为完善的专利布局。

浙江同硕科技公司（下称"同硕科技"）是众多中国平衡车企业中的一员，在分析了平衡车市场后，决心加入其中。同硕科技公司希望在设计研发之初，就寻找一条低风险的稳健发展之路。同硕科技公司遂委托北京集慧智佳知识产权管理咨询有限公司开展相关咨询工作。

集慧智佳公司迅速组建平衡车项目组并投入工作。项目组在研究赛格威公司相关专利并分析市场环境后认为，该公司早在开始研制两轮平衡车的时候就进行了周密的专利布局，并在包括中国在内的数十个国家进行了专利申请，专利防御工作专业、扎实，很难绕开其严密的专利布局。因此，建议同硕科技公司在充分分析已有专利基础上，开展规避设计研发，以降低侵权风险。由此，如何实现两轮自平衡电动车的研发设计，又能对赛格威现有专利成功实现规避，进而完成市场推广成为项目组的工作目标。

项目组首先对两轮自平衡电动车的全球专利布局进行了全方位分析，研究相关基础技术、专利地区分布及其法律状态；然后通过同族专利谱图、引证族谱图、专利地图等工具，确定两轮自平衡电动车技术的专利权保护范围及其外延，为开展规避设计工作奠定基础。

项目组在对美国、英国、日本、法国、德国、俄国、瑞士、中国、韩国，以及世界知识产权组织和欧洲专利局的有效专利文献进行检索的过程中，发现相关度较高的11篇专利文献。经过分析比对后，筛选出其中较为重要的两篇美国专利（US6367817B1、US6581714B1）开展进一步专利分析。

1．关于US6367817B1专利

该专利试图保护"SEGWAY平衡车"的"自平衡系统"，其具有25件同族专利，涉及美国、日本、德国、澳大利亚、加拿大、奥地利、

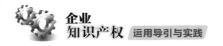

EPO、WIPO、墨西哥、西班牙共10个国家和地区。

但是，该专利没有进入中国，按照"专利地域性原则"，专利权的授予、保护、应用、诉讼等行为均是基于"国家主权"，也就是说，美国授权专利在中国是不予保护的，当然中国授权专利在美国领土上也不会得到自动的保护。因此，中国企业均可以免费实施该项专利。

此外，该专利权利要求记载了如下内容（来自英文翻译）。一种载人设备，该设备包括：①承载包含使用者有效载荷的踏板。②一地面接触装置，装配在踏板上，包括至少一个地面接触组件以及自定义的纵向平面。③一驱动装置，与地面接触装置相连；所述驱动装置、地面接触装置和有效载荷构成一不稳定系统，该系统在驱动装置未开启的情况下倾斜；当开启时，该驱动装置在工作状态下达到自平衡工作系统，该工作状态相对于驱动装置未开启的情况下至少在纵向平面倾斜也是不稳定的。④使用者输入控制器，在该设备以某一速度运动的情况下，该控制信器接收使用者在某一具体倾斜度的情况下的信号指示。

不难发现，该专利采用了"功能性限定"＋"技术特征"的权利要求撰写方式，其先后使用如"地面接触装置""驱动装置"和"使用者输入控制器"等模糊概念，从理论上来说，凡是能够实现上述功能的技术手段都是该专利权利要求的保护范围，尽量扩大了专利权的保护范围。

如果其他企业想要生产了同类型产品，并要进入美国等国家，即需要进行专利规避。另一方面，保护范围越大其规避难度也就越大，因此需要抓住其"弱点或者软肋"才能成功。该专利记载"当开启时，该驱动装置在工作状态下达到自平衡工作系统，该工作状态相对于驱动装置未开启的情况下至少在纵向平面倾斜也是不稳定的"。如果后来者能够实现驱动装置开启但不能实现"自平衡"，只有"人"站立在上面后才能实现"自平衡状态"，是实现成功规避设计的重点。

2. 关于US6581714B1专利

该专利试图保护"SEGWAY平衡车"的"转向系统"，与US6367817B1

专利相同，该专利也未在中国进行专利申请，中国企业均可以在中国国内免费实施该项专利。

该专利的权利要求记载如下。一种含有一把手的机动车的转向机构，所述转向机构包括：①一旋转传感器，所述旋转传感器装配在把手上，以根据传感器的旋转产生一单轴旋转命令；②一可旋转手柄，所述可旋转手柄产生旋转运动给旋转传感器；③一扭力弹簧，所述扭力弹簧能够通过手柄的释放，使可旋转手柄回复中性位置。

可见，后来者试图制作"旋转装置"正是由该专利造成的阻碍。而该专利没有限定所述旋转传感器的类型，因此其保护范围包括任何可以实现旋转功能的所有类型的传感器。也就是说，凡是采用旋转传感器的技术方案都会落入US6581714B1专利的保护范围，构成专利侵权。

同时，该专利记载"旋转传感器装配在把手上"。如果将旋转传感器装配在"摆动杆"上或者摆动杆底部，只要不在"把手上"，便不会构成侵权，因此，该特征为"专利规避设计"成功的方向。此外，该专利必须包含"可旋转的手柄"，如果后来者设计的"手柄"并非"可旋转的"，便不会落入该专利的保护范围。因此，此处也是进行专利规避设计的重点方向。

根据上述分析：①中国厂商在中国使用赛格威的相关专利技术不会构成专利侵权；②项目组的分析为同硕科技公司开展自主研发找到了突破点，为成功开展规避设计奠定了很好的基础。

根据项目组给出的专利侵权分析报告及规避设计的研发建议，同硕科技公司开始了自主研发、生产、销售等工作。2011年，浙江同硕科技公司在广交会上成功推出自主品牌的奥捷骑平衡车产品。

2014年9月，美国赛格威公司向包括中国企业在内的13家自平衡车企业发起"337调查"，并同时申请"普遍排除令"。但此次"337调查"并未将浙江同硕科技公司列入其中，据此，也进一步印证了同硕科技公司专利规避设计工作的成效。

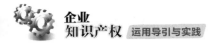
▶ 要点提炼 ◀

本实例中，服务机构北京集慧智佳知识产权管理咨询有限公司在对自平衡车产品进行深度专利分析的基础上，针对客户浙江同硕科技公司需求，提出专利规避设计方案，帮助同硕科技公司成功实现产品可能的专利侵权规避，为同硕科技公司相关产品顺利在国内上市并实现"走出去"拓展海外市场提供了有力支撑与保障。

▶ 主要启示 ◀

世界上很多成功企业在技术发展历程上，大多都有从技术跟随到技术突破再到技术领先的过程。虽然我们鼓励原创性技术的产生，但我们也不会否认技术跟随对于大多数企业发展的重要作用。

在技术跟随的潮流中，盲目单纯的模仿、抄袭必然不能走得长远；在成功技术之上，进行再次研发、创造才是长久之计。对于成熟的技术来说，常常早就设置了专利壁垒，对于后来者，既应当尊重前人的知识产权，又需要灵活运用知识产权制度与规则实现商业目的。如本实例中同硕科技公司采取的规避设计方式，便可作为企业管理知识产权风险，进而支撑企业发展的一种有效途径。

七、组建联盟，合力对外

——锂电材料产业创新联盟专利侵权应对与许可谈判服务

▶ 实例寻踪 ◀

在锂电材料领域，无论是作为动力电池的磷酸铁锂电池材料，还是作为小型终端设备电池的钴酸锂电池材料，国内生产企业间有序竞争的市场秩序均需更加有序。

国内企业在知识产权制度适用方面起步较晚，所拥有的专利数量和质量都与国外企业有一定差距，特别是相关核心技术的使用更是受外来专利的制约，专利许可与合作还需要不断规范。从产业链角度看，我国锂电材料生产企业的主要市场虽然在国内，但其下游客户的产品，如电池、终端设备等，已大量进入外海市场；另一方面，一些初具规模的锂电材料生产企业已经开始或即将进军国际市场。由此，国内电池材料生产企业在国内外市场都将直接或间接面临知识产权侵权纠纷风险。

比利时优美科公司（Umicore）是中国发明专利"不含局部立方类尖晶石结构相的层状含锂、过渡金属和氧的化合物及其制备方法"（ZL99814394.4）的专利权人。该专利涉及钴酸锂及掺杂钴酸锂材料，作为锂离子二次电池的正极材料，主要用于终端设备的电池生产。优美科公司在考察了国内市场主要厂家的相关产品后，以律师函的方式向在国内市场具备一定生产规模的企业分别提出许可要求，否则将启动法律程序。

如何应对该事件将我国众多相关生产企业推上了两难境地：如果接受优美科公司的专利许可，必定将会增加生产成本，对于本已微利甚至无利润的材料生产企业来说很难接受；如果不接受优美科公司的许可，则有可能承担法律风险，与此同时，还将面临下游客户为规避风险而离开的损失。

对于涉案专利，其专利权保护范围确实涵盖了国内市场的钴酸锂及掺杂钴酸锂材料，中国材料企业自身都没有能与之抗衡的专利，必须形成合力联合应对风险。

2014年12月，收到优美科公司律师函的北大先行科技产业有限公司、湖南瑞翔新材料股份有限公司、北京当升材料科技股份有限公司、中信国安盟固利电源技术有限公司、厦门钨业股份有限公司和常州博杰新能源材料有限公司6家国内电池材料生产企业联合组建锂电材料产业创新联盟，集合产业力量，共同应对专利侵权问题。

锂电材料产业创新联盟委托北京同立钧成知识产权代理有限公司承

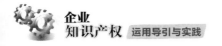

担秘书处工作，并开展专利分析与许可谈判工作。

发起成立锂电材料产业创新联盟的6家锂电材料生产企业均为业内的领军企业，部分企业经历了2010年前后的磷酸铁锂电池材料专利无效宣告及行政诉讼案（此案为2012年度保护知识产权十大案件之中的第一个案件），所以也很自然想到启动宣告该专利权无效程序对抗。

考虑各企业的自身实力不均衡且总体都没有应对这类知识产权纠纷的能力和经验，最终6家企业决定联合行动，以联盟的名义再次委托之前成功处理磷酸铁锂电池材料案的代理机构北京同立钧成知识产权代理有限公司（即联盟秘书处所在单位）向专利复审委员会提出该专利权的无效宣告请求。

在启动无效宣告过程中，上述6家企业借助同立钧成的专业支撑，最终提交的专利权无效宣告理由，在事实的阐述和法律条款的运用方面，都让专利权人感到了压力。

与此同时，专利权人优美科公司在准备应诉的同时，也将更多的精力放在了寻求和解的努力上，表达了希望能协商确定有效的许可与合作方式的意愿，并主动就许可条件和使用费支付提供了优惠的方案。

作为请求方的6家国内企业也看到了谈判的时机，及时对专利权本身被无效的前景和专利权被无效对钴酸锂材料市场带来的影响进行了反复的研究和论证。

（1）虽然请求宣告专利权无效的事实和理由比较清晰，但该专利的授权毕竟经过了严格的实质审查程序，发明人的辛勤付出应该得到尊重。可以确信的是，一旦专利复审委员会做出决定，任何败诉方都会坚持走完后续的行政诉讼程序，精力和财力的大量投入以及诉讼期间可能出现的舆论导向，对于国内企业的正常经营都会产生难以预期的影响。

（2）在锂电材料生产领域，国内企业起步晚、规模小，普遍缺乏核心技术与知识产权支撑。如果将该专利全部或部分宣告无效，请求人的专利侵权风险虽然可以化解，但之前已经存在的国内生产企业之间的无序竞争肯定会加剧，这也不是请求人希望看到的结果。

（3）即使该专利被无效，其海外同族专利依然对国内企业的产品以及下游企业的终端产品出口构成威胁。

（4）针对国内企业自身在研发创新处于相对弱势的现状，如能通过搭建一个适当的平台，集中各家优势，引入科研院所的前沿成果，则有望改变目前在遭遇外部力量挤压时难有与之抗衡的实力和话语权的局面。

经过论证，6家国内企业统一了思想，决定成立知识产权联盟。在"联合创新，国际合作，保护产权"的指导原则下，联盟制定了谈判策略，以联盟名义与专利权人优美科公司进行商谈，要求专利权人就该专利的许可给予优惠的条件，同时提出共同维护该专利权的具体建议。

在联盟秘书处的组织协调下，各成员企业兼顾共同利益和各自利益诉求，最终统一了意见，以一个声音出现在谈判桌上，就该中国发明专利及其海外同族专利达成许可协议，即授权联盟成员在中国生产及销售涉及该专利技术的产品，且联盟成员及其下游合作方使用来自联盟成员的原料制备的锂电池和/或包含这种锂电池的终端设备输出到拥有海外同族专利的国家或地区，依然属于被许可范畴；并且许可协议中还包括双方对该专利权在中国市场共同维护的各方职责和具体措施。在达成合作共识的前提下，优美科公司就许可费用对联盟成员给予非常大的优惠。

对于该许可协议的达成，联盟各成员企业最直接的收益就是按照许可协议生产和销售的系列原料不再担心侵犯优美科公司的专利权，而购买联盟成员企业所生产正极材料的下游企业也免除了在国内外市场的专利侵权风险，为自身及客户都争取到一份安全保障。在双方（许可方和被许可方）双方利益都有所保证的情况下，共同维护该专利权不被第三方侵犯的承诺也在顺利实施中。

根据联盟的章程和工作内容规划，联盟内部也在积极建立自己的专利池和内部专利技术分享和许可机制。除集中各家自有专利外，联盟还

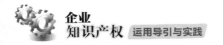
在专家组的指导下，引入业内特别是科研院所的创新专利技术，并且为科研院所及其科研人员搭建研发和协同创新平台，目标是在资源共享的同时，促进研究成果和专利技术的产业化，实现产学研合作，最终达到提升产业核心竞争力，加快国内锂电材料产业转型升级的目标。

要点提炼

本实例中，服务机构北京同立钧成知识产权代理有限公司作为锂电材料产业创新联盟秘书处，通过提起专利无效宣告请求方式帮助联盟成员应对比利时优美科公司所提出的涉嫌专利侵权问题。

在此过程中，同立钧成根据形势变化选择对联盟成员最为有利的解决方法，积极抓住有利条件，协调联盟成员形成一致意见，并协助联盟成员与优美科公司达成集体专利许可与合作协议，以低成本、高效率的方式解决了知识产权纠纷。该协议的达成在一定程度上避免了联盟各成员单位之间可能存在的无序竞争，为国内锂电材料产业有序、健康发展，提升竞争力奠定了坚实基础。

主要启示

锂电材料产业创新联盟的建立，体现出中国企业的理性和成长。面对知识产权纠纷，宣告专利权无效虽然是一种釜底抽薪的手段，但是如果考虑所在产业利益最大化，通过商业谈判达成专利许可协议以巩固市场地位，形成竞争优势，降低风险预期也是一种可以考虑的选择。

在联合应对重大知识产权纠纷之外，联盟（秘书处）还可以为成员企业提供专利分析、海外专利风险预警、专利挖掘、专利布局以及专利组合构建等多种专业服务；联盟的成立及其相关运作，将为成员企业进一步加强知识产权工作，提升联盟及其成员单位的知识产权实力与市场竞争力，促进联盟与成员单位共同发展提供重要支撑。

第十章　企业知识产权运用法律依据与政策导向

一、公民及法人的知识产权权利受法律保护

1.《中华人民共和国民法通则》[①]

第九十五条　公民、法人依法取得的专利权受法律保护。

第一百一十八条　公民、法人的著作权（版权）、专利权、商标专用权、发现权、发明权和其他科技成果权受到剽窃、篡改、假冒等侵害的，有权要求停止侵害，消除影响，赔偿损失。

2.《中华人民共和国反不正当竞争法》[②]

第五条　经营者不得采用下列不正当手段从事市场交易，损害竞争对手：

（一）假冒他人的注册商标；

（二）擅自使用知名商品特有的名称、包装、装潢，或者使用与知名商品近似的名称、包装、装潢，造成和他人的知名商品相混淆，使购买者误认为是该知名商品；

---

① 《中华人民共和国民法通则》，1986年4月12日第六届全国人民代表大会第四次会议通过，根据2009年8月27日第十一届全国人民代表大会常务委员会第十次会议《关于修改部分法律的决定》修正，下同。

② 《中华人民共和国反不正当竞争法》，1993年9月2日第八届全国人民代表大会常务委员会第三次会议通过，1993年9月2日中华人民共和国主席令第十号公布自1993年12月1日起施行，下同。

第二十一条 经营者假冒他人的注册商标，擅自使用他人的企业名称或者姓名，伪造或者冒用认证标志、名优标志等质量标志，伪造产地，对商品质量作引人误解的虚假表示的，依照《中华人民共和国商标法》《中华人民共和国产品质量法》的规定处罚。

3.《中华人民共和国反垄断法》[①]

第五十五条 经营者依照有关知识产权的法律、行政法规规定行使知识产权的行为，不适用本法；但是，经营者滥用知识产权，排除、限制竞争的行为，适用本法。

4.《中华人民共和国科学技术进步法》[②]

第七条 国家制定和实施知识产权战略，建立和完善知识产权制度，营造尊重知识产权的社会环境，依法保护知识产权，激励自主创新。

企业事业组织和科学技术人员应当增强知识产权意识，增强自主创新能力，提高运用、保护和管理知识产权的能力。

第三十八条 国家依法保护企业研究开发所取得的知识产权。

企业应当不断提高运用、保护和管理知识产权的能力，增强自主创新能力和市场竞争能力。

5.《中华人民共和国促进科技成果转化法》[③]

第三条 科技成果转化活动应当有利于加快实施创新驱动发展战略，

[①]《中华人民共和国反垄断法》，2007年8月30日第十届全国人民代表大会常务委员会第二十九次会议通过，下同。

[②]《中华人民共和国科学技术进步法》，1993年7月2日第八届全国人民代表大会常务委员会第二次会议通过，2007年12月29日第十届全国人民代表大会常务委员会第三十一次会议修订，下同。

[③]《中华人民共和国促进科技成果转化法》，1996年5月15日第八届全国人民代表大会常务委员会第十九次会议通过，根据2015年8月29日第十二届全国人民代表大会常务委员会第十六次会议，《关于修改〈中华人民共和国促进科技成果转化法〉的决定》修正，下同。

促进科技与经济的结合，有利于提高经济效益、社会效益和保护环境、合理利用资源，有利于促进经济建设、社会发展和维护国家安全。

科技成果转化活动应当尊重市场规律，发挥企业的主体作用，遵循自愿、互利、公平、诚实信用的原则，依照法律法规规定和合同约定，享有权益，承担风险。科技成果转化活动中的知识产权受法律保护。

科技成果转化活动应当遵守法律法规，维护国家利益，不得损害社会公共利益和他人合法权益。

二、知识产权（专利、商标）的概念

（一）专利的概念

1.《中华人民共和国专利法》[①]

第二条　本法所称的发明创造是指发明、实用新型和外观设计。

发明，是指对产品、方法或者其改进所提出的新的技术方案。

实用新型，是指对产品的形状、构造或者其结合所提出的适于实用的新的技术方案。

外观设计，是指对产品的形状、图案或者其结合以及色彩与形状、图案的结合所作出的富有美感并适于工业应用的新设计。

2.《国防专利条例》[②]

第二条　国防专利是指涉及国防利益以及对国防建设具有潜在作用需

---

① 《中华人民共和国专利法》，1984年3月12日第六届全国人民代表大会常务委员会第四次会议通过，根据1992年9月4日第七届全国人民代表大会常务委员会第二十七次会议《关于修改〈中华人民共和国专利法〉的决定》第一次修正，根据2000年8月25日第九届全国人民代表大会常务委员会第十七次会议《关于修改〈中华人民共和国专利法〉的决定》第二次修正，根据2008年12月27日第十一届全国人民代表大会常务委员会第六次会议《关于修改〈中华人民共和国专利法〉的决定》第三次修正，下同。

② 《国防专利条例》，国务院、中央军事委员会令（第418号），自2004年11月1日起施行，下同。

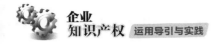

要保密的发明专利。

（二）商标的概念

1.《中华人民共和国商标法》[①]

第三条　经商标局核准注册的商标为注册商标，包括商品商标、服务商标和集体商标、证明商标；商标注册人享有商标专用权，受法律保护。

本法所称集体商标，是指以团体、协会或者其他组织名义注册，供该组织成员在商事活动中使用，以表明使用者在该组织中的成员资格的标志。

本法所称证明商标，是指由对某种商品或者服务具有监督能力的组织所控制，而由该组织以外的单位或者个人使用于其商品或者服务，用以证明该商品或者服务的原产地、原料、制造方法、质量或者其他特定品质的标志。

集体商标、证明商标注册和管理的特殊事项，由国务院工商行政管理部门规定。

三、知识产权的授予

（一）专利权的授予

1.《中华人民共和国专利法》

第五条　对违反法律、社会公德或者妨害公共利益的发明创造，不授予专利权。

[①]《中华人民共和国商标法》，1982年8月23日第五届全国人民代表大会常务委员会第二十四次会议通过，根据1993年2月22日第七届全国人民代表大会常务委员会第三十次会议《关于修改〈中华人民共和国商标法〉的决定》第一次修正，根据2001年10月27日第九届全国人民代表大会常务委员会第二十四次会议《关于修改〈中华人民共和国商标法〉的决定》第二次修正，根据2013年8月30日第十二届全国人民代表大会常务委员会第四次会议《关于修改〈中华人民共和国商标法〉的决定》第三次修正，下同。

对违反法律、行政法规的规定获取或者利用遗传资源，并依赖该遗传资源完成的发明创造，不授予专利权。

第二十条　任何单位或者个人将在中国完成的发明或者实用新型向外国申请专利的，应当事先报经国务院专利行政部门进行保密审查。保密审查的程序、期限等按照国务院的规定执行。

中国单位或者个人可以根据中华人民共和国参加的有关国际条约提出专利国际申请。申请人提出专利国际申请的，应当遵守前款规定。

国务院专利行政部门依照中华人民共和国参加的有关国际条约、本法和国务院有关规定处理专利国际申请。

对违反本条第一款规定向外国申请专利的发明或者实用新型，在中国申请专利的，不授予专利权。

第二十二条　授予专利权的发明和实用新型，应当具备新颖性、创造性和实用性。

新颖性，是指该发明或者实用新型不属于现有技术；也没有任何单位或者个人就同样的发明或者实用新型在申请日以前向国务院专利行政部门提出过申请，并记载在申请日以后公布的专利申请文件或者公告的专利文件中。

创造性，是指与现有技术相比，该发明具有突出的实质性特点和显著的进步，该实用新型具有实质性特点和进步。

实用性，是指该发明或者实用新型能够制造或者使用，并且能够产生积极效果。

本法所称现有技术，是指申请日以前在国内外为公众所知的技术。

第二十三条　授予专利权的外观设计，应当不属于现有设计；也没有任何单位或者个人就同样的外观设计在申请日以前向国务院专利行政部门提出过申请，并记载在申请日以后公告的专利文件中。

授予专利权的外观设计与现有设计或者现有设计特征的组合相比，应当具有明显区别。

授予专利权的外观设计不得与他人在申请日以前已经取得的合法权利相冲突。

本法所称现有设计，是指申请日以前在国内外为公众所知的设计。

第二十四条　申请专利的发明创造在申请日以前六个月内，有下列情形之一的，不丧失新颖性：

（一）在中国政府主办或者承认的国际展览会上首次展出的；

（二）在规定的学术会议或者技术会议上首次发表的；

（三）他人未经申请人同意而泄露其内容的。

第二十五条　对下列各项，不授予专利权：

（一）科学发现；

（二）智力活动的规则和方法；

（三）疾病的诊断和治疗方法；

（四）动物和植物品种；

（五）用原子核变换方法获得的物质；

（六）对平面印刷品的图案、色彩或者二者的结合作出的主要起标识作用的设计。

对前款第（四）项所列产品的生产方法，可以依照本法规定授予专利权。

2.《国防专利条例》

第三条　国家国防专利机构（以下简称国防专利机构）负责受理和审查国防专利申请。经国防专利机构审查认为符合本条例规定的，由国务院专利行政部门授予国防专利权。

国务院国防科学技术工业主管部门和中国人民解放军总装备部（以下简称总装备部）分别负责地方系统和军队系统的国防专利管理工作。

第十二条　授予国防专利权的发明，应当具备新颖性、创造性和实用性。

第十八条　国防专利申请经审查认为没有驳回理由或者驳回后经过

复审认为不应当驳回的，由国务院专利行政部门作出授予国防专利权的决定，并委托国防专利机构颁发国防专利证书，同时在国务院专利行政部门出版的专利公报上公告该国防专利的申请日、授权日和专利号。国防专利机构应当将该国防专利的有关事项予以登记，并在《国防专利内部通报》上刊登。

（二）商标权的授予

1.《中华人民共和国商标法》

第八条 任何能够将自然人、法人或者其他组织的商品与他人的商品区别开的标志，包括文字、图形、字母、数字、三维标志、颜色组合和声音等，以及上述要素的组合，均可以作为商标申请注册。

第九条 申请注册的商标，应当有显著特征，便于识别，并不得与他人在先取得的合法权利相冲突。

商标注册人有权标明"注册商标"或者注册标记。

第十条 下列标志不得作为商标使用：

（一）同中华人民共和国的国家名称、国旗、国徽、国歌、军旗、军徽、军歌、勋章等相同或者近似的，以及同中央国家机关的名称、标志、所在地特定地点的名称或者标志性建筑物的名称、图形相同的；

（二）同外国的国家名称、国旗、国徽、军旗等相同或者近似的，但经该国政府同意的除外；

（三）同政府间国际组织的名称、旗帜、徽记等相同或者近似的，但经该组织同意或者不易误导公众的除外；

（四）与表明实施控制、予以保证的官方标志、检验印记相同或者近似的，但经授权的除外；

（五）同"红十字""红新月"的名称、标志相同或者近似的；

（六）带有民族歧视性的；

（七）带有欺骗性，容易使公众对商品的质量等特点或者产地产生误认的；

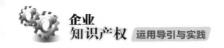

（八）有害于社会主义道德风尚或者有其他不良影响的。

县级以上行政区划的地名或者公众知晓的外国地名，不得作为商标。但是，地名具有其他含义或者作为集体商标、证明商标组成部分的除外；已经注册的使用地名的商标继续有效。

第十一条　下列标志不得作为商标注册：

（一）仅有本商品的通用名称、图形、型号的；

（二）仅直接表示商品的质量、主要原料、功能、用途、重量、数量及其他特点的；

（三）其他缺乏显著特征的。

前款所列标志经过使用取得显著特征，并便于识别的，可以作为商标注册。

第十二条　以三维标志申请注册商标的，仅由商品自身的性质产生的形状、为获得技术效果而需有的商品形状或者使商品具有实质性价值的形状，不得注册。

第十三条　为相关公众所熟知的商标，持有人认为其权利受到侵害时，可以依照本法规定请求驰名商标保护。

就相同或者类似商品申请注册的商标是复制、摹仿或者翻译他人未在中国注册的驰名商标，容易导致混淆的，不予注册并禁止使用。

就不相同或者不相类似商品申请注册的商标是复制、摹仿或者翻译他人已经在中国注册的驰名商标，误导公众，致使该驰名商标注册人的利益可能受到损害的，不予注册并禁止使用。

第二十八条　对申请注册的商标，商标局应当自收到商标注册申请文件之日起九个月内审查完毕，符合本法有关规定的，予以初步审定公告。

第二十九条　在审查过程中，商标局认为商标注册申请内容需要说明或者修正的，可以要求申请人做出说明或者修正。申请人未做出说明或者修正的，不影响商标局做出审查决定。

第三十条　申请注册的商标，凡不符合本法有关规定或者同他人在同一种商品或者类似商品上已经注册的或者初步审定的商标相同或者近似的，由商标局驳回申请，不予公告。

第三十一条 两个或者两个以上的商标注册申请人，在同一种商品或者类似商品上，以相同或者近似的商标申请注册的，初步审定并公告申请在先的商标；同一天申请的，初步审定并公告使用在先的商标，驳回其他人的申请，不予公告。

第三十二条 申请商标注册不得损害他人现有的在先权利，也不得以不正当手段抢先注册他人已经使用并有一定影响的商标。

第三十三条 对初步审定公告的商标，自公告之日起三个月内，在先权利人、利害关系人认为违反本法第十三条第二款和第三款、第十五条、第十六条第一款、第三十条、第三十一条、第三十二条规定的，或者任何人认为违反本法第十条、第十一条、第十二条规定的，可以向商标局提出异议。公告期满无异议的，予以核准注册，发给商标注册证，并予公告。

四、专利权的实施与商标权的行使

（一）专利权的实施

1.《中华人民共和国专利法》

第十一条 发明和实用新型专利权被授予后，除本法另有规定的以外，任何单位或者个人未经专利权人许可，都不得实施其专利，即不得为生产经营目的制造、使用、许诺销售、销售、进口其专利产品，或者使用其专利方法以及使用、许诺销售、销售、进口依照该专利方法直接获得的产品。

外观设计专利权被授予后，任何单位或者个人未经专利权人许可，都不得实施其专利，即不得为生产经营目的制造、许诺销售、销售、进口其外观设计专利产品。

第十二条 任何单位或者个人实施他人专利的，应当与专利权人订立实施许可合同，向专利权人支付专利使用费。被许可人无权允许合同规定

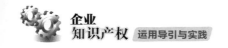

以外的任何单位或者个人实施该专利。

第十三条　发明专利申请公布后，申请人可以要求实施其发明的单位或者个人支付适当的费用。

第十四条　国有企业事业单位的发明专利，对国家利益或者公共利益具有重大意义的，国务院有关主管部门和省、自治区、直辖市人民政府报经国务院批准，可以决定在批准的范围内推广应用，允许指定的单位实施，由实施单位按照国家规定向专利权人支付使用费。

第十五条　专利申请权或者专利权的共有人对权利的行使有约定的，从其约定。没有约定的，共有人可以单独实施或者以普通许可方式许可他人实施该专利；许可他人实施该专利的，收取的使用费应当在共有人之间分配。

除前款规定的情形外，行使共有的专利申请权或者专利权应当取得全体共有人的同意。

第十六条　被授予专利权的单位应当对职务发明创造的发明人或者设计人给予奖励；发明创造专利实施后，根据其推广应用的范围和取得的经济效益，对发明人或者设计人给予合理的报酬。

2.《专利标识标注办法》[①]

第四条　在授予专利权之后的专利权有效期内，专利权人或者经专利权人同意享有专利标识标注权的被许可人可以在其专利产品、依照专利方法直接获得的产品、该产品的包装或者该产品的说明书等材料上标注专利标识。

第五条　标注专利标识的，应当标明下述内容：

（一）采用中文标明专利权的类别，例如中国发明专利、中国实用新型专利、中国外观设计专利；

---

①《专利标识标注办法》，国家知识产权局令第六十三号，自2012年5月1日起施行，下同。

（二）国家知识产权局授予专利权的专利号。

除上述内容之外，可以附加其他文字、图形标记，但附加的文字、图形标记及其标注方式不得误导公众。

第六条　在依照专利方法直接获得的产品、该产品的包装或者该产品的说明书等材料上标注专利标识的，应当采用中文标明该产品系依照专利方法所获得的产品。

第七条　专利权被授予前在产品、该产品的包装或者该产品的说明书等材料上进行标注的，应当采用中文标明中国专利申请的类别、专利申请号，并标明"专利申请，尚未授权"字样。

3.《国防专利条例》

第二十一条　国防专利机构应当自授予国防专利权之日起3个月内，将该国防专利有关文件副本送交国务院有关主管部门或者中国人民解放军有关主管部门。收到文件副本的部门，应当在4个月内就该国防专利的实施提出书面意见，并通知国防专利机构。

第二十二条　国务院有关主管部门、中国人民解放军有关主管部门，可以允许其指定的单位实施本系统或者本部门内的国防专利；需要指定实施本系统或者本部门以外的国防专利的，应当向国防专利机构提出书面申请，由国防专利机构依照本条例第三条第二款规定的职责分工报国务院国防科学技术工业主管部门、总装备部批准后实施。

国防专利机构对国防专利的指定实施予以登记，并在《国防专利内部通报》上刊登。

第二十三条　实施他人国防专利的单位应当与国防专利权人订立书面实施合同，依照本条例第二十五条的规定向国防专利权人支付费用，并报国防专利机构备案。实施单位不得允许合同规定以外的单位实施该国防专利。

第二十四条　国防专利权人许可国外的单位或者个人实施其国防专

利的，应当确保国家秘密不被泄露，保证国防和军队建设不受影响，并向国防专利机构提出书面申请，由国防专利机构进行初步审查后依照本条例第三条第二款规定的职责分工，及时报送国务院国防科学技术工业主管部门、总装备部审批。

国务院国防科学技术工业主管部门、总装备部应当自国防专利机构受理申请之日起30日内作出批准或者不批准的决定；作出不批准决定的，应当书面通知申请人并说明理由。

第二十五条　实施他人国防专利的，应当向国防专利权人支付国防专利使用费。实施使用国家直接投入的国防科研经费或者其他国防经费进行科研活动所产生的国防专利，符合产生该国防专利的经费使用目的的，可以只支付必要的国防专利实施费；但是，科研合同另有约定或者科研任务书另有规定的除外。

前款所称国防专利实施费，是指国防专利实施中发生的为提供技术资料、培训人员以及进一步开发技术等所需的费用。

第二十六条　国防专利指定实施的实施费或者使用费的数额，由国防专利权人与实施单位协商确定；不能达成协议的，由国防专利机构裁决。

第三十二条　除《中华人民共和国专利法》和本条例另有规定的以外，未经国防专利权人许可实施其国防专利，即侵犯其国防专利权，引起纠纷的，由当事人协商解决；不愿协商或者协商不成的，国防专利权人或者利害关系人可以向人民法院起诉，也可以请求国防专利机构处理。

（二）商标权的行使

1.《中华人民共和国商标法》

第四十八条　本法所称商标的使用，是指将商标用于商品、商品包装或者容器以及商品交易文书上，或者将商标用于广告宣传、展览以及其他商业活动中，用于识别商品来源的行为。

第四十九条　商标注册人在使用注册商标的过程中，自行改变注册商标、注册人名义、地址或者其他注册事项的，由地方工商行政管理部门责令限期改正；期满不改正的，由商标局撤销其注册商标。

注册商标成为其核定使用的商品的通用名称或者没有正当理由连续三年不使用的，任何单位或者个人可以向商标局申请撤销该注册商标。商标局应当自收到申请之日起九个月内做出决定。有特殊情况需要延长的，经国务院工商行政管理部门批准，可以延长三个月。

2.《中华人民共和国商标法实施条例》[①]

第三条　商标法和本条例所称商标的使用，包括将商标用于商品、商品包装或者容器以及商品交易文书上，或者将商标用于广告宣传、展览以及其他商业活动中。

第四条　商标法第六条所称国家规定必须使用注册商标的商品，是指法律、行政法规规定的必须使用注册商标的商品。

第六条　商标法第十六条规定的地理标志，可以依照商标法和本条例的规定，作为证明商标或者集体商标申请注册。

以地理标志作为证明商标注册的，其商品符合使用该地理标志条件的自然人、法人或者其他组织可以要求使用该证明商标，控制该证明商标的组织应当允许。以地理标志作为集体商标注册的，其商品符合使用该地理标志条件的自然人、法人或者其他组织，可以要求参加以该地理标志作为集体商标注册的团体、协会或者其他组织，该团体、协会或者其他组织应当依据其章程接纳为会员；不要求参加以该地理标志作为集体商标注册的团体、协会或者其他组织的，也可以正当使用该地理标志，该团体、协会或者其他组织无权禁止。

---

①《中华人民共和国商标法实施条例》，中华人民共和国国务院令（第358号），自2002年9月15日起施行，下同。

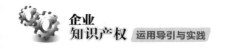
第三十七条　使用注册商标，可以在商品、商品包装、说明书或者其他附着物上标明"注册商标"或者注册标记。

注册标记包括（注外加○）和（R外加○）。使用注册标记，应当标注在商标的右上角或者右下角。

五、知识产权的转让

（一）专利权的转让

1.《中华人民共和国专利法》

第十条　专利申请权和专利权可以转让。

中国单位或者个人向外国人、外国企业或者外国其他组织转让专利申请权或者专利权的，应当依照有关法律、行政法规的规定办理手续。

转让专利申请权或者专利权的，当事人应当订立书面合同，并向国务院专利行政部门登记，由国务院专利行政部门予以公告。专利申请权或者专利权的转让自登记之日起生效。

2.《中华人民共和国专利法实施细则》[①]

第十四条　除依照专利法第十条规定转让专利权外，专利权因其他事由发生转移的，当事人应当凭有关证明文件或者法律文书向国务院专利行政部门办理专利权转移手续。

3.《国防专利条例》

第七条　国防专利申请权和国防专利权经批准可以向国内的中国单位和个人转让。

---

① 《中华人民共和国专利法实施细则》，2001年6月15日中华人民共和国国务院令第306号公布，根据2002年12月28日《国务院关于修改〈中华人民共和国专利法实施细则〉的决定》第一次修订，根据2010年1月9日《国务院关于修改〈中华人民共和国专利法实施细则〉的决定》第二次修订，下同。

转让国防专利申请权或者国防专利权，应当确保国家秘密不被泄露，保证国防和军队建设不受影响，并向国防专利机构提出书面申请，由国防专利机构进行初步审查后依照本条例第三条第二款规定的职责分工，及时报送国务院国防科学技术工业主管部门、总装备部审批。

国务院国防科学技术工业主管部门、总装备部应当自国防专利机构受理申请之日起30日内作出批准或者不批准的决定；作出不批准决定的，应当书面通知申请人并说明理由。

经批准转让国防专利申请权或者国防专利权的，当事人应当订立书面合同，并向国防专利机构登记，由国防专利机构在《国防专利内部通报》上刊登。国防专利申请权或者国防专利权的转让自登记之日起生效。

第八条　禁止向国外的单位和个人以及在国内的外国人和外国机构转让国防专利申请权和国防专利权。

4.《中华人民共和国技术进出口管理条例》[①]

第二条　本条例所称技术进出口，是指从中华人民共和国境外向中华人民共和国境内，或者从中华人民共和国境内向中华人民共和国境外，通过贸易、投资或者经济技术合作的方式转移技术的行为。

前款规定的行为包括专利权转让、专利申请权转让、专利实施许可、技术秘密转让、技术服务和其他方式的技术转移。

第四条　技术进出口应当符合国家的产业政策、科技政策和社会发展政策，有利于促进我国科技进步和对外经济技术合作的发展，有利于维护我国经济技术权益。

第五条　国家准许技术的自由进出口；但是，法律、行政法规另有规定的除外。

第七条　国家鼓励先进、适用的技术进口。

---

① 《中华人民共和国技术进出口管理条例》，中华人民共和国国务院令第331号，自2002年1月1日起施行，下同。

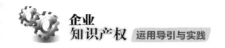

第八条　有对外贸易法第十六条、第十七条规定情形之一的技术，禁止或者限制进口。

国务院外经贸主管部门会同国务院有关部门，制定、调整并公布禁止或者限制进口的技术目录。

第九条　属于禁止进口的技术，不得进口。

第十条　属于限制进口的技术，实行许可证管理；未经许可，不得进口。

第十一条　进口属于限制进口的技术，应当向国务院外经贸主管部门提出技术进口申请并附有关文件。

技术进口项目需经有关部门批准的，还应当提交有关部门的批准文件。

第十二条　国务院外经贸主管部门收到技术进口申请后，应当会同国务院有关部门对申请进行审查，并自收到申请之日起30个工作日内作出批准或者不批准的决定。

第十三条　技术进口申请经批准的，由国务院外经贸主管部门发给技术进口许可意向书。

进口经营者取得技术进口许可意向书后，可以对外签订技术进口合同。

第十四条　进口经营者签订技术进口合同后，应当向国务院外经贸主管部门提交技术进口合同副本及有关文件，申请技术进口许可证。

国务院外经贸主管部门对技术进口合同的真实性进行审查，并自收到前款规定的文件之日起10个工作日内，对技术进口作出许可或者不许可的决定。

第三十条　国家鼓励成熟的产业化技术出口。

第三十一条　有对外贸易法第十六条、第十七条规定情形之一的技术，禁止或者限制出口。

国务院外经贸主管部门会同国务院有关部门，制定、调整并公布禁止或者限制出口的技术目录。

第三十二条　属于禁止出口的技术，不得出口。

第三十三条　属于限制出口的技术，实行许可证管理；未经许可，不得出口。

第三十四条　出口属于限制出口的技术，应当向国务院外经贸主管部门提出申请。

第三十五条　国务院外经贸主管部门收到技术出口申请后，应当会同国务院科技管理部门对申请出口的技术进行审查，并自收到申请之日起30个工作日内作出批准或者不批准的决定。

限制出口的技术需经有关部门进行保密审查的，按照国家有关规定执行。

第三十六条　技术出口申请经批准的，由国务院外经贸主管部门发给技术出口许可意向书。

申请人取得技术出口许可意向书后，方可对外进行实质性谈判，签订技术出口合同。

5.《中华人民共和国对外贸易法》[①]

第十六条　国家基于下列原因，可以限制或者禁止有关货物、技术的进口或者出口：

（一）为维护国家安全、社会公共利益或者公共道德，需要限制或者禁止进口或者出口的；

（二）为保护人的健康或者安全，保护动物、植物的生命或者健康，保护环境，需要限制或者禁止进口或者出口的；

（三）为实施与黄金或者白银进出口有关的措施，需要限制或者禁止进口或者出口的；

（四）国内供应短缺或者为有效保护可能用竭的自然资源，需要限制或者禁止出口的；

---

① 《中华人民共和国对外贸易法》，1994年5月12日第八届全国人民代表大会常务委员会第七次会议通过，2004年4月6日第十届全国人民代表大会常务委员会第八次会议修订，下同。

（五）输往国家或者地区的市场容量有限，需要限制出口的；

（六）出口经营秩序出现严重混乱，需要限制出口的；

（七）为建立或者加快建立国内特定产业，需要限制进口的；

（八）对任何形式的农业、牧业、渔业产品有必要限制进口的；

（九）为保障国家国际金融地位和国际收支平衡，需要限制进口的；

（十）依照法律、行政法规的规定，其他需要限制或者禁止进口或者出口的；

（十一）根据我国缔结或者参加的国际条约、协定的规定，其他需要限制或者禁止进口或者出口的。

第十七条　国家对与裂变、聚变物质或者衍生此类物质的物质有关的货物、技术进出口，以及与武器、弹药或者其他军用物资有关的进出口，可以采取任何必要的措施，维护国家安全。

在战时或者为维护国际和平与安全，国家在货物、技术进出口方面可以采取任何必要的措施。

（二）商标的转让

1.《中华人民共和国商标法》

第四十二条　转让注册商标的，转让人和受让人应当签订转让协议，并共同向商标局提出申请。受让人应当保证使用该注册商标的商品质量。

转让注册商标的，商标注册人对其在同一种商品上注册的近似的商标，或者在类似商品上注册的相同或者近似的商标，应当一并转让。

对容易导致混淆或者有其他不良影响的转让，商标局不予核准，书面通知申请人并说明理由。

转让注册商标经核准后，予以公告。受让人自公告之日起享有商标专用权。

2.《中华人民共和国商标法实施条例》

第十七条　申请人变更其名义、地址、代理人，或者删减指定的商品的，可以向商标局办理变更手续。

申请人转让其商标注册申请的，应当向商标局办理转让手续。

第二十五条　转让注册商标的，转让人和受让人应当向商标局提交转让注册商标申请书。转让注册商标申请手续由受让人办理。商标局核准转让注册商标申请后，发给受让人相应证明，并予以公告。

转让注册商标的，商标注册人对其在同一种或者类似商品上注册的相同或者近似的商标，应当一并转让；未一并转让的，由商标局通知其限期改正；期满不改正的，视为放弃转让该注册商标的申请，商标局应当书面通知申请人。

对可能产生误认、混淆或者其他不良影响的转让注册商标申请，商标局不予核准，书面通知申请人并说明理由。

第二十六条　注册商标专用权因转让以外的其他事由发生移转的，接受该注册商标专用权移转的当事人应当凭有关证明文件或者法律文书到商标局办理注册商标专用权移转手续。

注册商标专用权移转的，注册商标专用权人在同一种或者类似商品上注册的相同或者近似的商标，应当一并移转；未一并移转的，由商标局通知其限期改正；期满不改正的，视为放弃该移转注册商标的申请，商标局应当书面通知申请人。

六、知识产权的许可

（一）专利权的许可

1.《中华人民共和国专利法》

第十二条　任何单位或者个人实施他人专利的，应当与专利权人订立实施许可合同，向专利权人支付专利使用费。被许可人无权允许合同规定以外的任何单位或者个人实施该专利。

第十五条　专利申请权或者专利权的共有人对权利的行使有约定的，从其约定。没有约定的，共有人可以单独实施或者以普通许可方式许可他人实施该专利；许可他人实施该专利的，收取的使用费应当在共有人之间分配。

除前款规定的情形外，行使共有的专利申请权或者专利权应当取得全体共有人的同意。

第四十八条　有下列情形之一的，国务院专利行政部门根据具备实施条件的单位或者个人的申请，可以给予实施发明专利或者实用新型专利的强制许可：

（一）专利权人自专利权被授予之日起满三年，且自提出专利申请之日起满四年，无正当理由未实施或者未充分实施其专利的；

（二）专利权人行使专利权的行为被依法认定为垄断行为，为消除或者减少该行为对竞争产生的不利影响的。

第四十九条　在国家出现紧急状态或者非常情况时，或者为了公共利益的目的，国务院专利行政部门可以给予实施发明专利或者实用新型专利的强制许可。

第五十条　为了公共健康目的，对取得专利权的药品，国务院专利行政部门可以给予制造并将其出口到符合中华人民共和国参加的有关国际条约规定的国家或者地区的强制许可。

第五十一条　一项取得专利权的发明或者实用新型比前已经取得专利权的发明或者实用新型具有显著经济意义的重大技术进步，其实施又有赖于前一发明或者实用新型的实施的，国务院专利行政部门根据后一专利权人的申请，可以给予实施前一发明或者实用新型的强制许可。

在依照前款规定给予实施强制许可的情形下，国务院专利行政部门根据前一专利权人的申请，也可以给予实施后一发明或者实用新型的强制许可。

第五十二条　强制许可涉及的发明创造为半导体技术的，其实施限于公共利益的目的和本法第四十八条第（二）项规定的情形。

第五十三条　除依照本法第四十八条第（二）项、第五十条规定给予的强制许可外，强制许可的实施应当主要为了供应国内市场。

第五十四条　依照本法第四十八条第（一）项、第五十一条规定申请强制许可的单位或者个人应当提供证据，证明其以合理的条件请求专利权人许可其实施专利，但未能在合理的时间内获得许可。

第五十五条　国务院专利行政部门作出的给予实施强制许可的决定，应当及时通知专利权人，并予以登记和公告。

给予实施强制许可的决定，应当根据强制许可的理由规定实施的范围和时间。强制许可的理由消除并不再发生时，国务院专利行政部门应当根据专利权人的请求，经审查后作出终止实施强制许可的决定。

第五十六条　取得实施强制许可的单位或者个人不享有独占的实施权，并且无权允许他人实施。

第五十七条　取得实施强制许可的单位或者个人应当付给专利权人合理的使用费，或者依照中华人民共和国参加的有关国际条约的规定处理使用费问题。付给使用费的，其数额由双方协商；双方不能达成协议的，由国务院专利行政部门裁决。

2.《中华人民共和国专利法实施细则》

第十四条　除依照专利法第十条规定转让专利权外，专利权因其他事由发生转移的，当事人应当凭有关证明文件或者法律文书向国务院专利行政部门办理专利权转移手续。

专利权人与他人订立的专利实施许可合同，应当自合同生效之日起3个月内向国务院专利行政部门备案。

以专利权出质的，由出质人和质权人共同向国务院专利行政部门办理

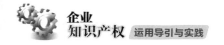

出质登记。

第七十三条　专利法第四十八条第（一）项所称未充分实施其专利，是指专利权人及其被许可人实施其专利的方式或者规模不能满足国内对专利产品或者专利方法的需求。

专利法第五十条所称取得专利权的药品，是指解决公共健康问题所需的医药领域中的任何专利产品或者依照专利方法直接获得的产品，包括取得专利权的制造该产品所需的活性成分以及使用该产品所需的诊断用品。

3.《国防专利条例》

第二十四条　国防专利权人许可国外的单位或者个人实施其国防专利的，应当确保国家秘密不被泄露，保证国防和军队建设不受影响，并向国防专利机构提出书面申请，由国防专利机构进行初步审查后依照本条例第三条第二款规定的职责分工，及时报送国务院国防科学技术工业主管部门、总装备部审批。

4.《专利实施许可合同备案办法》[①]

第二条　国家知识产权局负责全国专利实施许可合同的备案工作。

第三条　专利实施许可的许可人应当是合法的专利权人或者其他权利人。

以共有的专利权订立专利实施许可合同的，除全体共有人另有约定或者《中华人民共和国专利法》另有规定的外，应当取得其他共有人的同意。

第四条　申请备案的专利实施许可合同应当以书面形式订立。

---

①《专利实施许可合同备案办法》，国家知识产权局令第六十二号，自2011年8月1日起施行，下同。

订立专利实施许可合同可以使用国家知识产权局统一制订的合同范本；采用其他合同文本的，应当符合《中华人民共和国合同法》的规定。

第五条 当事人应当自专利实施许可合同生效之日起3个月内办理备案手续。

（二）商标权的许可

1.《中华人民共和国商标法》

第四十三条 商标注册人可以通过签订商标使用许可合同，许可他人使用其注册商标。许可人应当监督被许可人使用其注册商标的商品质量。被许可人应当保证使用该注册商标的商品质量。

经许可使用他人注册商标的，必须在使用该注册商标的商品上标明被许可人的名称和商品产地。

许可他人使用其注册商标的，许可人应当将其商标使用许可报商标局备案，由商标局公告。商标使用许可未经备案不得对抗善意第三人。

2.《中华人民共和国商标法实施条例》

第四十三条 许可他人使用其注册商标的，许可人应当自商标使用许可合同签订之日起3个月内将合同副本报送商标局备案。

3.《商标使用许可合同备案办法》

第二条 商标注册人许可他人使用其注册商标，必须签订商标使用许可合同。

第三条 订立商标使用许可合同，应当遵循自愿和诚实信用的原则。

任何单位和个人不得利用许可合同从事违法活动，损害社会公共利益和消费者权益。

第四条 商标使用许可合同自签订之日起三个月内，许可人应当将许可合同副本报送商标局备案。

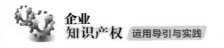

七、知识产权的质押

（一）权利的质押

1.《中华人民共和国物权法》[①]

第二百二十三条　债务人或者第三人有权处分的下列权利可以出质：

（一）汇票、支票、本票；

（二）债券、存款单；

（三）仓单、提单；

（四）可以转让的基金份额、股权；

（五）可以转让的注册商标专用权、专利权、著作权等知识产权中的财产权；

（六）应收账款；

（七）法律、行政法规规定可以出质的其他财产权利。

第二百二十七条　以注册商标专用权、专利权、著作权等知识产权中的财产权出质的，当事人应当订立书面合同。质权自有关主管部门办理出质登记时设立。

知识产权中的财产权出质后，出质人不得转让或者许可他人使用，但经出质人与质权人协商同意的除外。出质人转让或者许可他人使用出质的知识产权中的财产权所得的价款，应当向质权人提前清偿债务或者提存。

第二百二十九条　权利质权除适用本节规定外，适用本章第一节动产质权的规定。

第二百二十条　出质人可以请求质权人在债务履行期届满后及时行使质权；质权人不行使的，出质人可以请求人民法院拍卖、变卖质押财产。

出质人请求质权人及时行使质权，因质权人怠于行使权利造成损害的，由质权人承担赔偿责任。

---

①《中华人民共和国物权法》，2007年3月16日第十届全国人民代表大会第五次会议通过，下同。

2.《中华人民共和国担保法》①

第七十五条 下列权利可以质押：

（一）汇票、支票、本票、债券、存款单、仓单、提单；

（二）依法可以转让的股份、股票；

（三）依法可以转让的商标专用权，专利权、著作权中的财产权；

（四）依法可以质押的其他权利。

第七十九条 以依法可以转让的商标专用权，专利权、著作权中的财产权出质的，出质人与质权人应当订立书面合同，并向其管理部门办理出质登记。质押合同自登记之日起生效。

第八十条 本法第七十九条规定的权利出质后，出质人不得转让或者许可他人使用，但经出质人与质权人协商同意的可以转让或者许可他人使用。出质人所得的转让费、许可费应当向质权人提前清偿所担保的债权或者向与质权人约定的第三人提存。

第八十一条 权利质押除适用本节规定外，适用本章第一节的规定。

3.《中华人民共和国商业银行法》②

第三十六条 商业银行贷款，借款人应当提供担保。商业银行应当对保证人的偿还能力，抵押物、质物的权属和价值以及实现抵押权、质权的可行性进行严格审查。

第三十七条 商业银行贷款，应当与借款人订立书面合同。合同应当约定贷款种类、借款用途、金额、利率、还款期限、还款方式、违约责任和双方认为需要约定的其他事项。

---

① 《中华人民共和国担保法》，1995年6月30日第八届全国人民代表大会常务委员会第十四次会议通过，1995年6月30日中华人民共和国主席令第五十号公布，自1995年10月1日起施行，下同。

② 《中华人民共和国商业银行法》，1995年5月10日第八届全国人民代表大会常务委员会第十三次会议通过，根据2003年12月27日第十届全国人民代表大会常务委员会第六次会议《关于修改〈中华人民共和国商业银行法〉的决定》修正，下同。

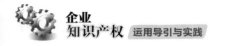

第四十二条　借款人应当按期归还贷款的本金和利息。

借款人到期不归还担保贷款的，商业银行依法享有要求保证人归还贷款本金和利息或者就该担保物优先受偿的权利。商业银行因行使抵押权、质权而取得的不动产或者股权，应当自取得之日起二年内予以处分。

借款人到期不归还信用贷款的，应当按照合同约定承担责任。

（二）专利权的质押

1.《中华人民共和国科学技术进步法》

第十八条　国家鼓励金融机构开展知识产权质押业务，鼓励和引导金融机构在信贷等方面支持科学技术应用和高新技术产业发展，鼓励保险机构根据高新技术产业发展的需要开发保险品种。

2.《中华人民共和国促进科技成果转化法》

第三十五条　国家鼓励银行业金融机构在组织形式、管理机制、金融产品和服务等方面进行创新，鼓励开展知识产权质押贷款、股权质押贷款等贷款业务，为科技成果转化提供金融支持。

3.《中华人民共和国专利法实施细则》

第十四条　除依照专利法第十条规定转让专利权外，专利权因其他事由发生转移的，当事人应当凭有关证明文件或者法律文书向国务院专利行政部门办理专利权转移手续。

以专利权出质的，由出质人和质权人共同向国务院专利行政部门办理出质登记。

第八十九条　国务院专利行政部门设置专利登记簿，登记下列与专利申请和专利权有关的事项：

（一）专利权的授予；

（二）专利申请权、专利权的转移；

（三）专利权的质押、保全及其解除；

（四）专利实施许可合同的备案；

（五）专利权的无效宣告；

（六）专利权的终止；

（七）专利权的恢复；

（八）专利实施的强制许可；

（九）专利权人的姓名或者名称、国籍和地址的变更。

第九十条　国务院专利行政部门定期出版专利公报，公布或者公告下列内容：

（一）发明专利申请的著录事项和说明书摘要；

（二）发明专利申请的实质审查请求和国务院专利行政部门对发明专利申请自行进行实质审查的决定；

（三）发明专利申请公布后的驳回、撤回、视为撤回、视为放弃、恢复和转移；

（四）专利权的授予以及专利权的著录事项；

（五）发明或者实用新型专利的说明书摘要，外观设计专利的一幅图片或者照片；

（六）国防专利、保密专利的解密；

（七）专利权的无效宣告；

（八）专利权的终止、恢复；

（九）专利权的转移；

（十）专利实施许可合同的备案；

（十一）专利权的质押、保全及其解除；

（十二）专利实施的强制许可的给予；

（十三）专利权人的姓名或者名称、地址的变更；

（十四）文件的公告送达；

（十五）国务院专利行政部门作出的更正；

（十六）其他有关事项。

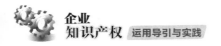

4.《专利权质押登记办法》①

第二条　国家知识产权局负责专利权质押登记工作。

第三条　以专利权出质的，出质人与质权人应当订立书面质押合同。

质押合同可以是单独订立的合同，也可以是主合同中的担保条款。

第四条　以共有的专利权出质的，除全体共有人另有约定的以外，应当取得其他共有人的同意。

（三）商标权的质押

1.《注册商标专用权质权登记程序规定》②

第一条　为充分发挥商标专用权无形资产的价值，促进经济发展，根据《物权法》《担保法》《商标法》和《商标法实施条例》的有关规定，制定本程序规定。

国家工商行政管理总局商标局负责办理注册商标专用权质权登记。

第二条　自然人、法人或者其他组织以其注册商标专用权出质的，出质人与质权人应当订立书面合同，并向商标局办理质权登记。

质权登记申请应由质权人和出质人共同提出。质权人和出质人可以直接向商标局申请，也可以委托商标代理机构代理。在中国没有经常居所或者营业所的外国人或者外国企业应当委托代理机构办理。

第三条　办理注册商标专用权质权登记，出质人应当将在相同或者类似商品/服务上注册的相同或者近似商标一并办理质权登记。质权合同和质权登记申请书中应当载明出质的商标注册号。

---

① 《专利实施许可合同备案办法》，国家知识产权局令第六十二号，自2011年8月1日起施行，下同。

② 《注册商标专用权质权登记程序规定》，国家工商行政管理总局2009年9月10日印发，工商标字〔2009〕第182号，下同。

八、知识产权的出资

（一）权利出资

1.《中华人民共和国物权法》

第六十七条 国家、集体和私人依法可以出资设立有限责任公司、股份有限公司或者其他企业。国家、集体和私人所有的不动产或者动产，投到企业的，由出资人按照约定或者出资比例享有资产收益、重大决策以及选择经营管理者等权利并履行义务。

第一百零四条 按份共有人对共有的不动产或者动产享有的份额，没有约定或者约定不明确的，按照出资额确定；不能确定出资额的，视为等额享有。

2.《中华人民共和国公司法》[①]

第二十七条 股东可以用货币出资，也可以用实物、知识产权、土地使用权等可以用货币估价并可以依法转让的非货币财产作价出资；但是，法律、行政法规规定不得作为出资的财产除外。

对作为出资的非货币财产应当评估作价，核实财产，不得高估或者低估作价。法律、行政法规对评估作价有规定的，从其规定。

全体股东的货币出资金额不得低于有限责任公司注册资本的百分之三十。

第二十八条 股东应当按期足额缴纳公司章程中规定的各自所认缴的出资额。股东以货币出资的，应当将货币出资足额存入有限责任公司

---

① 《中华人民共和国公司法》，1993年12月29日第八届全国人民代表大会常务委员会第五次会议通过，根据1999年12月25日第九届全国人民代表大会常务委员会第十三次会议《关于修改〈中华人民共和国公司法〉的决定》第一次修正，根据2004年8月28日第十届全国人民代表大会常务委员会第十一次会议《关于修改〈中华人民共和国公司法〉的决定》第二次修正，2005年10月27日第十届全国人民代表大会常务委员会第十八次会议修订，根据2013年12月28日第十二届全国人民代表大会常务委员会第六次会议《关于修改〈中华人民共和国海洋环境保护法〉等七部法律的决定》第三次修正，下同。

在银行开设的账户；以非货币财产出资的，应当依法办理其财产权的转移手续。

股东不按照前款规定缴纳出资的，除应当向公司足额缴纳外，还应当向已按期足额缴纳出资的股东承担违约责任。

第三十一条 有限责任公司成立后，发现作为设立公司出资的非货币财产的实际价额显著低于公司章程所定价额的，应当由交付该出资的股东补足其差额；公司设立时的其他股东承担连带责任。

3.《中华人民共和国中外合资经营企业法》[①]

第五条 合营企业各方可以现金、实物、工业产权等进行投资。

外国合营者作为投资的技术和设备，必须确实是适合我国需要的先进技术和设备。如果有意以落后的技术和设备进行欺骗，造成损失的，应赔偿损失。

中国合营者的投资可包括为合营企业经营期间提供的场地使用权。如果场地使用权未作为中国合营者投资的一部分，合营企业应向中国政府缴纳使用费。

上述各项投资应在合营企业的合同和章程中加以规定，其价格（场地除外）由合营各方评议商定。

4.《中华人民共和国中外合资经营企业法实施条例》[②]

第二十二条 合营者可以用货币出资，也可以用建筑物、厂房、机器

---

① 《中华人民共和国中外合资经营企业法》，1979年7月1日第五届全国人民代表大会第二次会议通过，根据1990年4月4日第七届全国人民代表大会第三次会议《关于修改〈中华人民共和国中外合资经营企业法〉的决定》修正，根据2001年3月15日第九届全国人民代表大会第四次会议《关于修改〈中华人民共和国中外合资经营企业法〉的决定》第二次修正，下同。

② 《中华人民共和国中外合资经营企业法实施条例》，1983年9月20日国务院发布，根据1986年1月15日国务院《关于〈中华人民共和国中外合资经营企业法实施条例〉第一百条的修订》第一次修订，根据1987年12月21日《国务院关于修订〈中华人民共和国中外合资经营企业法实施条例〉第八十条第三款的通知》第二次修订，根据2001年7月22日《国务院关于修改〈中华人民共和国中外合资经营企业法实施条例〉的决定》第三次修订，根据2011年1月8日《国务院关于废止和修改部分行政法规的决定》第四次修订，下同。2014年2月19日第五次修订。

设备或者其他物料、工业产权、专有技术、场地使用权等作价出资。以建筑物、厂房、机器设备或者其他物料、工业产权、专有技术作为出资的，其作价由合营各方按照公平合理的原则协商确定，或者聘请合营各方同意的第三者评定。

第二十五条　作为外国合营者出资的工业产权或者专有技术，必须符合下列条件之一：

（一）能显著改进现有产品的性能、质量，提高生产效率的；

（二）能显著节约原材料、燃料、动力的。

第二十六条　外国合营者以工业产权或者专有技术作为出资，应当提交该工业产权或者专有技术的有关资料，包括专利证书或者商标注册证书的复制件、有效状况及其技术特性、实用价值、作价的计算根据、与中国合营者签订的作价协议等有关文件，作为合营合同的附件。

第二十七条　外国合营者作为出资的机器设备或者其他物料、工业产权或者专有技术，应当报审批机构批准。

九、知识产权的信托

1.《中华人民共和国信托法》①

第二条　本法所称信托，是指委托人基于对受托人的信任，将其财产权委托给受托人，由受托人按委托人的意愿以自己的名义，为受益人的利益或者特定目的，进行管理或者处分的行为。

第六条　设立信托，必须有合法的信托目的。

第七条　设立信托，必须有确定的信托财产，并且该信托财产必须是委托人合法所有的财产。

本法所称财产包括合法的财产权利。

第八条　设立信托，应当采取书面形式。

书面形式包括信托合同、遗嘱或者法律、行政法规规定的其他书面文

---

① 《中华人民共和国信托法》，2001年4月28日第九届全国人民代表大会常务委员会第二十一次会议通过，下同。

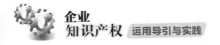

件等。

采取信托合同形式设立信托的，信托合同签订时，信托成立。采取其他书面形式设立信托的，受托人承诺信托时，信托成立。

第十条　设立信托，对于信托财产，有关法律、行政法规规定应当办理登记手续的，应当依法办理信托登记。

未依照前款规定办理信托登记的，应当补办登记手续；不补办的，该信托不产生效力。

第十四条　受托人因承诺信托而取得的财产是信托财产。

受托人因信托财产的管理运用、处分或者其他情形而取得的财产，也归入信托财产。

法律、行政法规禁止流通的财产，不得作为信托财产。

法律、行政法规限制流通的财产，依法经有关主管部门批准后，可以作为信托财产。

十、知识产权的证券化

（一）会计准则下知识产权资产的形成

1.《企业会计准则——基本准则》[①]

第二十条　资产是指企业过去的交易或者事项形成的、由企业拥有或者控制的、预期会给企业带来经济利益的资源。

前款所指的企业过去的交易或者事项包括购买、生产、建造行为或其他交易或者事项。预期在未来发生的交易或者事项不形成资产。

由企业拥有或者控制，是指企业享有某项资源的所有权，或者虽然不享有某项资源的所有权，但该资源能被企业所控制。

预期会给企业带来经济利益，是指直接或者间接导致现金和现金等价

---

① 《企业会计准则——基本准则》，2006年2月15日财政部令第33号公布，自2007年1月1日起施行，2014年7月23日根据《财政部关于修改〈企业会计准则——基本准则〉的决定》修改，下同。

物流入企业的潜力。

第二十一条　符合本准则第二十条规定的资产定义的资源，在同时满足以下条件时，确认为资产：

（一）与该资源有关的经济利益很可能流入企业；

（二）该资源的成本或者价值能够可靠地计量。

第二十二条　符合资产定义和资产确认条件的项目，应当列入资产负债表；符合资产定义、但不符合资产确认条件的项目，不应当列入资产负债表。

（二）证券发行条件

1.《中华人民共和国证券法》[①]

第十条　公开发行证券，必须符合法律、行政法规规定的条件，并依法报经国务院证券监督管理机构或者国务院授权的部门核准；未经依法核准，任何单位和个人不得公开发行证券。

有下列情形之一的，为公开发行：

（一）向不特定对象发行证券的；

（二）向特定对象发行证券累计超过二百人的；

（三）法律、行政法规规定的其他发行行为。

非公开发行证券，不得采用广告、公开劝诱和变相公开方式。

第十六条　公开发行公司债券，应当符合下列条件：

（一）股份有限公司的净资产不低于人民币三千万元，有限责任公司的净资产不低于人民币六千万元；

（二）累计债券余额不超过公司净资产的百分之四十；

（三）最近三年平均可分配利润足以支付公司债券一年的利息；

---

① 《中华人民共和国证券法》，1998年12月29日第九届全国人民代表大会常务委员会第六次会议通过，根据2004年8月28日第十届全国人民代表大会常务委员会第十一次会议《关于修改〈中华人民共和国证券法〉的决定》修正，2005年10月27日第十届全国人民代表大会常务委员会第十八次会议修订，下同。

（四）筹集的资金投向符合国家产业政策；

（五）债券的利率不超过国务院限定的利率水平；

（六）国务院规定的其他条件。

公开发行公司债券筹集的资金，必须用于核准的用途，不得用于弥补亏损和非生产性支出。

上市公司发行可转换为股票的公司债券，除应当符合第一款规定的条件外，还应当符合本法关于公开发行股票的条件，并报国务院证券监督管理机构核准。

第十八条　有下列情形之一的，不得再次公开发行公司债券：

（一）前一次公开发行的公司债券尚未募足；

（二）对已公开发行的公司债券或者其他债务有违约或者延迟支付本息的事实，仍处于继续状态；

（三）违反本法规定，改变公开发行公司债券所募资金的用途。

十一、北京市地方性法规、规章及规定

1.《北京市专利保护和促进条例》①

第一章　总则

第一条　为了鼓励发明创造，保护专利权人的合法权益，推动发明创造的应用，促进科学技术进步和经济社会发展，提高创新能力，根据《中华人民共和国专利法》《中华人民共和国专利法实施细则》和其他有关法律、行政法规，结合本市实际情况，制定本条例。

第二条　本市行政区域内专利的保护、促进及相关活动，适用本条例。

第三条　本市专利工作应当遵循激励创新、合理运用、依法保护、科学管理、完善服务的原则。

---

①《北京市专利保护和促进条例》，2005年5月20日北京市第十二届人民代表大会常务委员会第二十次会议通过，2013年9月27日北京市第十四届人民代表大会常务委员会第六次会议修订。

第四条　市和区、县人民政府应当按照首都知识产权战略制定专利保护和促进规划，将专利工作纳入国民经济和社会发展规划并组织实施，保障专利事业发展需要的经费和投入，加强体制机制创新和政策环境建设，建立和完善专利发展评价指标，提升社会的专利创造、运用、保护和管理能力。

市和区、县人民政府应当加强服务，完善有利于专利保护和促进的市场环境，健全政府与市场、社会的统筹协调机制。

第五条　市专利管理部门负责本行政区域内的专利工作。

区、县专利管理部门在市专利管理部门的指导下，开展有关专利保护和促进工作。

发展改革、科学技术、经济和信息化、人力资源和社会保障、教育、农业、工商、商务以及国有资产管理等有关部门，应当按照各自的职责做好相关工作。

第六条　市和区、县人民政府有关部门应当指导企业、事业单位开展专利工作，引导企业、事业单位建立健全专利管理体系和管理制度。

第七条　市和区、县人民政府有关部门及有关单位应当加强专利宣传教育，在法制宣传教育计划和公务员培训体系中纳入专利知识的内容，加强对企业、事业单位人员的培训，鼓励高等院校开设专利课程，提高全社会的专利意识，营造专利保护和促进的良好环境。

第八条　市和区、县人民政府有关部门应当加强对专利信息发布、新闻报道工作的组织、协调，对重大专利事件新闻报道和舆情进行收集、分析、通报。

第二章　专利保护

第九条　市专利管理、工商、商务等有关部门应当建立专利保护的预防、查处、处理工作机制，重点预防假冒专利行为和群体性专利侵权行为，依法查处假冒专利行为、处理专利侵权纠纷。

第十条　市专利管理部门查处假冒专利行为、处理专利侵权纠纷时，

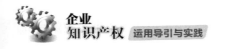

应当依法调查取证，相关单位和个人应当协助配合，如实反映情况，不得拒绝、阻挠。

市专利管理部门查处假冒专利行为时，对有证据证明是假冒专利的产品，依法查封或者扣押。

第十一条　市专利管理部门处理专利侵权纠纷，认定专利侵权行为成立并作出处理决定的，应当按照下列规定采取措施制止侵权行为：

（一）侵权人制造专利侵权产品的，责令其立即停止制造行为、销毁制造侵权产品的专用设备、模具等生产工具，并不得销售、使用尚未售出的侵权产品或者以其他形式将其投放市场；

（二）侵权人未经专利权人许可使用专利方法的，责令其立即停止使用行为、销毁实施专利方法的专用设备、模具等生产工具，并不得销售、使用尚未售出的依照专利方法所直接获得的侵权产品或者以其他形式将其投放市场；

（三）侵权人销售专利侵权产品或者依照专利方法直接获得的侵权产品的，责令其立即停止销售行为，并不得使用尚未售出的侵权产品或者以其他形式将其投放市场；

（四）侵权人许诺销售专利侵权产品或者依照专利方法直接获得的侵权产品的，责令其立即停止许诺销售侵权产品的行为、消除影响，并不得进行任何实际销售行为；

（五）侵权人进口专利侵权产品或者依照专利方法直接获得的侵权产品，已经进入本市的，责令其不得销售、使用该侵权产品或者以其他形式将其投放市场；

（六）侵权人以生产经营为目的使用专利侵权产品的，责令其立即停止使用行为；

（七）制止侵权行为的其他必要措施。

第十二条　本市建立专利保护工作协调机制，完善执法协作工作平台，健全专利案件行政执法和司法衔接机制，完善行政机关之间以及行政机关与司法机关之间的案件移送和线索通报制度。

第十三条　发生专利纠纷的，当事人可以自行协商解决，也可以在行政处理时向市专利管理部门申请行政调解，或者向人民法院提起诉讼。行业协会及其他中介组织可以接受行政机关或者人民法院委托进行调解的相关工作。

第十四条　市专利管理部门处理专利纠纷时，在当事人自愿的基础上优先采用调解的方式解决纠纷。专利纠纷当事人可以就下列专利纠纷请求市专利管理部门调解：

（一）侵犯专利权的赔偿数额纠纷；

（二）专利申请权和专利权归属纠纷；

（三）发明人、设计人资格纠纷；

（四）职务发明创造的发明人、设计人的奖励和报酬纠纷；

（五）专利权被授予之后提出，该发明专利申请公布后，专利权授予前使用发明而未支付适当费用的纠纷；

（六）其他专利纠纷。

第十五条　市专利管理部门进行调解时应当坚持自愿、合法原则，在查明事实、分清是非的基础上，促使当事人相互谅解，协商解决纠纷。双方当事人经调解达成协议的，市专利管理部门应当制作调解协议书，并告知双方当事人可以向人民法院申请司法确认；未能达成协议的，市专利管理部门应当依法处理。

第十六条　专利权人或者利害关系人应当合理运用专利制度，不得滥用专利权限制技术竞争和技术发展，维护公平竞争的市场秩序、公共利益以及他人合法权益。

第十七条　大型零售企业应当与供货企业就专利保护事项进行约定，明确双方的专利保护责任，预防假冒专利产品和专利侵权产品进入流通市场；专利产品的供货企业应当提供专利证书或者专利实施许可合同等相关证明材料。

第十八条　展览会、展示会、博览会、交易会等活动的主办方应当与

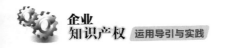

参展方就专利保护事项进行约定，按照相关规定做好专利保护工作；参展方以专利产品或者专利技术的名义进场参展的，应当提供专利证书或者专利实施许可合同等相关证明材料；依法需要向海关部门申报的，应当提交相关材料。

在展会期间，展会的主办方、承办方、参展方应当对专利管理等部门的工作予以配合。

第十九条　市专利管理部门应当建立企业实施假冒专利、专利侵权违法行为的档案，纳入本市企业信用信息系统，对于依法给予行政处罚或者追究刑事责任的情形，应当及时向社会公布。

第二十条　本市设立专利举报投诉工作平台，公布举报投诉方式，并为举报人保密。

任何单位和个人有权向市和区、县专利管理部门举报投诉假冒专利行为，提供违法行为线索。对于举报查实的，应当予以奖励。

第二十一条　本市知识产权维权援助机构应当积极开展专利维权援助工作，重点援助、扶持困难人员和中小企业，实现维权援助的公益化、专业化、规范化。

第二十二条　市专利管理及相关部门应当指导企业、行业协会建立专利海外援助机制，鼓励行业协会、服务机构为企业提供应对海外专利纠纷、争端和突发事件的服务。行业协会应当制定本行业专利海外应急预案，指导会员建立海外专利保护制度。

第三章　专利促进

第二十三条　本市鼓励企业、科研院所、高等院校制定专利战略，加强科学技术的研究开发和专利创造、运用、保护、管理工作；鼓励个人发明创造，申请专利。

第二十四条　本市应当以提高自主创新能力为核心，创新组织模式，构建、完善以项目为载体、企业为主体、市场为导向、产学研用相结合的技术创新体系。

第二十五条 本市鼓励高等院校和科研院所依法申请专利，实施专利；支持企业、高等院校、科研院所开展多渠道、多形式的合作，共同研究开发和实施专利。

第二十六条 本市建立重大经济活动专利评议制度，对使用大额政府财政资金、涉及国有资产数额较大或者对经济社会发展有重大影响的经济活动进行专利评估和审议，防范专利纠纷隐患和市场风险，避免低水平重复研究，为政府科学决策提供依据。具体评议办法由市人民政府规定。

第二十七条 本市建立专利预警制度，对重点区域、行业的国内外专利状况、发展趋势、竞争态势等信息进行收集、分析、发布、反馈。市和区、县人民政府应当鼓励、引导企业开展专利预警工作，支持行业协会、专利中介服务机构在专利预警方面为政府决策和企业发展提供服务，维护产业安全，提高企业应对专利纠纷的能力。

第二十八条 本市建立专利研究开发、实施和交易的服务体系，建设专利公共信息服务基础设施、各类专业专题专利数据库，开展专利信息数据检索、加工和分析，促进专利信息的传播和利用，推动专利交易和专利运用。

第二十九条 本市设立专利奖，对在本市进行发明创造并实施，为促进本市经济社会发展做出突出贡献的专利权人予以表彰奖励。

专利奖资金应当用于奖励发明人、设计人以及对专利的实施、转让、许可做出实质贡献的专利管理、技术转移人员。

第三十条本 市对在进行发明创造、专利申请、专利实施、专利保护、专利预警等方面确需获得帮助的单位和个人，可以予以资金支持。具体办法由市专利管理部门、市财政部门会同市科学技术、发展改革、经济和信息化等有关部门制定。

第三十一条 本市通过各种优惠政策鼓励企业及其他组织增加专利研究开发的投入，其专利研究开发费用，在计算应纳税所得额时，可以在实际成本基础上按照规定比例加计扣除或者摊销。

企业购买专利所发生的费用，可以按照规定列入成本。

第三十二条 专利权转让合同、专利申请权转让合同、专利实施许可合同经依法认定登记的，当事人享受国家和本市有关技术交易的税收优惠政策。

第三十三条 市专利管理工作部门会同市科学技术、发展改革、经济和信息化、教育、农业等相关部门建立企业、高等院校、科研院所、社会组织等各类创新主体认定的专利考核指标体系，并将认定考核结果作为相关部门支持、奖励创新主体的依据之一。

第三十四条 本市鼓励企业将自主研究开发的专利产品、技术参与政府采购活动。

第三十五条 申请本市政府财政资金支持的研究开发、技术改造、技术引进等项目，涉及发明、实用新型专利的，应当根据项目的具体情况，按照有关规定和项目主管部门的要求提交专利文献检索报告或者专利分析报告。

市专利管理部门应当会同市科学技术、发展改革等有关部门，公布可以出具专利文献检索报告或者专利分析报告机构的推荐目录。

第三十六条 本市政府财政资金支持项目可能产生专利的，项目承担单位应当全面、准确、真实地报告专利成果。项目主管部门应当与项目承担单位就以下事项进行约定：

（一）涉及专利成果的研发目标和验收标准。

（二）资金使用计划。属于科技计划项目的，按照计划和规定所发生的费用，在项目验收后，可以按照相关规定在科技计划项目经费中列支。

（三）专利权的权属及相关权益。未约定的，专利权归项目承担单位所有，由项目承担单位自主决定专利的实施、许可、转让、作价入股等，并取得相应的收益。法律法规另有规定的除外。

（四）专利申请权及申请的合理期限。项目承担单位在合理期限内不提出专利申请的，发明人、设计人可以申请专利，专利权被授予后，项目承担单位享有专利免费实施权。

（五）专利的实施运用计划及其期限。项目承担单位未依照约定实施的，项目主管部门可以许可他人实施，所收取的费用，应当给予项目承担单位。

（六）专利维持的合理期限。

第三十七条 以专利出资方式设立企业的，专利出资占企业注册资本的比例，依法由出资各方约定。以专利作价出资的，应当出具评估机构的评估报告和验资机构的验资证明。涉及国有企事业单位的，应当符合有关国有资产的管理规定。

第三十八条 本市国有企事业单位应当按照规定建立专利管理制度，健全专利管理体系。有下列情形之一的，应当按照有关规定进行专利评估：

（一）以专利作价出资设立企业的；

（二）许可境外企业、其他组织或者个人使用专利权的；

（三）改制、上市、投资、转让、置换、拍卖、偿还债务等涉及专利的；

（四）合并、分立、解散、清算等涉及专利的；

（五）其他需要进行专利评估的。

第三十九条 被授予专利权的单位应当按照规定和约定给予职务发明创造的发明人、设计人以及对专利的实施、转让、许可做出实质贡献的专利管理、技术转移人员奖金和报酬。

奖金和报酬可以现金、股权收益或者当事人约定的其他形式给付。给付的数额、时间和方式等，由当事人依法约定。没有约定数额的，可以按照下列比例确定：

（一）单位转让、许可他人实施的，不低于转让费、许可使用费净收入的20%；

（二）以专利权入股的，不低于股份或者股权收益的20%。

第四十条 本市进行专业技术职称评审时，应当将发明人、设计人已经实施并取得经济或者社会效益的相关专利作为评价考核的重要因素；对技术进步能够产生重大作用、取得显著经济或者社会效益的专利，可以作为发明人、设计人以及对专利的实施、转让、许可做出实质贡献的专利管理、技术转移人员破格申报相关专业技术职称评价考核的重要因素。

第四十一条　对于具备实施条件、未能适时实施的单位拥有的专利，本市鼓励职务发明的发明人、设计人或者其他单位和个人，与拥有专利权的单位以签订合同的方式予以实施。

第四十二条　本市鼓励开展专利领域的金融创新，支持金融机构开展专利质押业务，创新专利质权处置机制，建立质押贷款和风险补偿机制，鼓励拥有专利的企业利用资本市场融资，支持境内外个人和机构开展以专利运用为目的的投资。

市和区、县人民政府及有关部门依法设立的创业投资引导资金和基金，应当采取阶段参股、跟进投资、风险补助等多种方式，支持专利产业化和商用化。

第四十三条　本市鼓励发展专利服务业，支持专利中介服务机构发展，加强专利中介服务业人才队伍建设，培育专利中介服务市场，完善专利中介服务体系。

第四十四条　专利中介服务机构及其执业人员应当依法提供服务，不得利用商业贿赂手段招揽业务、不得泄露委托人的商业秘密。

第四十五条　市专利管理部门依法对专利中介服务机构及执业人员进行监督和管理。依法设立并在本市从事专利代理业务的专利中介服务机构应当按照规定将机构及其执业人员的情况向市专利管理部门备案，并由市专利管理部门公示。

市专利管理部门建立专利中介服务机构及执业人员的违法行为信息管理系统，及时披露违法行为信息。

第四十六条　本市有关行业协会应当开展专利知识的宣传和培训，增强会员专利意识，规范会员行为，指导支持会员建立专利联盟和专利池，为会员提供专利信息咨询、预警、维权援助等服务。

行业协会应当加强与高校、科研院所的合作，充分利用高校、科研院所的优势，促进产学研合作。

第四章　法律责任

第四十七条　专利侵权纠纷的行政处理决定或者法院判决生效后，同一侵权人再次侵犯同一专利权的，可以由市专利管理部门责令改正，没收违法所得，并处二万元以上二十万元以下的罚款。

第四十八条　市专利管理部门根据本条例第十一条采取措施制止侵权行为，侵权人拒不履行行政处理决定，市专利管理部门可以对涉及的产品以及设备、模具等生产工具予以没收。

第四十九条　专利中介服务机构及其执业人员违反本条例第四十四条规定的，由市工商行政管理部门依法予以查处。

第五十条　负有专利保护和促进责任的相关部门及其工作人员，违反本条例规定，不履行、违法履行或者不当履行保护和审查职责的，依法追究行政责任；相关人员的行为构成犯罪的，依法追究刑事责任。

第五章　附则

第五十一条　本条例自2014年3月1日起施行。

十二、知识产权运用主要相关政策

1.《国家知识产权战略纲要》

为提升我国知识产权创造、运用、保护和管理能力，建设创新型国家，实现全面建设小康社会目标，制定本纲要。

一、序言

（1）改革开放以来，我国经济社会持续快速发展，科学技术和文化创作取得长足进步，创新能力不断提升，知识在经济社会发展中的作用越来越突出。我国正站在新的历史起点上，大力开发和利用知识资源，对于转变经济发展方式，缓解资源环境约束，提升国家核心竞争力，满足人民群众日益增长的物质文化生活需要，具有重大战略意义。

（2）知识产权制度是开发和利用知识资源的基本制度。知识产权制度通过合理确定人们对于知识及其他信息的权利，调整人们在创造、运用知识和信息过程中产生的利益关系，激励创新，推动经济发展和社会进步。当今世界，随着知识经济和经济全球化深入发展，知识产权日益成为国家发展的战略性资源和国际竞争力的核心要素，成为建设创新型国家的重要支撑和掌握发展主动权的关键。国际社会更加重视知识产权，更加重视鼓励创新。发达国家以创新为主要动力推动经济发展，充分利用知识产权制度维护其竞争优势；发展中国家积极采取适应国情的知识产权政策措施，促进自身发展。

（3）经过多年发展，我国知识产权法律法规体系逐步健全，执法水平不断提高；知识产权拥有量快速增长，效益日益显现；市场主体运用知识产权能力逐步提高；知识产权领域的国际交往日益增多，国际影响力逐渐增强。知识产权制度的建立和实施，规范了市场秩序，激励了发明创造和文化创作，促进了对外开放和知识资源的引进，对经济社会发展发挥了重要作用。但是，从总体上看，我国知识产权制度仍不完善，自主知识产权水平和拥有量尚不能满足经济社会发展需要，社会公众知识产权意识仍较薄弱，市场主体运用知识产权能力不强，侵犯知识产权现象还比较突出，知识产权滥用行为时有发生，知识产权服务支撑体系和人才队伍建设滞后，知识产权制度对经济社会发展的促进作用尚未得到充分发挥。

（4）实施国家知识产权战略，大力提升知识产权创造、运用、保护和管理能力，有利于增强我国自主创新能力，建设创新型国家；有利于完善社会主义市场经济体制，规范市场秩序和建立诚信社会；有利于增强我国企业市场竞争力和提高国家核心竞争力；有利于扩大对外开放，实现互利共赢。必须把知识产权战略作为国家重要战略，切实加强知识产权工作。

二、指导思想和战略目标

（一）指导思想。

（5）实施国家知识产权战略，要坚持以邓小平理论和"三个代表"重要思想为指导，深入贯彻落实科学发展观，按照激励创造、有效运用、依法保护、科学管理的方针，着力完善知识产权制度，积极营造良好的知识产权法治环境、市场环境、文化环境，大幅度提升我国知识产权创造、运用、保护和管理能力，为建设创新型国家和全面建设小康社会提供强有力支撑。

（二）战略目标。

（6）到2020年，把我国建设成为知识产权创造、运用、保护和管理水平较高的国家。知识产权法治环境进一步完善，市场主体创造、运用、保护和管理知识产权的能力显著增强，知识产权意识深入人心，自主知识产权的水平和拥有量能够有效支撑创新型国家建设，知识产权制度对经济发展、文化繁荣和社会建设的促进作用充分显现。

（7）近五年的目标是：

——自主知识产权水平大幅度提高，拥有量进一步增加。本国申请人发明专利年度授权量进入世界前列，对外专利申请大幅度增加。培育一批国际知名品牌。核心版权产业产值占国内生产总值的比重明显提高。拥有一批优良植物新品种和高水平集成电路布图设计。商业秘密、地理标志、遗传资源、传统知识和民间文艺等得到有效保护与合理利用。

——运用知识产权的效果明显增强，知识产权密集型商品比重显著提高。企业知识产权管理制度进一步健全，对知识产权领域的投入大幅度增加，运用知识产权参与市场竞争的能力明显提升。形成一批拥有知名品牌和核心知识产权，熟练运用知识产权制度的优势企业。

——知识产权保护状况明显改善。盗版、假冒等侵权行为显著减少，维权成本明显下降，滥用知识产权现象得到有效遏制。

——全社会特别是市场主体的知识产权意识普遍提高，知识产权文化氛围初步形成。

三、战略重点

（一）完善知识产权制度。

（8）进一步完善知识产权法律法规。及时修订专利法、商标法、著作权法等知识产权专门法律及有关法规。适时做好遗传资源、传统知识、民间文艺和地理标志等方面的立法工作。加强知识产权立法的衔接配套，增强法律法规可操作性。完善反不正当竞争、对外贸易、科技、国防等方面法律法规中有关知识产权的规定。

（9）健全知识产权执法和管理体制。加强司法保护体系和行政执法体系建设，发挥司法保护知识产权的主导作用，提高执法效率和水平，强化公共服务。深化知识产权行政管理体制改革，形成权责一致、分工合理、决策科学、执行顺畅、监督有力的知识产权行政管理体制。

（10）强化知识产权在经济、文化和社会政策中的导向作用。加强产业政策、区域政策、科技政策、贸易政策与知识产权政策的衔接。制定适合相关产业发展的知识产权政策，促进产业结构的调整与优化；针对不同地区发展特点，完善知识产权扶持政策，培育地区特色经济，促进区域经济协调发展；建立重大科技项目的知识产权工作机制，以知识产权的获取和保护为重点开展全程跟踪服务；健全与对外贸易有关的知识产权政策，建立和完善对外贸易领域知识产权管理体制、预警应急机制、海外维权机制和争端解决机制。加强文化、教育、科研、卫生等政策与知识产权政策的协调衔接，保障公众在文化、教育、科研、卫生等活动中依法合理使用创新成果和信息的权利，促进创新成果合理分享；保障国家应对公共危机的能力。

（二）促进知识产权创造和运用。

（11）运用财政、金融、投资、政府采购政策和产业、能源、环境保护政策，引导和支持市场主体创造和运用知识产权。强化科技创新活动中的知识产权政策导向作用，坚持技术创新以能够合法产业化为基本前提，以获得知识产权为追求目标，以形成技术标准为努力方向。完善国家资助开发的科研成果权利归属和利益分享机制。将知识产权指标纳入科技计划实施评价体系和国有企业绩效考核体系。逐步提高知识产权密集型商品出口比例，促进贸易增长方式的根本转变和贸易结构的优化升级。

（12）推动企业成为知识产权创造和运用的主体。促进自主创新成果的知识产权化、商品化、产业化，引导企业采取知识产权转让、许可、质押等方式实现知识产权的市场价值。充分发挥高等学校、科研院所在知识产权创造中的重要作用。选择若干重点技术领域，形成一批核心自主知识产权和技术标准。鼓励群众性发明创造和文化创新。促进优秀文化产品的创作。

（三）加强知识产权保护。

（13）修订惩处侵犯知识产权行为的法律法规，加大司法惩处力度。提高权利人自我维权的意识和能力。降低维权成本，提高侵权代价，有效遏制侵权行为。

（四）防止知识产权滥用。

（14）制定相关法律法规，合理界定知识产权的界限，防止知识产权滥用，维护公平竞争的市场秩序和公众合法权益。

（五）培育知识产权文化。

（15）加强知识产权宣传，提高全社会知识产权意识。广泛开展知识产权普及型教育。在精神文明创建活动和国家普法教育中增加有关知识产权的内容。在全社会弘扬以创新为荣、剽窃为耻，以诚实守信为荣、假冒欺骗为耻的道德观念，形成尊重知识、崇尚创新、诚信守法的知识产权文化。

四、专项任务

（一）专利。

（16）以国家战略需求为导向，在生物和医药、信息、新材料、先进制造、先进能源、海洋、资源环境、现代农业、现代交通、航空航天等技术领域超前部署，掌握一批核心技术的专利，支撑我国高技术产业与新兴产业发展。

（17）制定和完善与标准有关的政策，规范将专利纳入标准的行为。支持企业、行业组织积极参与国际标准的制定。

（18）完善职务发明制度，建立既有利于激发职务发明人创新积极性，又有利于促进专利技术实施的利益分配机制。

（19）按照授予专利权的条件，完善专利审查程序，提高审查质量。防止非正常专利申请。

（20）正确处理专利保护和公共利益的关系。在依法保护专利权的同时，完善强制许可制度，发挥例外制度作用，研究制定合理的相关政策，保证在发生公共危机时，公众能够及时、充分获得必需的产品和服务。

（二）商标。

（21）切实保护商标权人和消费者的合法权益。加强执法能力建设，严厉打击假冒等侵权行为，维护公平竞争的市场秩序。

（22）支持企业实施商标战略，在经济活动中使用自主商标。引导企业丰富商标内涵，增加商标附加值，提高商标知名度，形成驰名商标。鼓励企业进行国际商标注册，维护商标权益，参与国际竞争。

（23）充分发挥商标在农业产业化中的作用。积极推动市场主体注册和使用商标，促进农产品质量提高，保证食品安全，提高农产品附加值，增强市场竞争力。

（24）加强商标管理。提高商标审查效率，缩短审查周期，保证审查质量。尊重市场规律，切实解决驰名商标、著名商标、知名商品、名牌产品、优秀品牌的认定等问题。

（三）版权。

（25）扶持新闻出版、广播影视、文学艺术、文化娱乐、广告设计、工艺美术、计算机软件、信息网络等版权相关产业发展，支持具有鲜明民族特色、时代特点作品的创作，扶持难以参与市场竞争的优秀文化作品的创作。

（26）完善制度，促进版权市场化。进一步完善版权质押、作品登记和转让合同备案等制度，拓展版权利用方式，降低版权交易成本和风险。充分发挥版权集体管理组织、行业协会、代理机构等中介组织在版权市场化中的作用。

（27）依法处置盗版行为，加大盗版行为处罚力度。重点打击大规模制售、传播盗版产品的行为，遏制盗版现象。

（28）有效应对互联网等新技术发展对版权保护的挑战。妥善处理保护版权与保障信息传播的关系，既要依法保护版权，又要促进信息传播。

（四）商业秘密。

（29）引导市场主体依法建立商业秘密管理制度。依法打击窃取他人商业秘密的行为。妥善处理保护商业秘密与自由择业、涉密者竞业限制与人才合理流动的关系，维护职工合法权益。

（五）植物新品种。

（30）建立激励机制，扶持新品种培育，推动育种创新成果转化为植物新品种权。支持形成一批拥有植物新品种权的种苗单位。建立健全植物新品种保护的技术支撑体系，加快制订植物新品种测试指南，提高审查测试水平。

（31）合理调节资源提供者、育种者、生产者和经营者之间的利益关系，注重对农民合法权益的保护。提高种苗单位及农民的植物新品种权保护意识，使品种权人、品种生产经销单位和使用新品种的农民共同受益。

（六）特定领域知识产权。

（32）完善地理标志保护制度。建立健全地理标志的技术标准体系、质量保证体系与检测体系。普查地理标志资源，扶持地理标志产品，促进具有地方特色的自然、人文资源优势转化为现实生产力。

（33）完善遗传资源保护、开发和利用制度，防止遗传资源流失和无序利用。协调遗传资源保护、开发和利用的利益关系，构建合理的遗传资源获取与利益分享机制。保障遗传资源提供者知情同意权。

（34）建立健全传统知识保护制度。扶持传统知识的整理和传承，促进传统知识发展。完善传统医药知识产权管理、保护和利用协调机制，加强对传统工艺的保护、开发和利用。

（35）加强民间文艺保护，促进民间文艺发展。深入发掘民间文艺作品，建立民间文艺保存人与后续创作人之间合理分享利益的机制，维护相关个人、群体的合法权益。

（36）加强集成电路布图设计专有权的有效利用，促进集成电路产业发展。

（七）国防知识产权。

（37）建立国防知识产权的统一协调管理机制，着力解决权利归属与利益分配、有偿使用、激励机制以及紧急状态下技术有效实施等重大问题。

（38）加强国防知识产权管理。将知识产权管理纳入国防科研、生产、经营及装备采购、保障和项目管理各环节，增强对重大国防知识产权的掌控能力。发布关键技术指南，在武器装备关键技术和军民结合高新技术领域形成一批自主知识产权。建立国防知识产权安全预警机制，对军事技术合作和军品贸易中的国防知识产权进行特别审查。

（39）促进国防知识产权有效运用。完善国防知识产权保密解密制度，在确保国家安全和国防利益基础上，促进国防知识产权向民用领域转移。鼓励民用领域知识产权在国防领域运用。

五、战略措施

（一）提升知识产权创造能力。

（40）建立以企业为主体、市场为导向、产学研相结合的自主知识产权创造体系。引导企业在研究开发立项及开展经营活动前进行知识产权信息检索。支持企业通过原始创新、集成创新和引进消化吸收再创新，形成自主知识产权，提高把创新成果转变为知识产权的能力。支持企业等市场主体在境外取得知识产权。引导企业改进竞争模式，加强技术创新，提高产品质量和服务质量，支持企业打造知名品牌。

（二）鼓励知识产权转化运用。

（41）引导支持创新要素向企业集聚，促进高等学校、科研院所的创新成果向企业转移，推动企业知识产权的应用和产业化，缩短产业化周期。深入开展各类知识产权试点、示范工作，全面提升知识产权运用能力和应对知识产权竞争的能力。

（42）鼓励和支持市场主体健全技术资料与商业秘密管理制度，建立知识产权价值评估、统计和财务核算制度，制订知识产权信息检索和重大事项预警等制度，完善对外合作知识产权管理制度。

（43）鼓励市场主体依法应对涉及知识产权的侵权行为和法律诉讼，提高应对知识产权纠纷的能力。

（三）加快知识产权法制建设。

（44）建立适应知识产权特点的立法机制，提高立法质量，加快立法进程。加强知识产权立法前瞻性研究，做好立法后评估工作。增强立法透明度，拓宽企业、行业协会和社会公众参与立法的渠道。加强知识产权法律修改和立法解释，及时有效回应知识产权新问题。研究制定知识产权基础性法律的必要性和可行性。

（四）提高知识产权执法水平。

（45）完善知识产权审判体制，优化审判资源配置，简化救济程序。研究设置统一受理知识产权民事、行政和刑事案件的专门知识产权法庭。研究适当集中专利等技术性较强案件的审理管辖权问题，探索建立知识产权上诉法院。进一步健全知识产权审判机构，充实知识产权司法队伍，提高审判和执行能力。

（46）加强知识产权司法解释工作。针对知识产权案件专业性强等特点，建立和完善司法鉴定、专家证人、技术调查等诉讼制度，完善知识产权诉前临时措施制度。改革专利和商标确权、授权程序，研究专利无效审理和商标评审机构向准司法机构转变的问题。

（47）提高知识产权执法队伍素质，合理配置执法资源，提高执法效率。针对反复侵权、群体性侵权以及大规模假冒、盗版等行为，有计划、有重点地开展知识产权保护专项行动。加大行政执法机关向刑事司法机关移送知识产权刑事案件和刑事司法机关受理知识产权刑事案件的力度。

（48）加大海关执法力度，加强知识产权边境保护，维护良好的进出口秩序，提高我国出口商品的声誉。充分利用海关执法国际合作机制，打击跨境知识产权违法犯罪行为，发挥海关在国际知识产权保护事务中的影响力。

（五）加强知识产权行政管理。

（49）制定并实施地区和行业知识产权战略。建立健全重大经济活动知识产权审议制度。扶持符合经济社会发展需要的自主知识产权创造与产业化项目。

（50）充实知识产权管理队伍，加强业务培训，提高人员素质。根据经济社会发展需要，县级以上人民政府可设相应的知识产权管理机构。

（51）完善知识产权审查及登记制度，加强能力建设，优化程序，提高效率，降低行政成本，提高知识产权公共服务水平。

（52）构建国家基础知识产权信息公共服务平台。建设高质量的专利、商标、版权、集成电路布图设计、植物新品种、地理标志等知识产权基础信息库，加快开发适合我国检索方式与习惯的通用检索系统。健全植物新品种保护测试机构和保藏机构。建立国防知识产权信息平台。指导和鼓励各地区、各有关行业建设符合自身需要的知识产权信息库。促进知识产权系统集成、资源整合和信息共享。

（53）建立知识产权预警应急机制。发布重点领域的知识产权发展态势报告，对可能发生的涉及面广、影响大的知识产权纠纷、争端和突发事件，制订预案，妥善应对，控制和减轻损害。

（六）发展知识产权中介服务。

（54）完善知识产权中介服务管理，加强行业自律，建立诚信信息管理、信用评价和失信惩戒等诚信管理制度。规范知识产权评估工作，提高评估公信度。

（55）建立知识产权中介服务执业培训制度，加强中介服务职业培训，规范执业资质管理。明确知识产权代理人等中介服务人员执业范围，研究建立相关律师代理制度。完善国防知识产权中介服务体系。大力提升中介组织涉外知识产权申请和纠纷处置服务能力及国际知识产权事务参与能力。

（56）充分发挥行业协会的作用，支持行业协会开展知识产权工作，促进知识产权信息交流，组织共同维权。加强政府对行业协会知识产权工作的监督指导。

（57）充分发挥技术市场的作用，构建信息充分、交易活跃、秩序良好的知识产权交易体系。简化交易程序，降低交易成本，提供优质服务。

（58）培育和发展市场化知识产权信息服务，满足不同层次知识产权信息需求。鼓励社会资金投资知识产权信息化建设，鼓励企业参与增值性知识产权信息开发利用。

（七）加强知识产权人才队伍建设。

（59）建立部门协调机制，统筹规划知识产权人才队伍建设。加快建设国家和省级知识产权人才库和专业人才信息网络平台。

（60）建设若干国家知识产权人才培养基地。加快建设高水平的知识产权师资队伍。设立知识产权二级学科，支持有条件的高等学校设立知识产权硕士、博士学位授予点。大规模培养各级各类知识产权专业人才，重点培养企业急需的知识产权管理和中介服务人才。

（61）制定培训规划，广泛开展对党政领导干部、公务员、企事业单位管理人员、专业技术人员、文学艺术创作人员、教师等的知识产权培训。

（62）完善吸引、使用和管理知识产权专业人才相关制度，优化人才结构，促进人才合理流动。结合公务员法的实施，完善知识产权管理部门公务员管理制度。按照国家职称制度改革总体要求，建立和完善知识产权人才的专业技术评价体系。

（八）推进知识产权文化建设。

（63）建立政府主导、新闻媒体支撑、社会公众广泛参与的知识产权宣传工作体系。完善协调机制，制定相关政策和工作计划，推动知识产权的宣传普及和知识产权文化建设。

（64）在高等学校开设知识产权相关课程，将知识产权教育纳入高校学生素质教育体系。制定并实施全国中小学知识产权普及教育计划，将知识产权内容纳入中小学教育课程体系。

（九）扩大知识产权对外交流合作。

（65）加强知识产权领域的对外交流合作。建立和完善知识产权对外信息沟通交流机制。加强国际和区域知识产权信息资源及基础设施建设与利用的交流合作。鼓励开展知识产权人才培养的对外合作。引导公派

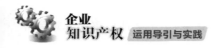

留学生、鼓励自费留学生选修知识产权专业。支持引进或聘用海外知识产权高层次人才。积极参与国际知识产权秩序的构建，有效参与国际组织有关议程。

2.《深入实施国家知识产权战略行动计划（2014—2020年）》

《国家知识产权战略纲要》颁布实施以来，各地区、各有关部门认真贯彻党中央、国务院决策部署，推动知识产权战略实施工作取得新的进展和成效，基本实现了《国家知识产权战略纲要》确定的第一阶段五年目标，对促进经济社会发展发挥了重要支撑作用。随着知识经济和经济全球化深入发展，知识产权日益成为国家发展的战略性资源和国际竞争力的核心要素。深入实施知识产权战略是全面深化改革的重要支撑和保障，是推动经济结构优化升级的重要举措。为进一步贯彻落实《国家知识产权战略纲要》，全面提升知识产权综合能力，实现创新驱动发展，推动经济提质增效升级，特制定本行动计划。

一、总体要求

（一）指导思想。

以邓小平理论、"三个代表"重要思想、科学发展观为指导，全面贯彻党的十八大和十八届二中、三中、四中全会精神，全面落实党中央、国务院各项决策部署，实施创新驱动发展战略，按照激励创造、有效运用、依法保护、科学管理的方针，坚持中国特色知识产权发展道路，着力加强知识产权运用和保护，积极营造良好的知识产权法治环境、市场环境、文化环境，认真谋划我国建设知识产权强国的发展路径，努力建设知识产权强国，为建设创新型国家和全面建成小康社会提供有力支撑。

（二）主要目标。

到2020年，知识产权法治环境更加完善，创造、运用、保护和管理知识产权的能力显著增强，知识产权意识深入人心，知识产权制度对经济发展、文化繁荣和社会建设的促进作用充分显现。

——知识产权创造水平显著提高。知识产权拥有量进一步提高，结构明显优化，核心专利、知名品牌、版权精品和优良植物新品种大幅增加。形成一批拥有国外专利布局和全球知名品牌的知识产权优势企业。

——知识产权运用效果显著增强。市场主体运用知识产权参与市场竞争的能力明显提升，知识产权投融资额明显增加，知识产权市场价值充分显现。知识产权密集型产业增加值占国内生产总值的比重显著提高，知识产权服务业快速发展，服务能力基本满足市场需要，对产业结构优化升级的支撑作用明显提高。

——知识产权保护状况显著改善。知识产权保护体系更加完善，司法保护主导作用充分发挥，行政执法效能和市场监管水平明显提升。反复侵权、群体侵权、恶意侵权等行为受到有效制裁，知识产权犯罪分子受到有力震慑，知识产权权利人的合法权益得到有力保障，知识产权保护社会满意度进一步提高。

——知识产权管理能力显著增强。知识产权行政管理水平明显提高，审查能力达到国际先进水平，国家科技重大专项和科技计划实现知识产权全过程管理。重点院校和科研院所普遍建立知识产权管理制度。企业知识产权管理水平大幅提升。

——知识产权基础能力全面提升。构建国家知识产权基础信息公共服务平台。知识产权人才队伍规模充足、结构优化、布局合理、素质优良。全民知识产权意识显著增强，尊重知识、崇尚创新、诚信守法的知识产权文化理念深入人心。

二、主要行动

（一）促进知识产权创造运用，支撑产业转型升级。

——推动知识产权密集型产业发展。更加注重知识产权质量和效益，优化产业布局，引导产业创新，促进产业提质增效升级。面向产业集聚区、行业和企业，实施专利导航试点项目，开展专利布局，在关键技术领域形成一批专利组合，构建支撑产业发展和提升企业竞争力的专利储备。加强专利协同运用，推动专利联盟建设，建立具有产业特色的全国专利运营与产业化服务平台。建立运行高效、支撑有力的专利导航产业发展工作机制。完善企业主导、多方参与的专利协同运用体系，形成资源集聚、流转活跃的专利交易市场体系，促进专利运营业态健康发展。发布战略性新兴产业专利发展态势报告。鼓励有条件的地区发展区域特色知识产权密集型产业，构建优势互补的产业协调发展格局。建设一批知识产权密集型产业集聚区，在产业集聚区推行知识产权集群管理，构筑产业竞争优势。鼓励文化领域商业模式创新，加强文化品牌开发和建设，建立一批版权交易平台，活跃文化创意产品传播，增强文化创意产业核心竞争力。

——服务现代农业发展。加强植物新品种、农业技术专利、地理标志和农产品商标创造运用，促进农业向技术装备先进、综合效益明显的现代化方向发展。扶持新品种培育，推动育种创新成果转化为植物新品种权。以知识产权利益分享为纽带，加强种子企业与高校、科研院所的协作创新，建立品种权转让交易公共平台，提高农产品知识产权附加值。增加农业科技评价中知识产权指标权重。提高农业机械研发水平，加强农业机械专利布局，组建一批产业技术创新战略联盟。大力推进农业标准化，加快健全农业标准体系。建立地理标志联合认定机制。推广农户、基地、龙头企业、地理标志和农产品商标紧密结合的农产品经营模式。

——促进现代服务业发展。大力发展知识产权服务业，扩大服务规模、完善服务标准、提高服务质量，推动服务业向高端发展。培育知识产权服务市场，形成一批知识产权服务业集聚区。建立健全知识产权服务标准规范，加强对服务机构和从业人员的监管。发挥行业协会作用，加强知识产权服务行业自律。支持银行、证券、保险、信托等机构广泛参与知识产权金融服务，鼓励商业银行开发知识产权融资服务产品。完善知识产权投融资服务平台，引导企业拓展知识产权质押融资范围。引导和鼓励地方人民政府建立小微企业信贷风险补偿基金，对知识产权质押贷款提供重点支持。通过国家科技成果转化引导基金对科技成果转化贷款给予风险补偿。增加知识产权保险品种，扩大知识产权保险试点范围，加快培育并规范知识产权保险市场。

（二）加强知识产权保护，营造良好市场环境。

——加强知识产权行政执法信息公开。贯彻落实《国务院批转全国打击侵犯知识产权和制售假冒伪劣商品工作领导小组〈关于依法公开制售假冒伪劣商品和侵犯知识产权行政处罚案件信息的意见（试行）〉的通知》（国发〔2014〕6号），扎实推进侵犯知识产权行政处罚案件信息公开，震慑违法者，同时促进执法者规范公正文明执法。将案件信息公开情况纳入打击侵权假冒工作统计通报范围并加强考核。探索建立与知识产权保护有关的信用标准，将恶意侵权行为纳入社会信用评价体系，向征信机构公开相关信息，提高知识产权保护社会信用水平。

——加强重点领域知识产权行政执法。积极开展执法专项行动，重点查办跨区域、大规模和社会反响强烈的侵权案件，加大对民生、重大项目和优势产业等领域侵犯知识产权行为的打击力度。加强执法协作、侵权判定咨询与纠纷快速调解工作。加强大型商业场所、展会知识产权保护。督促电子商务平台企业落实相关责任，督促邮政、快递企业完善并执行收寄验视制度，探索加强跨境贸易电子商务服务的知识产权监管。加强对视听节目、文学、游戏网站和网络交易平台的版权监管，规范网络作品使用，严厉打击网络侵权盗版，优化网络监管技术手段。开展国内自由贸易区知识产权保护状况调查，探索在货物生产、加工、转运中加强知识产权监管，创新并适时推广知识产权海关保护模式，依法加强国内自由贸易区知识产权执法。依法严厉打击进出口货物侵权行为。

——推进软件正版化工作。贯彻落实《国务院办公厅关于印发政府机关使用正版软件管理办法的通知》（国办发〔2013〕88号），巩固政府机关软件正版化工作成果，进一步推进国有企业软件正版化。完善软件正版化工作长效机制，推动软件资产管理、经费预算、审计监督、年度检查报告、考核和责任追究等制度落到实处，确保软件正版化工作常态化、规范化。

——加强知识产权刑事执法和司法保护。加大对侵犯知识产权犯罪案件的侦办力度，对重点案件挂牌督办。坚持打防结合，将专项打击逐步纳入常态化执法轨道。加强知识产权行政执法与刑事司法衔接，加大涉嫌犯罪案件移交工作力度。依法加强对侵犯知识产权刑事案件的审判工作，加大罚金刑适用力度，剥夺侵权人再犯罪能力和条件。加强知识产权民事和行政审判工作，营造良好的创新环境。按照关于设立知识产权法院的方案，为知识产权法院的组建与运行提供人财物等方面的保障和支持。

——推进知识产权纠纷社会预防与调解工作。探索以公证的方式保管知识产权证据及相关证明材料，加强对证明知识产权在先使用、侵权等行为的保全证据公证工作。开展知识产权纠纷诉讼与调解对接工作，依法规范知识产权纠纷调解工作，完善知识产权纠纷行业调解机制，培育一批社会调解组织，培养一批专业调解员。

（三）强化知识产权管理，提升管理效能。

——强化科技创新知识产权管理。加强国家科技重大专项和科技计划知识产权管理，促进高校和科研院所知识产权转移转化。落实国家科技重大专项和科技计划项目管理部门、项目承担单位等知识产权管理职责，明确责任主体。将知识产权管理纳入国家科技重大专项和科技计划全过程管理，建立国家科技重大专项和科技计划完成后的知识产权目标评估制度。探索建立科技重大专项承担单位和各参与单位知识产权利益分享机制。开展中央级事业单位科技成果使用、处置和收益管理改革试点，促进知识产权转化运用。完善高校和科研院所知识产权管理规范，鼓励高校和科研院所建立知识产权转移转化机构。

——加强知识产权审查。完善审查制度、加强审查管理、优化审查方式，提高知识产权审查质量和效率。完善知识产权申请与审查制度，完善专利审查快速通道，建立商标审查绿色通道和软件著作权快速登记通道。在有关考核评价中突出专利质量导向，加大专利质量指标评价权重。加强专利审查质量管理，完善专利审查标准。加强专利申请质量监测，加大对低质量专利申请的查处力度。优化专利审查方式，稳步推进专利审查协作中心建设，提升专利审查能力。优化商标审查体系，建立健全便捷高效的商标审查协作机制，完善商标审查标准，提高商标审查质量和效率。提高植物新品种测试能力，完善植物新品种权审查制度。

——实施重大经济活动知识产权评议。针对重大产业规划、政府重大投资活动等开展知识产权评议。加强知识产权主管部门和产业主管部门间的沟通协作，制定发布重大经济活动知识产权评议指导手册，提高知识产权服务机构评议服务能力。推动建立重大经济活动知识产权评议制度，明确评议内容，规范评议程序。引导企业自主开展知识产权评议工作，规避知识产权风险。

——引导企业加强知识产权管理。引导企业提高知识产权规范化管理水平，加强知识产权资产管理，促进企业提升竞争力。建立知识产权管理标准认证制度，引导企业贯彻知识产权管理规范。建立健全知识产权价值分析标准和评估方法，完善会计准则及其相关资产管理制度，推动企业在并购、股权流转、对外投资等活动中加强知识产权资产管理。制定知识产权委托管理服务规范，引导和支持知识产权服务机构为中小微企业提供知识产权委托管理服务。

——加强国防知识产权管理。强化国防知识产权战略实施组织管理，加快国防知识产权政策法规体系建设，推动知识产权管理融入国防科研生产和装备采购各环节。规范国防知识产权权利归属与利益分配，促进形成军民结合高新技术领域自主知识产权。完善国防知识产权解密制度，引导优势民用知识产权进入军品科研生产领域，促进知识产权军民双向转化实施。

（四）拓展知识产权国际合作，推动国际竞争力提升。

——加强涉外知识产权工作。公平公正保护知识产权，对国内外企业和个人的知识产权一视同仁、同等保护。加强与国际组织合作，巩固和发展与主要国家和地区的多双边知识产权交流。提高专利审查国际业务承接能力，建设专利审查高速路，加强专利审查国际合作，提升我国专利审查业务国际影响力。加强驻外使领馆知识产权工作力度，跟踪研究有关国家的知识产权法规政策，加强知识产权涉外信息交流，做好涉外知识产权应对工作。建立完善多双边执法合作机制，推进国际海关间知识产权执法合作。

——完善与对外贸易有关的知识产权规则。追踪各类贸易区知识产权谈判进程，推动形成有利于公平贸易的知识产权规则。落实对外贸易法中知识产权保护相关规定，研究针对进口贸易建立知识产权境内保护制度，对进口产品侵犯中国知识产权的行为和进口贸易中其他不公平竞争行为开展调查。

——支持企业"走出去"。及时收集发布主要贸易目的地、对外投资目的地知识产权相关信息。加强知识产权培训，支持企业在国外布局知识产权。加强政府、企业和社会资本的协作，在信息技术等重点领域探索建立公益性和市场化运作的专利运营公司。加大海外知识产权维权援助机制建设，鼓励企业建立知识产权海外维权联盟，帮助企业在当地及时获得知识产权保护。引导知识产权服务机构提高海外知识产权事务处理能力，为企业"走出去"提供专业服务。

三、基础工程

（一）知识产权信息服务工程。推动专利、商标、版权、植物新品种、地理标志、民间文艺、遗传资源及相关传统知识等各类知识产权基础信息公共服务平台互联互通，逐步实现基础信息共享。知识产权基础信息资源免费或低成本向社会开放，基本检索工具免费供社会公众使用，提高知识产权信息利用便利度。指导有关行业建设知识产权专业信息库，鼓励社会机构对知识产权信息进行深加工，提供专业化、市场化的知识产权信息服务，满足社会多层次需求。

（二）知识产权调查统计工程。开展知识产权统计监测，全面反映知识产权的发展状况。逐步建立知识产权产业统计制度，完善知识产权服务业统计制度，明确统计范围，统一指标口径，在新修订的国民经济核算体系中体现知识产权内容。

（三）知识产权人才队伍建设工程。建设若干国家知识产权人才培养基地，推动建设知识产权协同创新中心。开展以党政领导干部、公务员、企事业单位管理人员、专业技术人员、文学艺术创作人员、教师等为重点的知识产权培训。将知识产权内容纳入学校教育课程体系，建立若干知识产权宣传教育示范学校。将知识产权内容全面纳入国家普法教育和全民科学素养提升工作。依托海外高层次人才引进计划引进急需的知识产权高端人才。深入开展百千万知识产权人才工程，建立面向社会的知识产权人才库。完善知识产权专业技术人才评价制度。

四、保障措施

（一）加强组织实施。国家知识产权战略实施工作部际联席会议（以下简称联席会议）负责组织实施本行动计划，并加强对地方知识产权战略实施的指导和支持。知识产权局要发挥牵头作用，认真履行联席会议办公室职责，建立完善相互支持、密切协作、运转顺畅的工作机制，推进知识产权战略实施工作开展，并组织相关部门开展知识产权强国建设研究，提出知识产权强国建设的战略目标、思路和举措，积极推进知识产权强国建设。联席会议各成员单位要各负其责并尽快制定具体实施方案。地方各级政府要将知识产权战略实施工作纳入当地国民经济和社会发展总体规划，将本行动计划落实工作纳入重要议事日程和考核范围。

（二）加强督促检查。联席会议要加强对战略实施状况的监测评估，对各项任务落实情况组织开展监督检查，重要情况及时报告国务院。知识产权局要会同联席会议各成员单位及相关部门加强对地方知识产权战略实施工作的监督指导。

（三）加强财政支持。中央财政通过相关部门的部门预算渠道安排资金支持知识产权战略实施工作。引导支持国家产业发展的财政资金和基金向促进科技成果产权化、知识产权产业化方向倾斜。完善知识产权资助政策，适当降低中小微企业知识产权申请和维持费用，加大对中小微企业知识产权创造和运用的支持力度。

（四）完善法律法规。推动专利法、著作权法及配套法规修订工作，建立健全知识产权保护长效机制，加大对侵权行为的惩处力度。适时做好

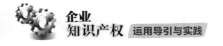
遗传资源、传统知识、民间文艺和地理标志等方面的立法工作。研究修订反不正当竞争法、知识产权海关保护条例、植物新品种保护条例等法律法规。研究制定防止知识产权滥用的规范性文件。

3. 《国务院关于新形势下加快知识产权强国建设的若干意见》

国家知识产权战略实施以来，我国知识产权创造运用水平大幅提高，保护状况明显改善，全社会知识产权意识普遍增强，知识产权工作取得长足进步，对经济社会发展发挥了重要作用。同时，仍面临知识产权大而不强、多而不优、保护不够严格、侵权易发多发、影响创新创业热情等问题，亟待研究解决。当前，全球新一轮科技革命和产业变革蓄势待发，我国经济发展方式加快转变，创新引领发展的趋势更加明显，知识产权制度激励创新的基本保障作用更加突出。为深入实施创新驱动发展战略，深化知识产权领域改革，加快知识产权强国建设，现提出如下意见。

一、总体要求

（一）指导思想。全面贯彻党的十八大和十八届二中、三中、四中、五中全会精神，按照"四个全面"战略布局和党中央、国务院决策部署，深入实施国家知识产权战略，深化知识产权重点领域改革，有效促进知识产权创造运用，实行更加严格的知识产权保护，优化知识产权公共服务，促进新技术、新产业、新业态蓬勃发展，提升产业国际化发展水平，保障和激励大众创业、万众创新，为实施创新驱动发展战略提供有力支撑，为推动经济保持中高速增长、迈向中高端水平，实现"两个一百年"奋斗目标和中华民族伟大复兴的中国梦奠定更加坚实的基础。

（二）基本原则。坚持战略引领。按照创新驱动发展战略和十八届二中、三中、四中、五中全会精神，按照"四个全面"战略布局和党中央、国务院决策部署，深入实施国家知识产权战略，深化知识产权重点领域改革，有效促进知识产权创造运用，实行促进经济持续健康发展。

坚持改革创新。加快完善中国特色知识产权制度，改革创新体制机制，破除制约知识产权事业发展的障碍，着力推进创新改革试验，强化分配制度的知识价值导向，充分发挥知识产权制度在激励创新、促进创新成果合理分享方面的关键作用，推动企业提质增效、产业转型升级。

坚持市场主导。发挥市场配置创新资源的决定性作用，强化企业创新主体地位和主导作用，促进创新要素合理流动和高效配置。加快简政放权、放管结合、优化服务，加强知识产权政策支持、公共服务和市场监管，着力构建公平公正、开放透明的知识产权法治环境和市场环境，促进大众创业、万众创新。

坚持统筹兼顾。统筹国际国内创新资源，形成若干知识产权领先发展区域，培育我国知识产权优势。加强全球开放创新协作，积极参与、推动知识产权国际规则制定和完善，构建公平合理国际经济秩序，为市场主体参与国际竞争创造有利条件，实现优进优出和互利共赢。

（三）主要目标。到2020年，在知识产权重要领域和关键环节改革上取得决定性成果，知识产权授权确权和执法保护体系进一步完善，基本形成权界清晰、分工合理、责权一致、运转高效、法治保障的知识产权体制机制，知识产权创造、运用、保护、管理和服务能力大幅提升，创新创业环境进一步优化，逐步形成产业参与国际竞争的知识产权新优势，基本实现知识产权治理体系和治理能力现代化，建成一批知识产权强省、强市，知识产权大国地位得到全方位巩固，为建成中国特色、世界水平的知识产权强国奠定坚实基础。

二、推进知识产权管理体制机制改革

（四）研究完善知识产权管理体制。完善国家知识产权战略实施工作部际联席会议制度，由国务院领导同志担任召集人。积极研究探索知识产权管理体制机制改革。授权地方开展知识产权改革试验。鼓励有条件的地方开展知识产权综合管理改革试点。

（五）改善知识产权服务业及社会组织管理。放宽知识产权服务业准入，促进服务业优质高效发展，加快建设知识产权服务业集聚区。扩大专利代理领域开放，放宽对专利代理机构股东或合伙人的条件限制。探索开展知识产权服务行业协会组织"一业多会"试点。完善执业信息披露制度，及时公开知识产权代理机构和从业人员信用评价等相关信息。规范著作权集体管理机构收费标准，完善收益分配制度，让著作权人获得更多许可收益。

（六）建立重大经济活动知识产权评议制度。研究制定知识产权评议政策。完善知识产权评议工作指南，规范评议范围和程序。围绕国家重大产业规划、高技术领域重大投资项目等开展知识产权评议，建立国家科技计划知识产权目标评估制度，积极探索重大科技活动知识产权评议试点，建立重点领域知识产权评议报告发布制度，提高创新效率，降低产业发展风险。

（七）建立以知识产权为重要内容的创新驱动发展评价制度。完善发展评价体系，将知识产权产品逐步纳入国民经济核算，将知识产权指标纳入国民经济和社会发展规划。发布年度知识产权发展状况报告。在对党政领导班子和领导干部进行综合考核评价时，注重鼓励发明创造、保护知识产权、加强转化运用、营造良好环境等方面的情况和成效。探索建立经营业绩、知识产权和创新并重的国有企业考评模式。按照国家有关规定设置知识产权奖励项目，加大各类国家奖励制度的知识产权评价权重。

三、加大自主创新成果产业化投融资支持力度

（八）加大知识产权侵权行为惩治力度。推动知识产权保护法治化，发挥司法保护的主导作用，完善行政执法和司法保护两条途径优势互补、有机衔接的知识产权保护模式。提高知识产权侵权法定赔偿上限，针对情节严重的恶意侵权行为实施惩罚性赔偿并由侵权人承担实际发生的合理开支。进一步推进侵犯知识产权行政处罚案件信息公开。完善知识产权快速维权机制。加强海关知识产权执法保护。加大国际展会、电子商务等领域知识产权执法力度。开展与相关国际组织和境外执法部门的联合执法，加强知识产权司法保护对外合作，推动我国成为知识产权国际纠纷的重要解决地，构建更有国际竞争力的开放创新环境。

（九）加大知识产权犯罪打击力度。依法严厉打击侵犯知识产权犯罪

行为，重点打击链条式、产业化知识产权犯罪网络。进一步加强知识产权行政执法与刑事司法衔接，加大涉嫌犯罪案件移交工作力度。完善涉外知识产权执法机制，加强刑事执法国际合作，加大涉外知识产权犯罪案件侦办力度。加强与有关国际组织和国家间打击知识产权犯罪行为的司法协助，加大案情通报和情报信息交换力度。

（十）建立健全知识产权保护预警防范机制。将故意侵犯知识产权行为情况纳入企业和个人信用记录。推动完善商业秘密保护法律法规，加强人才交流和技术合作中的商业秘密保护。开展知识产权保护社会满意度调查。建立收集假冒产品来源地相关信息的工作机制，发布年度中国海关知识产权保护状况报告。加强大型专业化市场知识产权管理和保护工作。发挥行业组织在知识产权保护中的积极作用。运用大数据、云计算、物联网等信息技术，加强在线创意、研发成果的知识产权保护，提升预警防范能力。加大对小微企业知识产权保护援助力度，构建公平竞争、公平监管的创新创业和营商环境。

（十一）加强新业态新领域创新成果的知识产权保护。完善植物新品种、生物遗传资源及其相关传统知识、数据库保护和国防知识产权等相关法律制度。适时做好地理标志立法工作。研究完善商业模式知识产权保护制度和实用艺术品外观设计专利保护制度。加强互联网、电子商务、大数据等领域的知识产权保护规则研究，推动完善相关法律法规。制定众创、众包、众扶、众筹的知识产权保护政策。

（十二）规制知识产权滥用行为。完善规制知识产权滥用行为的法律制度，制定相关反垄断执法指南。完善知识产权反垄断监管机制，依法查处滥用知识产权排除和限制竞争等垄断行为。完善标准必要专利的公平、合理、无歧视许可政策和停止侵权适用规则。

四、促进知识产权创造运用

（十三）完善知识产权审查和注册机制。建立计算机软件著作权快速登记通道。优化专利和商标的审查流程与方式，实现知识产权在线登记、电子申请和无纸化审批。完善知识产权审查协作机制，建立重点优势产业专利申请的集中审查制度，建立健全涉及产业安全的专利审查工作机制。

合理扩大专利确权程序依职权审查范围，完善授权后专利文件修改制度。拓展"专利审查高速路"国际合作网络，加快建设世界一流专利审查机构。

（十四）完善职务发明制度。鼓励和引导企事业单位依法建立健全发明报告、权属划分、奖励报酬、纠纷解决等职务发明管理制度。探索完善创新成果收益分配制度，提高骨干团队、主要发明人收益比重，保障职务发明人的合法权益。按照相关政策规定，鼓励国有企业赋予下属科研院所知识产权处置和收益分配权。

（十五）推动专利许可制度改革。强化专利以许可方式对外扩散。研究建立专利当然许可制度，鼓励更多专利权人对社会公开许可专利。完善专利强制许可启动、审批和实施程序。鼓励高等院校、科研院所等事业单位通过无偿许可专利的方式，支持单位员工和大学生创新创业。

（十六）加强知识产权交易平台建设。构建知识产权运营服务体系，加快建设全国知识产权运营公共服务平台。创新知识产权投融资产品，探索知识产权证券化，完善知识产权信用担保机制，推动发展投贷联动、投保联动、投债联动等新模式。在全面创新改革试验区域引导天使投资、风险投资、私募基金加强对高技术领域的投资。细化会计准则规定，推动企业科学核算和管理知识产权资产。推动高等院校、科研院所建立健全知识产权转移转化机构。支持探索知识产权创造与运营的众筹、众包模式，促进"互联网＋知识产权"融合发展。

（十七）培育知识产权密集型产业。探索制定知识产权密集型产业目录和发展规划。运用股权投资基金等市场化方式，引导社会资金投入知识产权密集型产业。加大政府采购对知识产权密集型产品的支持力度。试点建设知识产权密集型产业集聚区和知识产权密集型产业产品示范基地，推行知识产权集群管理，推动先进制造业加快发展，产业迈向中高端水平。

（十八）提升知识产权附加值和国际影响力。实施专利质量提升工程，培育一批核心专利。加大轻工、纺织、服装等产业的外观设计专利保护力度。深化商标富农工作。加强对非物质文化遗产、民间文艺、传统知识的开发利用，推进文化创意、设计服务与相关产业融合发展。支持企业运用知识产权进行海外股权投资。积极参与国际标准制定，推动有知识产权的创新技术转化为标准。支持研究机构和社会组织制定品牌评价国际标准，建立品牌价值评价体系。支持企业建立品牌管理体系，鼓励企业收购海外知名品牌。保护和传承中华老字号，大力推动中医药、中华传统餐饮、工艺美术等企业"走出去"。

（十九）加强知识产权信息开放利用。推进专利数据信息资源开放共享，增强大数据运用能力。建立财政资助项目形成的知识产权信息披露制度。加快落实上市企业知识产权信息披露制度。规范知识产权信息采集程序和内容。完善知识产权许可的信息备案和公告制度。加快建设互联互通的知识产权信息公共服务平台，实现专利、商标、版权、集成电路布图设计、植物新品种、地理标志等基础信息免费或低成本开放。依法及时公开专利审查过程信息。增加知识产权信息服务网点，完善知识产权信息公共服务网络。

五、加强重点产业知识产权海外布局和风险防控

（二十）加强自主创新成果产业化的引导和协调。发展改革委等部门要加强对自主创新成果产业化的总体规划和协调，定期发布《当前优先发展的高技术产业化重点领域指南》，及时发布自主创新成果产业化专项工程内容及进展情况，指导社会中介机构尽快建立自主创新成果评价认证体系，做好自主创新成果及产业化信息统计和发布工作。有关部门、地方人民政府以及行业协会等要密切配合，形成工作合力。

（二十一）抓紧制定完善具体落实措施。自主创新成果产业化事关经济发展方式转变和产业结构优化升级。各地区、各有关部门要高度重视，加强调查研究，结合实际抓紧制定和完善配套措施及具体办法，积极研究解决工作中遇到的问题。发展改革委要会同有关部门加强监督检查，确保各项政策措施落到实处。

（二十二）加强重点产业知识产权海外布局规划。加大创新成果标准化和专利化工作力度，推动形成标准研制与专利布局有效衔接机制。研究制定标准必要专利布局指南。编制发布相关国家和地区专利申请实务指引。围绕战略性新兴产业等重点领域，建立专利导航产业发展工作机制，实施产业规划类和企业运营类专利导航项目，绘制服务我国产业发展的相关国家和地区专利导航图，推动我国产业深度融入全球产业链、价值链和创新链。

（二十三）拓展海外知识产权布局渠道。推动企业、科研机构、高等院校等联合开展海外专利布局工作。鼓励企业建立专利收储基金。加强企业知识产权布局指导，在产业园区和重点企业探索设立知识产权布局设计中心。分类制定知识产权跨国许可与转让指南，编制发布知识产权许可合同范本。

（二十四）完善海外知识产权风险预警体系。建立健全知识产权管理与服务等标准体系。支持行业协会、专业机构跟踪发布重点产业知识产权信息和竞争动态。制定完善与知识产权相关的贸易调查应对与风险防控国别指南。完善海外知识产权信息服务平台，发布相关国家和地区知识产权制度环境等信息。建立完善企业海外知识产权问题及案件信息提交机制，加强对重大知识产权案件的跟踪研究，及时发布风险提示。

（二十五）提升海外知识产权风险防控能力。研究完善技术进出口管理相关制度，优化简化技术进出口审批流程。完善财政资助科技计划项目形成的知识产权对外转让和独占许可管理制度。制定并推行知识产权尽职调查规范。支持法律服务机构为企业提供全方位、高品质知识产权法律服务。探索以公证方式保管知识产权证据、证明材料。推动企业建立知识产权分析评议机制，重点针对人才引进、国际参展、产品和技术进出口等活动开展知识产权风险评估，提高企业应对知识产权国际纠纷能力。

（二十六）加强海外知识产权维权援助。制定实施应对海外产业重大知识产权纠纷的政策。研究我驻国际组织、主要国家和地区外交机构中涉知识产权事务的人力配备。发布海外和涉外知识产权服务和维权援助机构名录，推动形成海外知识产权服务网络。

六、提升知识产权对外合作水平

（二十七）推动构建更加公平合理的国际知识产权规则。积极参与联合国框架下的发展议程，推动《TRIPS协定与公共健康多哈宣言》落实和《视听表演北京条约》生效，参与《专利合作条约》《保护广播组织条约》《生物多样性公约》等规则修订的国际谈判，推进加入《工业品外观设计国际注册海牙协定》和《马拉喀什条约》进程，推动知识产权国际规则向普惠包容、平衡有效的方向发展。

（二十八）加强知识产权对外合作机制建设。加强与世界知识产权组织、世界贸易组织及相关国际组织的合作交流。深化同主要国家知识产权、经贸、海关等部门的合作，巩固与传统合作伙伴的友好关系。推动相关国际组织在我国设立知识产权仲裁和调解分中心。加强国内外知名地理标志产品的保护合作，促进地理标志产品国际化发展。积极推动区域全面经济伙伴关系和亚太经济合作组织框架下的知识产权合作，探索建立"一带一路"沿线国家和地区知识产权合作机制。

（二十九）加大对发展中国家知识产权援助力度。支持和援助发展中国家知识产权能力建设，鼓励向部分最不发达国家优惠许可其发展急需的专利技术。加强面向发展中国家的知识产权学历教育和短期培训。

（三十）拓宽知识产权公共外交渠道。拓宽企业参与国际和区域性知识产权规则制修订途径。推动国内服务机构、产业联盟等加强与国外相关组织的合作交流。建立具有国际水平的知识产权智库，建立博鳌亚洲论坛知识产权研讨交流机制，积极开展具有国际影响力的知识产权研讨交流活动。

七、加强组织实施和政策保障

（二十九）加强组织领导。各地区、各有关部门要高度重视，加强组织领导，结合实际制定实施方案和配套政策，推动各项措施有效落实。国家知识产权战略实施工作部际联席会议办公室要在国务院领导下，加强统筹协调，研究提出知识产权"十三五"规划等具体政策措施，协调解决重大问题，加强对有关政策措施落实工作的指导、督促、检查。

（三十）加大财税和金融支持力度。运用财政资金引导和促进科技成果产权化、知识产权产业化。落实研究开发费用税前加计扣除政策，对符合条件的知识产权费用按规定实行加计扣除。制定专利收费减缴办法，合理降低专利申请和维持费用。积极推进知识产权海外侵权责任保险工作。深入开展知识产权质押融资风险补偿基金和重点产业知识产权运营基金试点。

（三十一）加强知识产权专业人才队伍建设。加强知识产权相关学科建设，完善产学研联合培养模式，在管理学和经济学中增设知识产权专业，加强知识产权专业学位教育。加大对各类创新人才的知识产权培训力度。鼓励我国知识产权人才获得海外相应资格证书。鼓励各地引进高端知识产权人才，并参照有关人才引进计划给予相关待遇。探索建立知识产权国际化人才储备库和利用知识产权发现人才的信息平台。进一步完善知识产权职业水平评价制度，稳定和壮大知识产权专业人才队伍。选拔培训一批知识产权创业导师，加强青年创业指导。

（三十二）加强宣传引导。各地区、各有关部门要加强知识产权文化建设，加大宣传力度，广泛开展知识产权普及型教育，加强知识产权公益宣传和咨询服务，提高全社会知识产权意识，使尊重知识、崇尚创新、诚信守法理念深入人心，为加快建设知识产权强国营造良好氛围。